"第五届中国西南农村金融论坛"论文集

乡村数字化与农村金融创新

XIANGCUN SHUZIHUA YU NONGCUN JINRONG CHUANGXIN

主　编　蒋远胜　吴　平

主　审　王江渝　艾毓斌

西南财经大学出版社
Southwestern University of Finance & Economics Press

中国·成都

图书在版编目(CIP)数据

乡村数字化与农村金融创新/蒋远胜,吴平主编.—成都:西南财经大学
出版社,2022.11
ISBN 978-7-5504-5573-3

Ⅰ.①乡… Ⅱ.①蒋…②吴… Ⅲ.①农村—数字化—研究—中国②农村
金融—研究—中国 Ⅳ.①F320.3-39②F832.35

中国版本图书馆 CIP 数据核字(2022)第 205427 号

乡村数字化与农村金融创新

主 编 蒋远胜 吴 平
主 审 王江渝 艾毓斌

策划编辑:李邓超
责任编辑:李特军
责任校对:陈何真璐
封面设计:张姗姗
责任印制:朱曼丽

出版发行	西南财经大学出版社(四川省成都市光华村街55号)
网 址	http://cbs.swufe.edu.cn
电子邮件	bookcj@swufe.edu.cn
邮政编码	610074
电 话	028-87353785
照 排	四川胜翔数码印务设计有限公司
印 刷	郫县犀浦印刷厂
成品尺寸	170mm×240mm
印 张	19.25
字 数	421 千字
版 次	2022 年 11 月第 1 版
印 次	2022 年 11 月第 1 次印刷
书 号	ISBN 978-7-5504-5573-3
定 价	98.00 元

序

    2021年既是中国共产党成立100周年，也是"十四五"规划的开局之年。立足新发展阶段、贯彻新发展理念和构建新发展格局，开启全面建设社会主义现代化国家新征程，最艰巨、最繁重的任务依然在农村。为更好地使金融机构在农村地区创新服务模式、丰富服务手段、提升服务能力，促进我国乡村数字化和农村金融创新，进一步深化各级政府和各高校、金融机构的合作，不断探索和创新地方农业高校高质量服务乡村振兴战略的路径，为推动治蜀兴川再上新台阶和实现第二个百年目标做出更大贡献，四川农业大学、四川省农村信用社联合社和四川省金融学会乡村振兴金融专委会于2021年9月24日在四川广安联合举办主题为"乡村数字化与农村金融创新"的第五届中国西南农村金融论坛，并以线上线下相结合的方式开展主旨报告与学术交流分论坛。本届论坛由四川农村信用社联合社（广安）、广安农村商业银行、四川农业大学经济学院和四川农业大学区域经济与金融研究所承办，《农村经济》《西南金融》《农村金融研究》等期刊为学术指导。来自国内外农村金融领域的专家、学者、金融机构代表等150余人参加论坛，共同围绕数字普惠金融与乡村振兴发展、农村金融发展与机构创新和数字乡村与投融资创新等主题展开了深入的交流与探讨。本次论坛共收到近70篇论文。会后，会务组通过与作者商讨，将愿意发表的19篇与主题相关的论文集结出版，旨在为推进中国农村金融数字化转型与乡村振兴发展提供理论指导和智力支持。

    胡金焱教授以普惠金融如何"普惠"为主题，对农村普惠金融发展做了以下三点判断：一是从经济的"老"三期叠加到"新"三期叠加；二是从经济的三期叠加到金融的三期叠加；三是金融支持实体经济，助推国内国际双循环的"五大支柱"。胡教授提出了普惠金融发展中的福利金融与高利贷金融的两难、金融排斥与金融包容的两难、金融服务供给不平衡的客观现实与金融服务需求充分性的客观需要之间的两难等十个"两难"问题。他认为，破解普惠金融"两难"的对策有以下四个：一是要厘清普惠金融的发展理念；二是要发展普惠金融，要以体制内金融为主力军、体制外金融为生力军；三是要大力发展数字普惠金融；四是要支持中小型金融机构发展。卓志教授以促进小微金融发展的思考为主题，指出小微企业的作用日益凸显，并分析了小微企业发展的困境。他指出小微企业从表面上看是资金供不应求，本质上是"金融抑制"，导致小微金融发育不良和发展艰难。他进一步指出，在金融机构层面，防范小微金融风险，需要增强金融机构责任意识，并加强金融监管和小微金融风险防范。何广文教授以乡村产业振兴及其普惠金融服务的基本认知逻辑为主题，指出产业振兴在乡村振兴中发挥着基础和枢纽的作用，乡村产业振兴和乡村多功能性的开发过程中，新业态、新型经营主体不断涌现，乡村产业振兴的金融服务仍然是普惠金融服务，要实现乡村产业振兴就需要插上金融的翅膀。蒋海教授以虚拟数字货币的洗钱犯罪风险、渠道及其监管研究为主题，通过博弈模型，刻画虚拟数字货币洗钱风险的产生机理和特征，运用结构向量自回归模型（SVAR），对虚拟数字货币交易与洗钱犯罪规模之间的关系进行了实证检验，并对其监管框架及其机制设计问题进行了深入分析。研究发现：一是自2011年以来我国洗钱规模总体呈上升趋势；二是虚拟数字货币交易量对我国洗钱规模存在当期的正向影响；三是虚拟数字货币交易会通过资本流动这一渠道来影响我国的洗钱规模。他提出完善虚拟数字货币监管立法，重点监控跨境虚拟数字货币交易，加强虚拟数字货币反洗钱监管的国际合作，促进监管科技的发展等政策建议。成都农村产权交易所唐鹏程总经理以农村产权交易与金融创新为主题，分析了农村产权金融创新的探索实践，指出农村产权金融创新存在以下主要问题：一是农村产权确权颁证还需进一步深化，二是农村产权交易的基础有待夯实，三是农村产权交易市场亟须进一步培育，四是农村金融创新的市场基础有待深化，五是农村产权抵（质）押融资功能仍需进一步挖掘，六是交易鉴证金融赋能亟须增强。他提出了对未来农村产权金融创新的思考：一是要依托"数字农交"模式，点燃农村产权金融创新发展新引擎；二是要搭建城乡产权交易综合服务平台，推行"一站式"金融服务模式；三是要运用区块链技术，构建农村产权金融服务的数字化基础支撑体系；四是依托业务大数据，搭建农村产权抵押融资风险防控平台；五是要探索交易鉴证金融赋能，创新推动农村产权抵押融资。杨胜刚教授以加快数字普惠金融建设、破解金融支持乡村振兴"普而不惠"的难题为主题进行了分享，阐述了应加强数字普惠金融的建设，从而为金融支持乡村振兴提供重要支撑。

一、数字普惠金融与乡村振兴发展

改革开放的 40 多年中，普惠金融以易获得的渠道和可负担的成本为各阶层的群体提供广泛、可持续的金融服务，推动农业生产体系现代化。王童、唐琴雅、吴平和蒋远胜借助 2017 年浙江大学中国农村家庭追踪调查（CRHPS）的数据，在分析了农地确权以及农地确权通过信贷获得影响家庭财富积累的理论机制基础上，借助 2SLS 模型和中介效应模型来分析信贷获得在农地确权与家庭财富积累的关系中起到的作用。田光宁和木妮热·热合曼以西部某省为例，利用该省 12 个地级市和 2 个自治州 2011—2018 年的市域面板数据，通过构建多元线性回归模型，检验数字普惠金融对农村收入水平的影响。实证结果表明，数字普惠金融发展显著提高了农村居民收入水平。他们总结了西部地区数字普惠金融发展过程中存在的问题，并提出了相应的政策建议。李方华和臧敦刚以 CRHFS2017 数据为样本，选取"父母受教育最高水平"为工具变量，采用 Tobit 模型进行了实证检验和机制分析，研究发现，数字金融素养对农民财产性收入具有促进效应。他们认为应从加快数字乡村建设、发展数字普惠金融和推进农民继续教育等方面做好农民财产性收入增长的研究与决策。洪程程和申云基于中国 31 个省（自治区、直辖市）2011—2018 年的省际面板数据，分析了"双碳"目标背景下数字普惠金融对农业绿色低碳发展的影响效果及其作用机制。研究结果表明，数字普惠金融有利于促进农业绿色低碳发展，数字普惠金融指数每提升 1 个单位，就可以提高 1% 的农业绿色低碳发展水平。从作用机制来看，数字普惠金融可以通过降低农业碳排放强度、提高农业生产社会化服务水平、加深农业产业融合发展深度，助推农业绿色低碳高质量发展。周天芸和刘成发通过对中国 31 个省（自治区、直辖市）在普惠金融对乡村产业振兴影响结果的差异，从普惠金融的可得性、使用度、深化度和互联网金融四个维度分析普惠金融发展对乡村产业振兴的影响，并以此提出对策建议，助力乡村产业振兴。赵立永认为，区块链与乡村治理具有高度的内在耦合性，可以完全充分地融入乡村治理之中。区块链自身的去中心化特性、共识机制特性、分布式协作特性、智能合约特性，可以进一步扩大乡村治理主体范围、凝聚乡村社会广泛政治共识、建立健全乡村治理制度体系、提升乡村治理实践效能。但是，要高度警惕区块链技术的风险隐患，注意扬长避短。

二、农村金融发展与机构创新

以金融助力农村实体经济，农村金融对乡村振兴发挥着先导和推动作用，探讨农村金融理论、实践与创新问题，吸取经验教训，对今后农村金融改革与发展起着至关重要的作用。王晓青基于2021年江苏农村家庭金融调查数据，实证检验新冠肺炎疫情对农村家庭数字金融行为的影响及其差异。研究结果表明，疫情显著增加了农村家庭数字金融使用的可能性，这一影响对金融素养和数字技术水平较高的家庭更显著，同时疫情对数字金融行为的促进作用也具有区域差异；而随着数字普惠金融的发展，疫情影响对农村家庭数字金融产品使用的正效应逐步增加，由此提出有针对性地提升数字金融服务农村包容性增长能力、推进江苏新农村建设的对策建议。李方华和王飞飞以我国1989—2019年部分宏观数据为样本，首先通过构建两部门生产函数进行理论推导研究，而后构建了金融发展、城镇化和城乡收入差距之间的VAR和ECM模型进行各经济变量之间的静态和动态分析。研究发现：金融发展规模、效率正向影响城乡收入差距，而金融发展结构与城乡收入差距负相关；城镇化扩张会缩小城乡收入差距；城乡收入差距的变化在一定程度上会成为金融发展规模、效率和结构以及城镇化变化的动因。基于研究结论，认为持续深化农村金融改革、加快优化我国金融结构和科学推进新型城镇化建设将有利于缩小城乡收入差距。周明栋和陈东平通过实证研究表明，农村社会关系影响各类"增信+"模式作用的发挥，具有强连带的社会关系有助于农户获得增信支持，从而提高银行信贷获得率。案例分析进一步佐证了假说，即不同模式的公司与农户利益联结，既扩大了农业企业的影响力，也提高了农户融资获得能力。为此，本书提出健全金融保障机制、加强信用体系建设、增强普惠金融供给能力、改善发展环境等建议。冯洁认为，进一步搞好生态文明建设，把绿水青山转换成金山银山，实现生态文明建设的社会和经济价值，是有一个过程的，是需要各类产业转型才能实现的。而产业转型以及各类生态建设活动都需要大量的资金扶持、离不开绿色金融政策的支持支撑。因此，只有积极发展绿色金融，才能更好地推动生态文明建设的发展。

三、金融科技与投融资创新

金融是现代经济的"血液"，是实现科技创新驱动的一个重要条件。实现科技与金融的有效融合，完善金融支持科技创新与投融资创新的新途径，有利于消除贫困和提高全民生活质量。唐琴雅等利用 CRHPS2017 数据，借助分位数回归和核密度函数分析方法，研究了农地经营权抵押贷款对农户收入差距的影响。进一步地，他们通过夏普里值分解发现，农地抵押贷款能够解释人均收入差距的 6.21%、人均农业收入差距的 6.09% 和人均非农业收入的 4.99%。结果表明，农地经营权抵押贷款对家庭农业收入造成的正向影响最大，而人均收入和非农收入次之。陈仓松和石道金基于丽水市调研数据，采用 Logistic 模型和 Tobit 模型，运用成本－收益理论，探讨公益林收益权质押贷款对农户创业行为的影响，并进行内生性和稳健性检验。结果表明：农户创业行为依赖于金融机构的资金支持及利率设置；农户人力资本、社会资本及经济资本对农户创业行为有显著的正向影响；公益林收益权质押贷款对农户创业行为有积极作用，但地方金融机构参与意愿不强；参与公益林收益权质押贷款农户的创业机会增加了 79.4%。基于研究结果，他们进一步提出：正规金融机构应对农户创业行为进行窗口指导，实施优惠利率；正规金融机构可以依据农户特征，提供差异化金融服务；提升公益林收益权质押贷款额度，提高地方金融机构的参与意愿；引导民间贷款规范发展，为农户产业资金需求提供支持。中国人民银行资阳市中心支行课题组从基层人民银行视角解读习近平总书记关于乡村振兴的重要论述，综合分析我国金融支持"三农"发展历程、现状和问题，进一步厘清金融支持乡村振兴中金融服务的广度和深度、业务发展和金融风险防范、经济利益和社会责任、政府引导和市场运作"四种关系"，提出做好工作衔接、拓宽融资渠道、凝聚部门合力、突出支持重点、健全服务体系五个方面的政策举措，提高金融服务水平和能力，助力乡村振兴。祝瑷穗和吴平立足于生态产品价值实现的背景意义、内涵与模式，探讨生态产品价值实现过程中，绿色金融推进生态环境保护与治理、促进新兴生态产业发展、加快传统产业绿色转型的作用机制。他们以重庆、浙江丽水、广州花都生态产品价值实现过程中的绿色金融助力的三种模式为例，结合国外实践，分析我国实践过程中面临的主要问题，进一步从绿色金融产品、激励与约束机制、市场环境和资金流向四个方面提出政策建议。陈铭聪和程振源基于 2015 年中国家庭金融调查数据，构造家庭层面的普惠金融指数和消费相对剥夺指数，实证检验普惠金融对农村居民消费不平等的影响。结果表明，普惠金融缓解了我国农村居民家庭消费支出的不平等。常曾伟借助北大普惠金融指数，构建面板数据模型实证研究了2011—2018 年广东省普惠金融发展对农民收入的影响。研究发现，2011 年以来，广东省普惠金融发展提高了农民收入。刘方和王庆媛基于 2011—2019 年我国 31 个省（自治区、直辖市）的面板数据，考察了金融科技对城市商业银行市场份额的影响及其异质性。结果发现，金融科技能显著促进城市商业银行市场份额提高；使用工具变量、GMM 估计缓解内生性后，结果依然稳健。李威和宋爽基于新冠肺炎疫情前后的季度调研数据分析了西藏民营小微企业的融资环境变化，并剖析了此变化背后的主导因素。研究发现，新冠肺炎疫情期间小微企业融资的难度下降，但新冠肺炎疫情前后小微企业仍存在企业制度不健全、融资渠道单一、担保体系不完善、融资成本高等导致的小微企业融资难的问题。最后，针对以上问题从政策措施方面和企业自身方面提出建议。李进兵和韩磊运用数据包络法（DEA）对四川省农业保险支农效率进行了两阶段评价。评价结果表明，各市州农业保险支农效率差异较大，提高农业保险的支农效率要结合各个市州的实际情况因地制宜，既要全面统筹，又要有所侧重。为此，可以从第一阶段调整冗余资源投入和第二阶段发展高附加值农业来实现整体效率的提高。

四、总结

开启全面建设社会主义现代化国家新征程，最艰巨、最繁重的任务依然在农村。农村金融的数字化转型依然面临较大的挑战。农村金融作为农村经济发展的润滑剂，是实施乡村振兴战略的重要支撑。立足新发展阶段，逐步提高农村金融供给质量和金融资源配置效率，是实现农村金融全面赋能乡村振兴的内在要求。加快农村金融机构的数字化转型和数字普惠金融的发展进程势在必行。

编者

2022 年 10 月

目录

数字普惠金融与乡村振兴发展

农村金融发展与机构创新

金融科技与投融资创新

数字普惠金融与乡村振兴发展

农地融资中信用担保的问题与规制[①]

景欣[1]　李雨珈[2]

（1. 西南科技大学　2. 同济大学）

摘要： 随着农地融资试点的深入推进，各地也不断探索创新信用担保方式。商业银行、农户及新型农业经营主体以农地为纽带，发挥社会关系的主导或辅助作用，采取关系型融资与交易型融资的不同组合，弥补土地经营权单独抵押的不足。区块链、大数据等新兴技术将革新农地融资担保模式。但实践中存在社会关系变异、农地处置困难与金融风险交织的功能异化现象，这源于主体认知偏差、激励约束机制不全、制度供给不足等因素。全面实施乡村振兴战略，需使信用担保回归农地融资服务的本质，从理念、机制和制度等层面治理不同担保模式，发挥公法与私法的指引、价值导向与规制作用，规范担保交易、担保机构和担保市场，实现信用担保的可持续发展。

关键词： 农地融资；信用担保；关系型融资；功能异化；治理

一、问题的提出

乡村产业振兴离不开信贷资金支持，但农村地区缺少合格担保品、农村资产抵押约束多，授信难、贷款难与担保物处置难随之而来，始终困扰着"三农"融资。随着农地"三权分置"、土地流转、抵押贷款试点等改革措施逐步落地，《中华人民共和国民法典》（以下简称《民法典》）《中华人民共和国农村土地承包法》（以下简称《农村土地承包法》）将中央农地政策和各地实践经验转化为法律，金融监管机构出台了农地融资试点管理制度。法律适度放开农地融资的桎梏，金融监管机构与地方政府以次生制度激励和包容创新。各

① 基金项目：上海财经大学 2016 年研究生创新基金项目"农村土地金融创新实践与法律制度建设研究"（项目编号：CXJJ-2016-383）。本文中的农地融资仅指土地经营权抵押贷款。

地在保障农户承包权利不变的前提下，探索多种可行的信用担保方式与处置机制，以不同社会关系的组合优势，缓解农地融资的制度性压抑、担保物不充分、担保物难以变现等痼疾。但农地融资随着贷款试点结束而始终处于不温不火的状态，还产生了影响信用担保良性发展的功能异化现象。如何促进土地经营权抵押与社会关系的融合，使信用担保更好地服务于乡村振兴战略，已成为当前学术界和实务界讨论的热点与难点。

现有研究大都集中于抵押替代制度、担保模式、土地经营权抵押规则及关系型融资。资产与土地、担保品变现难抑制着信用担保的有效供给，使农地融资无法有效支持小规模农户或新型农业经营主体[①]。关系型融资成为农地融资中较普遍的担保方式，新沂市、同心县等地分别以资产或关系主导做担保，实现土地经营权抵押。商业银行、农户、新型农业经营主体构建新型融资关系，与农民专业合作社等组织形成金融联结。土地经营权唯有借助各类担保方式才能实现可担保性，各类信用担保运用关系型融资技术，以社会关系的不同组合缓解信贷难题。个别地区探索区块链农地抵押融资初现成效，预示信用担保数字化的大趋势。在乡村振兴与国内国际双循环的新发展格局下，乡村产业振兴需打破城乡金融供需不匹配的局面，以各要素循环相互交错加速土地流转和资本流动，信用担保将实现农地资源与社会关系资源的优化配置。《中华人民共和国乡村振兴促进法》要求优化政策性担保，完善农地资产的担保权能[②]，强调农业信贷担保机构的涉农服务导向。

本文分析农地融资中信用担保的运作机理及其功能异化现象[③]，认为国内国际双循环将加速土地要素与资本要素的融合。信用担保充分利用各类社会关系，可以促进农村各类要素循环，有效地化解农地融资的困境。农村地区已初步形成多种担保方式并存的担保市场。但社会关系特性会强化担保的负外部性，使各类信用担保偏离最初的制度设计与目标，其蜕变与异化会影响农地融资的可持续性及经济社会稳定。现行的担保法规则不足以应对新问题、新态势，需运用乡村治理各种手段，从环境、机制和规则等层面全面规制信用担保。

---

① 新型农业经营主体主要包括农民专业合作社、家庭农场、农业公司、专业大户等，不拘泥于单位或个体，以农业现代化、集约化、规模化发展为目标，突破单一的农村生产和组织方式。

② 《中华人民共和国乡村振兴促进法》第六十三条规定，以财政及金融手段支持政府性融资担保机制，并由财政出资设立专营的农业信贷担保机构。该条第一款也允许土地等农村资产与金融相结合。

③ 本文以广义界定信用担保，既包括信用、抵押、质押、保证等典型担保方式，也包括混合担保、让与担保等非典型担保方式。

二、农地融资中信用担保的运作机理

各地在"先行先试"中创设多种信用担保，旨在发掘农村地区的社会关系资源，以农地产权与其他社会关系的不同组合，发挥担保的融资增信与经济激励作用。

（一）农地融资中信用担保的多重意涵

农地融资中的信用担保方式颇多，虽仍不改混合担保的本色，却使其具备日益丰富的内涵。

（1）本质属性：基于农地产权抵押的混合担保。银行贷款以融资主体的信用为发生基础，信用促成信贷资金的异时配置。其偿债能力因明显的客观表征成为判断信用状况的重点。抵押或保证分别以权利收益、资产价值或责任财产增强融资主体的信用，使银行享有在融资主体无法偿债时优先受偿的期待权。农地融资中的信用担保将人的担保与物的担保相混合，进一步发挥金融债权保全作用。《民法典》《农村土地承包法》规定，"四荒"土地的承包经营权、承包农地或流转农地的土地经营权均可抵押。因土地经营权及其附着物价值有限、抵押率偏低，一般农户、小规模农业经营主体无法实现农地价值的规模效应。抵押与保证的组合有助于农村融资主体的信用增级，更能有效地分散和缓释农地融资风险。第三方或团体做保证，以人的担保强化担保作用；农户创设土地经营权抵押，成立联保小组、担保协会等团体，与其他成员形成互助合作关系，以团体信用增强个人信用。

（2）贷款管理：融资主体硬信息与软信息的组合。农地融资的期限错配仍与信息不对称、贷款风险相伴相生，银行运用融资技术解决信贷难题、防控信贷风险。其中，交易型融资技术侧重融资主体的资产、财务等非人格化的硬信息，关系型融资技术更强调社会关系等人格化的软信息。各类信用担保方式由融资主体与其他主体发挥农村社会关系的潜在功能。在农地融资中商业银行对融资主体的信用进行评价时，可综合运用农户或新型农业经营主体的硬信息、软信息。其中，农户等主体的财务报表、资产状况、担保物等硬信息容易被获取、量化和验证。农户与商业银行以及其他农户或团体的关系状况属于软信息，这类信息在信用担保中起主导或辅助作用。商业银行根据融资主体的各类社会关系及风险因素确定贷款利率、贷款额度，更加注重为信用较好的融资主体提供贷款便利；农户与新型农业经营主体之间互相监督、约束与合作，使商业银行与融资主体形成长期、稳定的金融联结关系，实现金融服务与"三农"事业的共赢。

（3）要素配置：信用担保优化农地与资本的要素配置。在新发展格局下，城乡的深度融合打破了二元结构的藩篱，促进农地与资本要素的循环。《民法典》释放农地产权的融资担保权能，《农村土地承包法》《中华人民共和国农民专业合作社法》允许土地经营权抵押、入股专业合作社，确保农地融资担保服务于农业生产经营。涉农金融机构探索金融服务"三农"的模式，商业银行、保险机构与农户、新型农业经营主体构建新型合作关系，优化金融产业资本与农地的组合。农地可通过"三权分置"与资本循环有序流转，农地、农村资产在农村社会化大生产中实现其交换价值和使用价值，资本也在担保融资、生产经营和消费中循环往复。信用担保在农地融资中优化农村各生产要素配置，促进农地与资本的深度融合。金融科技的勃兴催生区块链农地抵押模式，使农地产权、农村资产、社会关系与信贷资金转化为资本流和数据流，进一步加速和完善各类要素的循环与市场化配置。

（二）信用担保中社会关系的组合与演变

各类社会关系发挥主导或辅助作用，形成不同的信用担保组合，克服农地产权或资产单独抵押的局限性。随着城乡深度融合、农村金融深化与技术迭代加速，信用担保呈现多元化与数字化并存的态势。

（1）信用担保关系的微观构造。农地融资关系是所有信用担保的主要交易基础，人际关系、营利目的或政策安排分别成为其次要交易基础。信用担保实质是以产权关系、人际关系等社会关系的组合保障融资，将静态的权利转化为动态的价值交换与信任关系。各类信用担保关系构成复杂的关系契约网络。其中，个体担保基于农户及其亲友关系而成立，互助性担保一般是无偿、单务合同，以农户与新型农业经营主体的信任为基础。部分担保公司为规模化种植户、养殖户或农业公司提供经营性担保，双方形成了双务、有偿的合同关系。例如，一些融资担保公司设定条件，为农户或新型农业经营主体提供政策性担保，形成了由政府规制的双务合同。担保交易不再局限于商业银行与农户，各级政府、监管机构、新型农业经营主体亦成为利益相关者，逐渐形成主体多元、形式多样的农村担保市场。农户联保小组、担保协会构建多个互相关联的共同保证关系，与土地经营权抵押共同发挥融资主体信用增级作用。

农地融资中的信用担保的运作逻辑见图1。

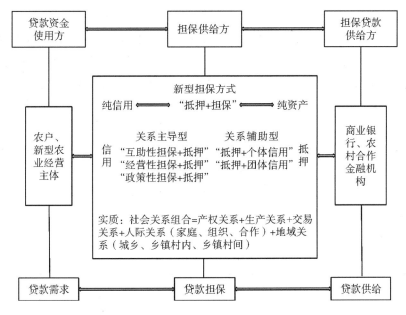

图 1　农地融资中信用担保的运作逻辑

（2）信用担保中社会关系的分与合。农村地区处于脱贫攻坚到全面乡村振兴的转型时期，血缘、人缘、地缘和业缘具备社会资本潜质，属于信任度不同的社会关系，应以不同组合构建农村地区的双边信任和多边信任关系。单纯的信用与抵押犹如信用担保光谱之两端，社会关系在其间以主导或辅助作用形成不同的担保组合，满足农村地区不同主体的资金需求。一是"关系主导型"担保。该担保模式以信用关系为基本形态，商业银行与融资主体存在稳定的交易合作关系，融资主体具有资产实力强、抵御风险能力强、信用评级良好的优点，无须以土地经营权抵押，农地流转状况仅为信用评级的考量因素之一。当个体、第三方及团体为担保主体时，融资主体一般为欠缺资金的农户或新型农业经营主体，土地经营权抵押做辅助，或以土地经营权入股成立担保中介组织。保证人、企业或农户团体承担连带担保责任，监督农户或新型农业经营主体，防控融资主体在申请贷款、使用贷款中的道德风险。在"团体信用+抵押"模式中，土地经营权抵押是组建农户团体的基础，规避农户"搭便车"等投机行为，并转嫁或分散贷款风险。农户选举担保团体负责人，建立内部议事机构，公平、公正地为成员提供担保服务。个体信用、第三方信用或团体信用发挥主导作用，使农户或新型农业经营主体获取商业银行贷款。如在"同心模式"中，融资主体以其土地经营权作价入股成立土地协会，与土地协会或其他会员签订土地经营权抵押协议及权利转让承诺书，约定"转让"或

"赎回"土地经营权的条件，土地协会向商业银行申请担保贷款。二是"关系辅助型"担保。该担保模式的基础是流转土地的土地经营权抵押，融资主体有大面积连片土地和较多的农村资产，土地经营权及农村资产担保作用极强。融资主体的信用状况、社会关系成为商业银行授信、贷款管理的参考因素，如"新沂模式"以集中连片土地的经营权做抵押，解决了规模化经营户或新型农业经营主体的融资问题。融资主体虽可抵押土地经营权，并已完成确权、抵押登记，但承包土地及地上附着物价值有限，农地产权处置机制尚不完善，农地抵押物不容易变现，融资主体贷款额度一般超过抵押物价值。商业银行审慎对待单纯的土地经营权抵押，在贷前审查时综合考虑融资主体的信用状况、资产状况、生产经营及还款能力，更偏好发放组合型担保贷款。

农地融资中的信用担保方式见表1。

表1　农地融资中的信用担保方式

模式			社会关系的组合样态
类型	担保主体	融资主体	
关系主导型担保 — 信用	农户、新型农业经营主体	信用农户、信用较好的新型农业经营主体	无担保，仅凭主体信用评级
"个体信用+抵押"①	专业大户、新型农业经营主体		以主体信用评级为主、流转土地的经营权为辅
"第三方信用+抵押"	保证人②	贫困农户或资金紧缺农户	以各类保证人与农户的信任关系为据
	龙头企业、农业公司	欠缺资金的专业大户或企业	龙头企业、农业公司与专业大户的合作关系是基础
	融资担保公司（政策性/经营性）	大规模专业大户、中小微企业	担保公司为中小微企业、专业大户提供政策性担保或经营性担保
"团体信用+抵押"	农民专业合作社	合作社成员	农户以土地经营权入股，获得合作社成员资格和权利，合作社为其贷款做担保
	行业协会、担保协会	协会成员	农户以土地经营权入股组成协会，协会为其担保
	农户联保小组	小组成员	由3~5名农户组成小组，自愿组合、诚实守信、风险共担

① 此处的抵押专指土地经营权抵押。

② 在各地农地融资实践中，存在亲戚朋友、村干部、公职人员或专业大户等担任保证人的情形。

表1(续)

模式			社会关系的组合样态
类型	担保主体	融资主体	
关系辅助型担保	"农村资产抵押+个体/团体担保"	专业大户、农业企业或农民专业合作社	以农村资产、土地经营权价值评估为主,主体信用评价做参考
	"农村资产组合抵押+个体/团体担保"	专业大户、农业企业或农民专业合作社	财团抵押,以农村资产、农特产品订单、应收账款、土地经营权价值评估为主,主体信用评级做参考
	抵押	大规模专业大户、家庭农场、农业公司或农民专业合作社	以土地经营权及地上附着物价值评估为主,主体信用评级、"人品"、声誉为辅

（3）信用担保的多元化与数字化。抵押与保证的不同组合有助于满足农村各主体的融资需求。随着农地融资长效机制的完善,将不断衍生出多样的信用担保方式。金融科技的迅猛发展亦将促使信用担保数字化。贵州湄潭在农村资源融资信息管理平台构建区块链提高抵押效率。人民银行、政府职能部门、农业银行共建联盟链,各节点间自动执行智能合约,使土地经营权的初始确权、状态变更、抵押交易等流程转化为代码,分布式架构、点对点传输及算法存储与处理抵押信息、贷款数据,为农户或新型农业经营主体提供精准、全面与可信的数据,共识机制与算法验证融资主体身份、信用及资产状况,解决贷前信用评估、贷后管理问题。该试点以数字技术极大地缓解了农地融资的信用担保问题,标志着关系型信贷与交易型信贷的数字化转型。

（三）农地融资中信用担保的比较优势

（1）保全债权的保障优势。农业生产经营具有高风险与弱质性,农户可供抵押的财产不多,农业资产、农具等存在损耗过高、价值较低等缺陷;新型农业经营主体管理不规范,农地产权承载了较多的社会保障职能,被法律长期禁止抵押。农户或新型农业经营主体普遍担保能力较弱,往往不容易获得信贷支持。尽管《民法典》《农村土地承包法》已确立土地经营权融资担保规则,但土地经营权及其他农村资产的价值有限,无法全面覆盖商业银行贷款风险。关系型融资技术发挥农村社会关系的作用,将农村主体间的信任转化为信用资源,以交易型融资的不同组合增强贷款保全效力,为各主体提供配适性融资服务。

（2）担保组合的信息优势。在农地融资实践中,金融机构缺少信用评级、财务报表等信息，准确评估贷款风险、开展交易型融资存在客观困难。金融机构根据非财务信息等人格化信息，向存在长期合作关系的企业、农户团体发放贷款。第三方担保、关系型融资成为农村抵押贷款的替代机制，可解决农户担保物不足、急需贷款的"抵押困境"。农地融资中引入关系型融资，金融机构评估农户的财务、贷款记录等硬信息，第三方、农户团体为农户提供信用增级服务，增强农户担保能力，缓释贷款风险。数字技术可使商业银行实时挖掘海量数据，实现担保即时交易。

（3）农村经济的激励优势。农户或新型农业经营主体采取担保合作，以农户、团体成员间的信任为基础。商业银行以对各类担保关系的信用评价，将农户、第三方的信任转化为信用信息，根据这类信息体现的价值配置信贷资金。各类信用担保使农户与相关主体间形成信息共享机制，以担保主体的协调行动与声誉为约束，强化对农户借贷、用贷行为的监督，促使融资主体诚信经营，防止违法违约。地方政府可以担保调控经济活动，加大对贫困农户等弱势群体的扶助力度。金融监管机构对农地融资开展较好的商业银行给予再贷款支持，调动商业银行发放贷款的积极性。联盟链不仅能提高金融监管效率和金融业务效率，而且能大幅缩短单笔贷款办理时间、节省农户贷款成本。

三、农地融资信用担保的问题及成因

乡村振兴战略的实施使农地融资的信用担保面临重大的机遇与挑战。各主体互动背离或阻碍信用担保的最初功能与目标。这种异化蕴含着诱发金融风险与危机的潜在可能，是信用担保特性与宏观环境、主体理念与制度机制等综合作用的结果。

（一）信用担保功能异化的表征

农村社会关系在不同主体的互动中并非一帆风顺，在目标、创设、运作与治理等方面的"错位"，使信用担保容易在实际运作中背离原有制度设计。

（1）社会关系存在负外部性效应，信用担保容易偏离原有价值目标。理想的信用担保旨在增强融资主体信用，以社会关系组合强化激励、防控与缓释效果。乡村振兴背景下的农村存在村委会、担保协会、农民专业合作社等主体，使融资主体的社会关系由双边关系扩散至多边关系。农村社会关系呈现的"软信息"日趋丰富，其构建和扩散的"软信息"的多变性与不确定性随之增加。倘若缺少治理机制，社会关系的组合与演变便会放大其负外部性，这种反作用力诱发各类信用担保变异，最终将其外部成本转嫁给融资主体或其他农户，侵蚀农村金融生态环境。互助性担保会失去互助合作的原本意义，很可能

沦为融资主体与担保主体各种算计的博弈。例如，若农户或新型农业经营主体合谋或锁定双方关系，伪造社会关系的信息，就会增加金融机构甄别信息、评估贷款风险的难度。政策性担保机构容易偏离"准公共物品"定位，经营性担保机构弱化对新型农业经营主体的担保服务。区块链技术虽能提高农地产权抵押的效率，可妥善解决土地融资中的信任问题，却也存在数据利用与隐私保护取舍、算法歧视、设施建设能耗过大等难题。区块链农地抵押是否会昙花一现，存在很多不确定性。

（2）各主体的观念与利益不易调和，担保关系的创设与服务偏离于预期。各主体持功利心态设定信用担保。农户普遍持实用主义的心态与新型农业经营主体合作，部分农户对集体组织存在依赖团体或贪图便宜的心理，部分农户碍于情面或迫不得已参与其中。这些农户大都缺乏正确的权利义务观念，缺少参与议事的基本常识，常常在认知模糊的状态下签订担保合同。很多农村主体不愿提供互助性担保，使一些农户不易找到保证人。农户亲友在明确责任、风险的情形下才会提供担保。专业大户一般不愿为相对贫困农户贷款做担保。村干部、公职人员做担保存在声誉和职务风险，仅承担极为有限的保证责任。部分地区农户受高额投资回报的利诱，以土地经营权入股成立农民专业合作社成为一些不法分子借助合作社骗取贷款的工具。专业担保机构高杠杆经营趋向明显、风险经营能力弱化、内部治理不健全，政策性担保机构多为大规模农业经营主体提供担保，很少为一般农户或小规模农业组织提供服务。新型农业经营主体办理担保成本较高，承担 1.5% ~ 2% 的担保费。

（3）非正式制度无法弥补法律空白，转型期的潜规则影响权利、义务与责任分配。自改革开放以来，二元化的城乡经济社会结构逐渐产生变化。农村地区不再保持封闭状态，与城镇地区的交流互动逐渐增多。随着多数农户外出务工、迁居、嫁娶或就学，农村家庭也不再维持原有的稳定态势，原有的社会关系网络不复存在，农户之间的熟人信任关系被打破，其社会关系虽残存部分价值，却失去原有的声誉监督、互助互惠等作用。农户与新型农业经营主体构建各类契约时，更强调符合自身利益的共同经营和互惠性，有别于血缘、地缘形成的差序格局。农村地区处于"熟人社会"向"契约社会"的转型过程中，广大农户尚未形成良好的契约意识和自治意识。法律规则对特殊的农村社会关系强制力不足，农户或新型农业经营主体的社会关系缺少必要规制，传统道德规范对农户或其他主体失去了原有的约束力，入股协议、章程等自治文件中混杂江湖规矩或乡土惯例。部分潜规则代替法律规则，在农村地区盛行。农户存在多元化利益追求，借助潜规则构建各类社会关系，将权利、义务与责任配置异化为既得利益与期待利益的分摊。农户容易与商业银行信贷员、新型农业经营主体串通合谋，在担保关系构建中采取不规范的业务操作。

（4）信用担保行为不规范，内外部治理弱化，第三方与团体担保难以为继。农地融资实践中存在诸多不规范操作，破坏担保主体与融资主体风险共担、互惠互利的共识基础，使信用担保关系的创设与存续具有很强的随意性和盲目性，更遑论担保关系中的利益协调与治理。首先，很多地区的农户对担保合同的要式性认识不足，认为熟人之间不必签订合同，为省事采取口头约定、打借条等简易方式，使担保合同欠缺形式要件，或者对担保责任约定不明，不具备法律效力。原本欠缺合意的担保关系隐患颇多，契约自治难以落实，也容易产生不必要的纠纷。其次，新型农业经营主体排斥部分农户。在农户联保小组、担保协会等团体中，为团体或成员创设信用担保需经过会议协商确定。各团体成员理应享有平等的知情权和表决权，但现实中强势成员把持议事会议，使民主协商过程蜕变为压榨弱势成员。部分地区也曾出现欺诈弱势成员，导致部分农户联保小组成员被冒名、借名的现象。还有的地区存在农民专业合作社等组织空转现象，使其沦为强势成员套取奖补、扶持资金的工具，也容易利用担保谋取不法利益。

（二）信用担保功能异化探源

（1）根本原因：农村社会关系的分合。商业银行发放贷款都要考虑资金安全，担保可以发挥缓释贷款风险的作用。信用担保的本质是以被担保财产及保证人责任财产的价值，保障商业银行贷款的安全。新型信用担保利用了关系型融资的关系性、长期性、社会性和内部性，依靠声誉、道德等非正式制度监督农户、新型农业经营主体。农户需要经过协商谈判才能确立担保关系，农户联保小组、担保协会或农民专业合作社召开内部会议确定担保事宜，增加了农户构建担保关系的交易成本。农户或新型农业经营主体为减少交易成本，容易在设立担保关系时采取不规范操作，也容易以共担风险的形式向担保团体中的弱势成员转嫁成本。各类担保为农户增信的同时也增大了信用风险，可能激发农户或新型农业经营主体的道德风险，滋生集体抵赖、拖欠借款等行为，对农村经济运行产生潜在影响。信用担保的数字化蕴藏着隐私保护与信息存储利用的难题。

（2）理念原因：各农村主体的认知偏差。信用担保从属于农地融资，社会关系也为信用提供担保服务。担保主体在债务人无法偿还、抵押物无法处置时偿还贷款。信用担保发挥应有作用，离不开信用良好的金融生态环境，需要完备的产权交易市场与各类中介组织，更需要农村各方主体具有正确的权利、义务观念与意识。担保主体在签订贷款合同或担保合同时，应当具有一定的认知和履约能力，明确信用担保的属性及其潜在风险。农户文化水平普遍不高，法治观念淡薄，在信用担保的创设与存续中存在认识误区，误认为第三人或团体代偿可使自己免责，参与担保亦有集体或国家兜底，拖欠贷款时亦可集体抵赖。农户、新型农业经营主体对信用担保的法律属性认识不足，使担保欠缺法律要件或无法产生法律效力；缺乏对担保关系潜在风险的防控意识，也不愿介入更多的担保事务或参与担保团体的治理。农户存在认知偏差与行为偏差，使信用担保的创设沦为各主体之间的利益交换，成为滋生融资主体与担保主体道德风险与利益冲突的温床。

（3）机制原因：激励与约束机制不健全。首先，农业生产经营的风险使农户贷款条件较为严格，农户、新型农业经营主体风险防控能力不足，各类担保主体缺乏提供担保的动力。现行农地融资制度仅要求对经过信用增级的贷款提高抵押率，对专业担保机构的激励作用不足，新型农业经营主体也缺乏为农户担保的积极性。其次，农地融资的风险防控不到位。第三方或团体都具有趋利避害、规避风险的本性，普遍担心被抵押的农村资产处置不顺畅，在风险缓释机制健全时才愿意提供担保。在经济欠发达地区，普遍存在农业保险品种单一、财政贴息不到位、农村产权交易市场不发达等问题，农户或新型农业经营主体对提供担保普遍存在较多顾虑。再次，农户联保小组、农民专业合作社虽有担保职能，但因缺乏运作和监督机制，容易使议事过程流于形式，无法充分激励农户自治，不利于构建规范的担保关系。最后，守信激励与失信惩戒机制成效弱化。各类农户团体的章程、协议规定了成员连带责任、禁止转借等规则，仍缺少其他可操作性强的规则，难以约束成员违约或团体违规行为。融资主体、担保主体失信、违约的成本相对较小，约束与惩戒力度不足，不能有效规制信用担保中的违法违规行为。

（4）制度原因：担保规则与农地融资的适配性不足。《民法典》《农村土地承包法》放宽担保形式要求，却都严格要求土地经营权抵押的要式性，还附加承包方同意、融资主体资格等条件。类似承包方同意的要求，增加土地经营权规模化抵押难度。《农村土地承包法》允许"融资担保"虽鼓励金融担保创新，却对信用担保中社会关系的分合语焉不详。现行法律对这些特殊问题付之阙如，容易放纵担保的过度扩张。此外，农地价值评估、处置机制的规则与实践不相符，金融机构因资格限制而无法拍卖或变卖被抵押农地，影响信用担保创设和农地融资业务。现行法律法规中也缺少与银行信贷业务相衔接的规则。《中华人民共和国商业银行法》《中国人民银行贷款通则》仅规定信用贷款、担保贷款的办理流程等规则。《农村信用社农户联保贷款指引》适用于农村合作金融机构，对农户联保小组的人数、创设与管理要求严苛。《中华人民共和国农民专业合作社法》仅规定土地产权抵押贷款等事项；贷款协会、担保协会等缺少相应的制度规范；新型农业经营主体在管理、运作及农户担保服务方面不健全，提供贷款担保的程序和手续相对复杂。土地经营权抵押融资办法效力层级较低，仅倡导在试点中适用多元担保、保证责任保险。《中华人民共和国乡村振兴促进法》仅规定农村担保的机制、服务对象与支持手段。除融资担保公司适用国务院的监管条例外，其他政府性担保机构、经营性担保机构由地方性法规和政策文件规制，存在可持续经营与社会责任的矛盾。

四、农地融资信用担保的规制路径

社会关系的变异会引发信用担保异化，既影响农地融资的可持续性，也会暗藏影响农村经济社会稳定的隐患。在全面实施乡村振兴战略期间，对信用担保的功能异化乱象的治理需与乡村治理同步，引导担保主体与市场恪守融资服务的本位，健全激励、规范与约束体系，重构良好的担保市场秩序。

（一）重塑农村信用担保文化

（1）重构主体的认知与定位。乡村振兴是乡村信用经济发展的新机遇，它将促使农村各主体的认知变革。农村各主体在农地融资、农业生产经营中不断积累信任，形成稳定的信用资源。新型信用担保以不同的信用组合，将社会关系的潜在价值转化为社会资本。融资主体与担保主体需认识到信用担保的资源整合和重构作用，明确信用担保可以将信用的潜在经济价值变现，将农村的社会关系转化为社会资本。信用担保亦是"双刃剑"，既能保障农地融资、分担融资风险，也会诱发农村各主体的道德风险。农村各主体应当理性认识信用担保的定位，各类担保机构应恪守不同担保的职能定位，规范与约束自身担保行为，共同促进信用担保的良性发展。

（2）革新担保治理理念。信用担保为农户或新型农业经营主体提供贷款便利，有助于降低农地融资交易的风险，各类农村信用中介亦将增加担保的交易成本，存在影响农村经济运行效率的潜能。对信用担保的治理应当简化担保业务流程，节约担保业务费用，引导业务规范化发展；规避信用担保偏离融资服务的本质，防止社会关系变异引发信用担保的操作风险；权衡担保业务的安全与效率，保障担保交易与经济安全。

（3）重构担保行为伦理。农村各主体缺乏信用意识，易使信用担保潜规则化，凸显重构信用担保行为伦理的紧迫性。使农户、新型农业经营主体形成良好的伦理道德，将有助于重建信用担保的自律机制。以社会主义核心价值观为导向，加强农村各主体的诚信教育，引导农村主体确立正确的权力观，强化诚信理念，增强良性竞争与合作共赢的市场意识。

（二）重构信用担保规范运作机制

（1）优化担保行为调控机制。完善差异化的微观调适与宏观监管模式。信用担保的宏观监管重在防控风险。基层政府防控互助性担保集体违约等潜在的道德风险；监管机构防控经营性担保机构因担保能力不足或经营管理引发的外部性风险；避免政策性担保机构偏离公益目的与服务本质。微观调适重在将担保特性与服务适配性相结合，各类信用担保业务均遵循一般担保法规则，经营性担保、政策性担保需符合政策与监管的要求。各类信用担保机构需结合融资主体特性构建特定服务机制。相对贫困农户适用"政策性担保+抵押"，专业大户、农民专业合作社适用"信用+抵押"，担保协会或其他组织成员适用"关系主导型"融资，大规模经营户或农业公司适用"关系辅助性"担保申请商业贷款。农户与第三方、新型农业经营主体形成良好的互动关系，运用多种社会关系实现信用增级。

（2）改革团体增信规章制度。农户团体担保可能存在暗箱操作、以强凌弱等问题，影响团体增信的互惠性和公平性。团体增信在一定程度上是各类组织的治理问题，需继续完善新型农业经营主体的担保组织规则。首先，完善农户参与各类农户团体担保的法定程序。其适用担保合同、团体章程、入股协议等基础规范，可解决团体担保中的担保合同不规范、责任不明晰、约束力不强等问题。其次，根据农户经济状况、信用状况、保证能力等因素，构建农户、新型农业经营主体与金融机构间的稳定合作机制。再次，制定担保团体成员金钱质押或权利质押制度，发挥账户资金或质权的警示和担保作用，有效规避农户"搭便车"等道德风险。最后，强化各类农村团体的内部治理，明确团体成员、议事机构的职责，完善议事、决策及监督等机制，杜绝违规担保、把持担保决议等现象。

（3）构建农村担保市场规则。农村地区已然形成一个多元化的担保市场，亟待构建规范农村担保市场的规则。建立农地价值的专业评估机制和多元处置机制，解决担保主体与金融机构的后顾之忧。针对经营性担保机构与政策性担保机构，制定不同的设立条件、经营条件和担保能力要求。设置专业人员的准入条件和行为规范，规避专业担保业务操作风险。根据农村担保市场和社会关系的特点，指引互助性担保业务实现团体自治，引导经营性担保机构审慎经营，保障政策性担保机构"保本微利"或无偿担保。督促专业担保机构优化风险管理，避免以高杠杆经营、远离小微服务、博取财政扶持等方式发展。

（三）营造信用担保发展的法治环境

（1）并用特别规则与一般规则。农地融资中的信用担保交易本质是担保合同关系。解释适用《民法典》合同编、物权编的一般担保规则，恪守农地融资担保的法定要式性，合理约定融资主体与担保主体的权利关系、担保责任。农村地区存在大量的担保交易惯例。法律需规范惯例等非正式制度的适用，将普适性较强的非正式制度转化为法律规范。针对不同的信用担保方式，制定符合金融特性且可操作性、指引性较强的特殊规则，促成不同社会关系的正向互动。结合乡村治理的自治、德治与法治等方式，整治抱团违约、逃废银行债务、合谋串通债等农村金融乱象，以双边治理和多边治理消除信用担保中的不确定性。

（2）加快推进农村信用体系建设。健全的农村信用体系业务制度是信用担保发展的基础。我国需以评价、管理、惩戒与修复等机制健全农村信用体系。结合农村主体特性开发适用性强的信用评价机制，在农地融资中充分利用信用档案。根据农村各主体的信用行为特征，运用大数据技术合理采集各主体的声誉、信任及资产状况等信息。健全失信人的信用惩戒规则，综合运用名单公示和各类惩戒措施强化声誉监督。规范农户团体内部惩戒及自治，引导各主体依法合规办理担保、全面履行担保与贷款义务。建立失信人信用修复机制，区分可修复与不可修复情形，引导失信人恪守诚信，以整改、申请等方式修复个人信用。

（3）健全多元纠纷解决机制。社会关系错配引发信用担保纠纷，实为不同主体的利益冲突所致。刚性的裁判方式不利于解决纠纷，适宜采取多种诉讼替代机制。引导农村各主体理性维权，发挥乡规民约和自治协议中的调解作用，倡导和解、调解优先，灵活运用诉讼与非诉方式纠纷解决。增强生效判决的约束力与威慑力，对拒不执行人采取信用惩戒、处罚等逐步强制方式。

（四）构建农村信用担保保障体系

（1）强化担保的引导与监管。政府、监管机构是农村信用体系建设的主导力量，也是担保交易和担保市场的引导者与监管者。村委会、农户团体是信用担保的日常监管者。政府、监管机构应恪守权力运行的边界，以私法自治机制为优位调控担保行为。督促各类担保机构恪守商业道德，杜绝行业垄断、违规担保等不正当经营行为。政策性担保、经营性担保已具备金融中介性质，监管机构应注重两类担保机构的日常经营行为监管，对经营性担保适用合规性监管和风险性监管，防止经营性担保蜕变为相关主体牟取私利的工具。强化目的性监管，引导政策性担保机构回归与恪守融资服务的定位，坚持保本微利的经营原则。

（2）健全担保风险分散与缓释机制。农业生产经营中的风险使各类担保主体望而却步。保险、财政贴息、风险补偿基金等机制有助于分散与缓释农地融资风险。各级政府可用财政奖励与补贴、税收优惠等措施支持专业担保机构，政府还可设立融资担保、风险补偿、乡村振兴产业等基金，缓释农户或新型农业经营主体的担保风险。推广保证责任保险、政策性农业保险，加强融资风险保障，减轻担保主体的担保压力。

（3）探索数字与担保的融合模式。数字技术有助于解决农地融资的担保难题。构建完备的区块链农地融资系统，需实现数据、技术与应用的融合，深度挖掘和综合运用农地产权、农村资产的抵押数据、贷款业务数据。区块链架构需实现抵押、担保、贷款等各子系统的兼容性，解决电力、算力能耗与运转效率的矛盾。区块链农地融资系统中存储海量数据，对担保、融资等活动实行链上节点监督与线下监管，防范区块链和大数据应用产生"数字鸿沟"；有效利用各类交易数据，探索创新数字化信用的实现方式。积极回应信用担保的多元化与数字化趋势，明确采集、加工、提取农村各主体信息的程序和规则，确保融资主体与担保主体的知情权、隐私权、控制权等数据权利不受侵害。

参考文献：

［1］郭伊楠. 吉林省农户贷款担保供求失衡问题研究［D］. 长春：吉林农业大学，2018：9.

［2］汪险生，郭忠兴. 土地承包经营权抵押贷款：两权分离及运行机制：基于对江苏新沂市与宁夏同心县的考察［J］. 经济学家，2014（4）：49-60.

［3］胡志浩，李勍. 关系型融资研究新进展［J］. 经济学动态，2019（10）：132-146.

［4］王利军，纪翔. 多元法学视角下的农村金融联结［J］. 河北法学，2018，36（3）：118-125.

［5］林建伟，刘伟平. 土地承包经营权抵押贷款的实践异化与制度回归：来自福建省试点情况的分析［J］. 东南学术，2015（1）：161-166.

［6］彭澎，刘丹. 三权分置下农地经营权抵押融资运行机理：基于扎根理论的多案例研究［J］. 中国农村经济，2019（11）：32-50.

［7］高圣平. 民法典视野下农地融资担保规则的解释论［J］. 广东社会科

学，2020（4）：212-225，256.

[8] 陶永诚. 关系型信贷的"关系"研究 [M]. 北京：中国金融出版社，2014：30.

[9] 白洋，胡锋. 论我国农地融资担保的制度实现 [J]. 学术交流，2021（5）：54-63，192.

[10] 祖建新，陈劲松. 农户信用合作融资的历史演进与内在逻辑 [J]. 农村经济，2020（9）：110-116.

[11] 阎竣，陈传波. 推进承包地经营权融资担保的困境与对策：基于承包方、受让方、银行与担保机构的多相关利益主体调研 [J]. 农业经济问题，2020（12）：109-119.

[12] 冯瑶，顾琴，张丹. 首笔区块链农地抵押贷款落地湄潭县 [EB/OL].[2018-08-16].http://www.farmer.com.cn/2018/08/16/99219402.html.

[13] 林一民，林巧文，关旭. 我国农地经营权抵押的现实困境与制度创新 [J]. 改革，2020（1）：123-132.

[14] ALLEN N BERGER, GREGORY F UDELL. Relationship lending and lines of credit in small firm finance [J]. Journal of Business, 1995, 68 (3)：351-381.

LUKAS MENKHOFF, DORIS NEUBERGER, ORNSIRI RUNGRUXSIRIVORN, Collateral and its substitutes in emerging markets' lending [J]. Journal of Banking and Finance, 2012 (36)：817-834.

[15] 徐孟洲，杨晖. 金融功能异化的金融法矫治 [J]. 法学家，2010（8）：102-113.

[16] 赵学军. 信用担保制度的变迁与农户融资的困境：兼论农村金融体系建设中担保体系建设优先性 [J]. 中国经济史研究，2014（4）：138.

[17] 汪险生，郭忠兴. 信息不对称、团体信用与农地抵押贷款：基于同心模式的分析 [J]. 农业经济问题，2016, 37 (3)：61-71，111.

[18] 许明月. 论现代担保市场法律规制的理念与模式 [J]. 中国法学，2013（6）：46-55.

[19] 郭娅娟. 新型农业经营主体融资担保的政策取向及发展路径 [J]. 农业经济，2016（8）：115-116.

四川涉藏地区生态环境脆弱性与多维贫困的耦合关系研究[①]

李琳[1]　刘后平[2]

（1. 成都理工大学商学院　2. 四川灾害经济研究中心、乡村产业振兴研究中心）

摘要： 本文以四川涉藏32个县（市）为研究对象，基于遥感数据和社会统计数据，运用SPR模型测算生态脆弱度、运用熵值法测算多维贫困度，探究深度贫困民族地区生态环境脆弱性与多维贫困的耦合关系。结果显示，四川涉藏地区生态脆弱程度和多维贫困度都比较高，整体发展水平有待提高；在生态脆弱性和多维贫困方面，西部地区都要高于东部地区。从耦合度模型结果来看，四川涉藏32个县（市）整体生态脆弱程度和多维贫困耦合度都较高，说明生态环境脆弱性和多维贫困度之间的依赖性较强；从耦合协调度来看，各个县（市）的耦合协调度差距较大，近一半地区处于较低协调度和中等协调度，在未来的发展过程中要因地制宜，针对不同的地区制定不同的发展战略。

关键词： 四川涉藏地区；生态脆弱；多维贫困；耦合关系

一、引言

自实施脱贫攻坚以来，我国扶贫事业取得了巨大成就，消除了绝对贫困，脱贫攻坚的全面胜利为全世界减贫事业做出了巨大贡献，虽然绝对贫困已经消灭，但是这不意味着贫困的终结。目前，我国已经从解决绝对贫困向解决相对贫困转变。如何解决相对贫困问题是以后研究的重点方向。从脱贫攻坚实践来

---

① 基金项目：2020年度教育部人文社会科学研究规划基金项目"乡村振兴战略背景下的城乡深度融合发展体制机制研究"（项目编号：20YJA790044）、四川省社会科学"十三五"规划2020年度项目"建立健全成渝地区双城经济圈城乡融合发展体制机制研究"（项目编号：SC20B007）。

看，深度贫困民族地区往往面临生态环境脆弱和贫困的双重压力，发展受制于众多制约因素，如自然条件恶劣、交通不便、生态环境脆弱等，可见，深度贫困民族地区的返贫压力依然很大，因此探索生态脆弱与贫困的关系具有重要的意义。

20 世纪 80 年代，随着可持续发展研究的兴起，国内外对于贫困和环境之间的关系研究愈来愈重视。2005 年，IGBP（国际地圈生物计划）以三个案例来阐述"识别人类—环境"耦合系统的脆弱性和持续性与各类干扰因素相互作用的特征及动力，作为全球土地计划（Global Land Project）的主要内容。戴维·皮尔斯和李瑞丰·沃福德等的研究表明生态脆弱地区与贫困存在耦合关系，认为最贫困的人口生活在环境破坏最严重的地区。Lawson（2003）、Bhattacharya（2013）、World Bank（1992）等，从不同角度证实了贫困的发生和当地生态环境具有密不可分的联系。国内学者前期通过建立回归模型或者从博弈论的角度来探讨生态脆弱性和贫困之间的关系（周毅，2008；祁新华，2013），后期主要通过耦合度模型分析不同地理单元生态脆弱性和贫困之间的关联程度。例如，王昭等（2019）从县域角度，以陕西省山阳县为研究对象探究了秦巴特困区生态脆弱性与经济贫困的耦合关系；李响（2019）基于广西河池市 1 586 个贫困村做生态环境脆弱性与多维贫困耦合的实证分析；武爱彬等（2020）运用系统耦合模型和预测模型探究了河北连片特困区脆弱生态环境与贫困耦合的关系，发现快速提高片区经济发展水平是片区生态环境和经济协调的关键，生态脆弱与贫困具有关联性成为众多学者的广泛共识。

现有文献对生态脆弱程度度量方法的研究采用的方法较多，如层次分析法、模糊评价法、主成分分析法、综合评价法、景观生态法等。PSR（压力－状态－响应）概念模型是由联合国环境规划署（UNEP）和经济合作发展组织（OECD）共同提出的。卢亚灵等（2010）基于 PSR 模型即"生态敏感力—生态恢复力—生态压力度"模型建立指标体系对环渤海地区的生态脆弱性进行评价。在多维贫困测度方面，经济学家 Amartya Sen 提出的"能力贫困"概念可以认为是多维贫困理论的基础。随着绝对贫困的消除，多维贫困评价标准逐步取代单一贫困评价标准。UNDP 与 OPHI 联合发布的由 AF 法测度的全球多维贫困指数（MPI）涵盖了健康、教育和生活条件三个维度，国内学者多用收入、健康、教育、医疗构建多维贫困指标（陈宗胜等，2020）。

综上所述，从现有文献来看，学者们已经从不同的地理单元对生态脆弱和贫困做了大量的研究，为后续研究打下了良好的基础。但是，学者普遍对生态脆弱和贫困之间的理论分析不足。本文以四川涉藏地区 32 个县（市）为研究对象，由于各个县（市）发展程度差别较大，所以从县域角度来分析更有针对性。

二、生态脆弱性与贫困关系的理论分析

（一）生态脆弱性和贫困的关联性

生态脆弱性和贫困的发生存在空间关联性，农村贫困人口往往集中在生态环境脆弱地区，这些地区大都自然条件恶劣、生态环境脆弱。以上原因导致这些地区基础设施建设落后、文化卫生教育水平和人力资源素质相对低下，从而限制了产业结构的转变，制约了经济的健康发展。

从经济增长和生计视角，生态脆弱性对农村经济发展和农户生计产生了影响。我国贫困人口主要集中在农村地区，生态脆弱程度对农村地区经济发展和农民生计的影响较大，生态脆弱地区资源匮乏，易发生自然灾害、造成财产损失。处于偏远山区的少数民族群众，生产生活方式与其他地区存在差异，公共服务水平低下，致使这些地区普遍贫困。

（二）生态脆弱性对贫困的影响机制与耦合关系

从"脆弱性"视角，探究生态脆弱性对贫困的影响机制。脆弱性的概念来自生态学，指社会经济系统和自然环境对自然灾害影响的敏感度或从灾害影响中恢复的能力（Blaikie et al., 1994）。随着研究的深入，有组织及学者提出"贫困脆弱性"（世界银行，2020）以及"生计脆弱性""社会脆弱性"（Schmidtlein, 2011）等概念。脆弱性与贫困密切相关，脆弱性越大的地区越容易遭受贫困。生计脆弱性加重该地区人民对当地资源的索取，过度生态资源的利用将诱发更大的灾害，再进一步加剧贫困程度，从而陷入越发贫困的恶性循环。

耦合关系指的是两个或两个以上系统之间存在相关关系。生态脆弱性和贫困的地域空间耦合性、贫困人口自身的脆弱性，使处于生态脆弱区的脱贫人口返贫的风险加剧，贫困脆弱性增强。

基于以上机理分析，本文认为生态脆弱性和贫困之间存在耦合关系。四川涉藏地区是集深度贫困和生态脆弱于一体的地区，也是少数民族聚居区。四川涉藏地区还包括诸多山间盆地过渡地带、荒漠边缘带等生态脆弱地带，人类活动对脆弱生态环境的扰动明显。民族地区与生态脆弱区在地理空间上高度耦合，在一定程度上增加了民族地区经济社会发展的难度。

三、四川涉藏地区生态脆弱性与贫困实证分析

（一）研究区概况

四川涉藏地区位于四川省西部，是我国脱贫攻坚的主战场之一。四川涉藏

地区面积约 25 万平方千米，地处东经 97°26′~104°27′、北纬 27°57′~34°21′，包括甘孜藏族自治州、阿坝藏族羌族自治州和木里藏族自治县，共 32 个县（市）。在《全国生态脆弱区保护规划纲要》中，四川涉藏地区属于第六类生态脆弱区，即"西南山地农牧交错带生态脆弱区"。其生态脆弱性表现为"地形起伏大、地质结构复杂、水热条件垂直变化明显、土层发育不全、土壤瘠薄、植被稀疏，受人为活动的强烈影响，区域生态退化明显"。四川涉藏地区承载着极为重要的生态服务功能，是名副其实的生态屏障区。

四川涉藏地区有藏、汉、羌、彝、回等六个世居民族，总人口超过 200 万人。少数民族聚居区相较于其他地区经济发展要落后，并且所处地理位置多是山地，阻断了与外界的交流，更加剧了这些区域的贫困。

（二）数据来源与预处理

数字高程模型（DEM）数据来源于地理空间数据云网站（http://www.gscloud.cn/），海拔高度、坡度和起伏度数据根据 DEM 计算得到，在arcgis10.2 软件中完成。植被覆盖度 NDVI 来源于美国航空航天局（NASA）网站（https://ladsweb.modaps.eosdis.nasa.gov/search/），气象数据来自中国气象数据网站（http://data.cma.cn）。社会经济统计数据年份选取 2019 年，来源于四川省统计年鉴，各县统计局网站，数据进行了投影坐标配准、裁剪、镶嵌等处理。

（三）评价方法

1. 指标标准化

为消除各因子不同量纲的影响，对所评价指标进行标准化处理。本文选取的相关指标采用极差法对数据进行标准化。

2. 生态脆弱性评价方法

本文采用 SPR 模型对四川涉藏地区进行生态脆弱程度评价。SPR 模型是专门用于评价某一特定地区生态脆弱性的综合性评价模型，指标体系的框架层为生态敏感性、生态修复力以及生态压力度。其中，生态敏感性包括地形因子、地表因子以及气象因子，生态修复力由生态系统修复力构成，生态压力度由人口压力度和经济压力度构成。SPR 模型综合了自然因素和人类活动两方面，通过计算生态脆弱指数（EVI）对四川涉藏 32 个县（市）生态脆弱性进行分析与评价。空间主成分分析是在 GIS 系统支持下，通过对原始空间坐标轴进行旋转，将相关的多变量数据转化为少数几个综合指标，以实现用较少的综合指标最大限度地保留原来由多变量所反映的空间信息。本文通过空间主成分分析法，提取了累计贡献率大于 85% 的前五个主成分，再通过计算得到四川涉藏 32 个县（市）的生态脆弱指数。为了对数据进行比较分析，把生态脆弱性指数采用极差法对数据进行标准化处理。

利用空间主成分分析方法计算生态脆弱性指数（EVI）的公式为：

$$EVI = \sum_{i=1}^{n} r_i Y_i$$

式中，r_i 指第 i 个主成分；Y_i 指第 i 个主成分对应的贡献率。EVI 值越小表示脆弱程度越小，生态状况越良好；反之，则生态状况越差。

生态环境脆弱性指标体系见表 1。

表 1   生态环境脆弱性指标体系

目标层	框架层	准则层	指标层	数据类型
生态脆弱性	生态敏感性	地形因子	海拔高度	正向
			坡度	正向
			起伏度	正向
		地表因子	植被覆盖度	负向
			植被类型	正向
		气象因子	多年平均降雨量	正向
			生长季平均最高气温	正向
	生态修复力	生态系统恢复能力	植被净第一生产力	负向
	生态压力度	人口压力度	人口密度	正向
		经济压力度	地区生产总值密度	正向

3. 多维贫困评价方法

该方法根据我国提出的"两不愁、三保障"政策以及其他学者对于多维贫困的评价指标体系构建，本文从经济、教育和医疗方面构建多维贫困指标体系。在经济方面主要考虑人均地区生产总值、城镇化率和人均可支配收入，在教育方面主要考虑在校学生数和每千人学校数量，在医疗方面主要考虑每千人卫生机构床位数和每千人执业（助理）医师数。通过对数据进行标准化处理，运用熵值法测度四川涉藏 32 个县（市）的贫困度，如表 2 所示。

表2　多维贫困评价指标体系

维度	指标	单位	指标说明
经济贫困	人均地区生产总值	元	以常住人口来计算地区生产总值的人均值
	人均可支配收入	元	居民可用于自由支配的收入
	城镇化率	%	城镇人口占总人口的比率
教育贫困	在校学生数量	人	各类在校生总人数
	每千人学校数	个	以千人为单位平均学校数量
医疗贫困	每千人医疗机构床位数	个	以千人为单位平均床位张数
	每千人执业（助理）医师数	人	以千人为单位平均执业医师人数

评价方法采用熵值法。源于物理学的熵值法是一种比较实用的评价方法，它可以客观描述数据系列的均衡度和离散差异度，依据某项指标的离散程度可以衡量其对评价总体的作用程度。首先对数据进行标准化处理，其次确定指标权重，最后根据各项指标的权重可以得到各个地区贫困度的得分。

4. 耦合协调度测算

耦合度是一种多系统相互影响的现象，耦合度衡量系统间相互影响强弱程度，耦合协调度体现这一程度是促进作用还是制约作用。只根据耦合度结果判断系统双方的作用关系并不全面，耦合协调度可以进一步分析各个系统之间的协调关系。两者的计算公式如下：

$$C = \sqrt{\dfrac{U_1 \times U_2}{\left[\dfrac{U_1 + U_2}{2}\right]}}$$

$$D = \sqrt{C \times T} \quad T = \alpha U_1 \times \beta U_2$$

式中：C 为耦合度；D 为耦合协调度；T 为生态脆弱指数和多维贫困协调指数，U_2 表示多维贫困指数；α 和 β 为各指标系统权重，考虑两者同等重要，本文取值均为 0.5。

参考以往学者"相邻区间归并"的思想，利用生态脆弱性标准化值和多维贫困指数标准化值计算耦合差异类型。EVI 是生态脆弱性标准化值，MPI 是多维贫困指数标准化值。

耦合差异类型划分标准见表3。

表3　耦合差异类型划分标准

划分依据	差异类型
-0.1≤EVI-MPI≤0.1 （T<0.5)	同步型
-0.1≤EVI-MPI≤0.1 （T>0.5)	共损型
EVI-MPI>0.1	环境受损型
EVI-MPI<-0.1	经济滞后性

（四）结果与分析

1. 四川涉藏地区生态脆弱性分析

四川涉藏 32 个县（市）生态脆弱性差异比较大，东部地区生态脆弱性程度较低，西部地区生态脆弱性程度较高，生态脆弱性程度由西向东逐次降低，主要是因为西部地区海拔高，植被覆盖度低。用 Arcgis 软件求各县（市）范围内所有生态脆弱指数计算单元的均值，得到各个县（市）生态脆弱指数特征值：属于微度脆弱地区的有 1 个市，属于轻度脆弱地区的有 4 个县（市），属于中度脆弱地区的有 22 个县（市），属于强度脆弱地区的有 5 个县（市）。32 个县（市）平均生态脆弱度指数为 0.589，高于平均生态脆弱指数的有 15 个县（市）。指数最高的县是石渠县，为 0.681 608。石渠的草地沙化面积比较严重，植被覆盖度低，植被净生产力低，气温高，海拔高。指数最低的县是汶川县，为 0.176 524，相较于其他县（市），汶川县海拔低，降水充沛，植被覆盖度高。

各主成分的特征值与贡献率和累计贡献率见表4、生态脆弱性分级见表5。

表4　各主成分的特征值与贡献率和累计贡献率

主成分	特征值 λ	贡献率/%	累计贡献率/%
PC1	0.062 45	38.162 4	38.162 4
PC2	0.041 60	25.419 3	63.581 6
PC3	0.020 34	12.429 6	76.011 3
PC4	0.011 89	7.241 5	83.252 7
PC5	0.010 03	6.127 0	89.379 8

表 5   生态脆弱性分级

等级	脆弱性	生态脆弱性指数标准化值
Ⅰ	微度脆弱	<0.2
Ⅱ	轻度脆弱	0.2~0.4
Ⅲ	中度脆弱	0.4~0.6
Ⅳ	强度脆弱	0.6~0.8
Ⅴ	重度脆弱	≥0.8

2. 多维贫困分析

通过计算四川涉藏地区多维贫困指数，利用 Arcgis 软件中的自然断点法将多维贫困指数分为高贫困区、较高贫困区、中等贫困区、较低贫困区和低贫困区 5 级。从计算结果可以看出，各县（市）的多维贫困指数差距比较大，位于高贫困区的有 6 个县（市），位于较高贫困区的有 7 个县（市），位于中等贫困区的有 12 个县（市），位于较低贫困区的有 8 个县（市），位于低贫困区的有 1 个市，为康定市。这说明，大部分县（市）贫困程度都比较高。四川涉藏 32 个县（市）多维贫困指数最高的是新龙县，指数为 0.793 5；多维贫困指数最低的是康定市，指数为 0.210 7。整体来看，四川涉藏地区东部地区贫困程度较低，西部地区贫困程度较高。

3. 生态脆弱度和多维贫困耦合情况分析

（1）耦合度分析。从耦合度结果来看，四川涉藏地区整体耦合度都比较高，32 个县（市）的耦合度都在 0.9 以上。总体来说，四川涉藏地区各个县（市）的贫困程度和生态脆弱程度之间存在着较强的联系，生态脆弱度高的区域往往贫困度也比较高，大部分地区体现了"高生态脆弱度—高多维贫困度"的特征。四川涉藏地区的生态环境脆弱，成了四川涉藏地区普遍贫困的一个重要原因。

（2）耦合协调度分析。耦合协调模型将生态环境脆弱性与经济贫困以及两者的耦合度结合成整体来考察，比耦合度的评价结果更加稳定、全面。生态脆弱性与贫困耦合协调程度越高，说明地区生态环境保护与贫困耦合协调程度越高；反之，则说明两者不能相互促进，可能还会陷入恶性循环。采用 Arcgis 软件中的自然断点法将四川涉藏 32 个县（市）的耦合协调度分为 5 级，分别是低协调区、较低协调区，中度协调区、较高协调区和高度协调区。低协调区包括6个县（市），即九寨沟县、茂县、马尔康市、汶川县、康定市和泸定县；较低低协调区包括6个县，即为松潘县、黑水县、理县、金川县、小金县和丹巴县；中度协调区包括10个县，即若尔盖县、红原县、阿坝县、甘孜县、炉霍县、道孚县、理塘县、巴塘县、九龙县、木里藏族自治县；较高协同区包括9个县，即色达县、壤塘县、德格县、白玉县、新龙县、雅江县、乡城县、稻城县和得荣县；高度协调区包括1个县，即石渠县。处于较高协调区和高协调区的区域有着较高的生态脆弱度，多维贫困指数也比较高，耦合差异类型属于共损类，生态脆弱性对于贫困的影响起到了促进作用；处于中等协调区的县在生态脆弱性和多维贫困指数间的作用比高协调区有所降低，生态脆弱性对于贫困的影响起到了一定的促进作用；处于较低协调区和低协调区的县的生态脆弱性与多维贫困的协调状况比较差。大部分县贫困度较高而生态脆弱度较低，马尔康市贫困度低而生态脆弱性指数较高。

（3）耦合差异分析。从耦合差异类型结果来看，仅有九寨沟县处于同步型，处于环境受损型的有7个县，处于共损型的有9个县，处于经济滞后型的有15个县。整体区域南部环境受损型占比较高，北部共损型占比较高。环境受损型地区由于地形、人类活动等影响导致生态脆弱指数偏高；经济滞后性地区由于环境质量相较于其他地区较好，但是经济发展水平较低；共损型地区生态脆弱指数和多维贫困指数都较高。

四、研究结论与政策建议

（一）研究结论

本文以四川涉藏32个县（市）为研究对象，借助遥感数据和社会统计数据做分析，构建研究区生态脆弱指标体系和多维贫困指标体系，以此进一步分析生态脆弱指数和贫困度之间的耦合关系。

（1）四川涉藏地区整体生态脆弱性程度较高，大部分县（市）都处于平均水平以上，从位置上来看，西部地区高于东部地区。

（2）四川涉藏32个县（市）整体多维贫困程度较高，西部地区贫困程度高于东部，与生态脆弱度的地区分布较为吻合。

（3）通过对四川涉藏32个县（市）做耦合分析，发现全地区整体生态脆弱程度和多维贫困耦合度较高，贫困深受地区生态脆弱的影响，从耦合协调度结果来看，各个县（市）之间差异较大，多维贫困程度深的区域受生态脆弱程度的影响较大，从耦合差异结果来看，仅有一个地区处于同步型，近一半的地区处于经济滞后型。这说明整体的经济水平有待提高。

（二）政策建议

（1）四川涉藏32个县（市）经济发展水平普遍较低，生态环境也较脆弱，脱贫攻坚完成以后更要注重脱贫人口的返贫问题。四川涉藏地区有着丰富的自然资源，生物多样性资源和矿产资源丰富。这些地区往往都是少数民族聚居区，教育水平落后，人才匮乏，应努力吸收外来的人才、资本和技术，正确评估四川涉藏地区生态产品价值，利用当地优势发展产业，提高居民生活水平。

（2）推动实现四川涉藏地区各个县（市）生态环境和贫困减缓之间形成良性互动，根据不同地区的具体情况因地制宜制定相关政策，位于较低协调区和低协调区的大部分区域应该在保护生态的同时着重发展经济，包括九寨沟县、茂县、汶川县、康定市、泸定县、松潘县、黑水县、理县、金川县、小金县和丹巴县。马尔康市多维贫困指数较低，而生态脆弱程度较高，所以在以后发展过程中要注重对于生态的重视和保护，耦合协调度中等地区应该进一步促进两者的良性互动，提高总体协调水平，包括若尔盖县、红原县、阿坝县、甘孜县、炉霍县、道孚县、理塘县、巴塘县、九龙县、木里藏族自治县。处于较高协调度和高协调度的地区应该利用当地自然资源优势，发展经济、提高当地居民福祉，包括色达县、壤塘县、德格县、白玉县、新龙县、雅江县、乡城县、稻城县、得荣县和石渠县。

参考文献：

［1］王海英，贾萍.武陵山特困区脆弱生态环境与贫困耦合关系空间分布研究［J］.河南师范大学学报（自然科学版），2017，45（6）：18-26.

［2］张学渊，魏伟，周亮，等.西北干旱区生态脆弱性时空演变分析［J］.生态学报，2021，41（12）：4707-4719.

［3］韩燕，张玉婷.甘肃省城镇化与生态环境耦合协调度［J］.水土保持研究，2021，28（3）：256-263.

［4］李苗苗，吴炳方，颜长珍，等.密云水库上游植被覆盖度的遥感估算［J］.资源科学，2004（4）：153-159.

沈茂英.西南生态脆弱民族地区的发展环境约束与发展路径选择探析：以四川藏区为例［J］.西藏研究，2012（4）：105-114.

［5］陈起伟，熊康宁，但文红，等.典型喀斯特区生态与贫困耦合特征分析：以贵州省9 000个省级贫困村为例［J］.生态学报，2021，41（8）：2968-2982.

[6] 佘茂艳，王元地. 科技创新与乡村振兴系统耦合协调发展及影响因素分析 [J]. 统计与决策，2021，37 (13)：84-88.

[7] 付陶狷，廖和平，刘愿理，等. 重庆市县域尺度地形起伏度与多维贫困的耦合关系研究 [J]. 西南大学学报（自然科学版），2020，42 (10)：55-64.

[8] 兰小丽，孙慧兰，曹丽君，等. 典型干旱区植被净初级生产力的变化特征与气候因子的相关性 [J]. 东北林业大学学报，2021，49 (5)：76-83.

[9] 刘忠阳，李梦夏，李军玲，等. 河南省植被净初级生产力变化特征及其对气候变化的响应 [J]. 河南农业大学学报，2021，55 (1)：141-151，163.

[10] 李响，齐文平，谭畅，等. 生态环境脆弱性与多维贫困的耦合关系：基于广西河池市 1 586 个贫困村的实证分析 [J]. 应用生态学报，2019，30 (12)：4303-4312.

[11] 卢亚灵，颜磊，许学工. 环渤海地区生态脆弱性评价及其空间自相关分析 [J]. 资源科学，2010，32 (2)：303-308.

[12] 祁新华，叶士琳，程煜，等. 生态脆弱区贫困与生态环境的博弈分析 [J]. 生态学报，2013，33 (19)：6411-6417.

[13] 周毅，李旋旗，赵景柱. 中国典型生态脆弱带与贫困相关性分析 [J]. 北京理工大学学报，2008 (3)：260-262.

[14] 王昭，刘建红，李同昇，等. 秦巴特困区生态脆弱性与经济贫困的耦合关系：以陕西省山阳县为例 [J]. 生态学报，2019，39 (11)：3908-3917.

[15] TUMER B L, MATSON P A, MCCARTHY J, et al. Illustrating thecoupled human-environment system for vulnerability analy-sis: Three case studies [J]. Proceedings of the National Academy of Sciences of the United States of America, 2003, 100: 8080-8085.

[16] LAWSON ET, GORDON C, SEHLUCHTER W. The dynamics of poverty-environment linkages in the coastal one of Ghana [J]. Ocean & Coastal Management, 2012, 67 (10): 30-38.

[17] BHATTACHARYA H, LNNES R. Income and the environment in Rual India: is there a poverty trap? [J]. American Journal of Agricultural Econamics, 2013, 95 (1): 42-69.

[18] WORLD BANK. World development report 1992: development and the en-

vironment [M]. New York: Oxford University Press, 1992.

[19] SEN A. Poverty and famines: an essayon entitlements and deprivation [M]. Oxford: Clarendon Press, 1982.

农业数字供应链金融的实践与设想

——兼论数字普惠金融问题

李海琪[1]　刘育权[2]

（1. 北京科技大学　2. 中国人民大学）

摘要： 本文首先论述了已有农村金融出路的不足，并提出了"为什么数字普惠金融没有显著改善农业融资困境"的疑问。其次，从数字普惠金融的供给和需求层面阐释了数字经济下农村金融面临的新挑战。最后，本文梳理了农业数字供应链金融的理论逻辑，并结合简耘科技的案例，提出了如何完善这一模式的设想。

关键词： 农村金融出路；数字普惠金融问题；农业数字供应链金融

一、农村金融出路的已有解答与问题的提出

农村金融排斥现象由来已久，根本原因在于农村存在严重的信息不对称、抵押物缺乏、特质性成本与风险、非生产性借贷四大难题（以下简称"四大难题"）。这与金融机构追求资金流动性、安全性和盈利性的目的相悖，在很大程度上削弱了农村信贷获取的可得性。为化解农村金融危机，理论界围绕"农村金融出路何在"进行了激烈的碰撞。

首先，内置金融以政府的"种子资金"来引导农户在村社内部创建合作金融，让农户的承包权或集体成员权在村社内置金融抵押贷款或股权化。其核心思想在于，通过构建内置金融体系，盘活农民手中的资源要素，并利用农村的金融剩余服务于农村发展。虽然这一模式有大量的实践经验，但依然存在监管风险较高、资金运转效率低下等问题，减小了其在政策层面的执行力度。其次，社会金融的提出与内置金融具有相似的逻辑前提，即认为正式金融体系难以改善农村融资难的困境，解决四大难题的根源在于利用好乡村熟人社会资

本，并归还金融自主权。社会金融与内置金融的不同之处在于，前者不仅注重构建基于乡村社会组织的内生性金融体系，而且强调以社会金融组织为基础，使得政府和市场这"两只手"能真正"长"在社会这个机体上；后者则更加追求乡村内置性循环，功能和范围更小。但随着农村人口老龄化和空心化，以熟人社会为纽带的社会金融是否还能发挥效应则不得而知。另外，农村缺乏配套的金融人才队伍、基础设施和监管体系，以社会组织为主导的金融体系可能会导致经营效率过低以及信息不对称带来的道德风险和逆向选择。最后，结构金融理论认为小银行具有地方化、内部层级少、组织结构简单、决策链条短的特性，其"软信息"识别能力比大银行更强，这与中小企业缺乏抵押物、"硬信息"少、贷款额度低的特征相匹配，因而构建中小金融机构体系、提高中小银行资本金要求、减少大银行的政策性负担能有效解决中小企业融资困境。结构金融为解决农村融资问题提供了一种新思路，但由于小银行只会筛选出"软信息"更佳的农户，本身是一种市场逻辑，难以实现对农村的普惠性金融，而且也无法解决城乡二元化格局下的农村小金融机构覆盖面、数量和质量都不尽如人意的问题，小银行优势可能不适用于我国的农村情况。

以上解答为优化农村金融服务供给环境提供了借鉴，但均未考虑到数字技术的迅速发展对改善农村融资现状的重要作用。事实上，很多研究已经证实，以大数据、物联网、区块链和人工智能为代表的数字技术能有效解决四大难题，促进农村信贷普惠、高效和稳定供给。因此，政府高度重视农村数字普惠金融的建设。《中国县域数字普惠金融发展指数研究报告2020》显示，2019年我国面向小微经营者和"三农"群体的数字贷款服务广度和深度得分分别比2017年增加500%和340%；数字授信服务广度和深度得分分别比2017年增加284.5%和291.3%，反映了我国县域数字普惠金融发展迅速，数字技术应用有力地解决了农村居民的一般性生活信贷需求。然而，与之相对应的是，我国的涉农贷款总额占总贷款额的比例自1996年开始便一直在7.7%~13.5%徘徊，短期农业贷款占比甚至在2016—2018年还突破了历史最低点，2018年仅为2.4%。无论是农业贷款占比还是涉农贷款占比，与我国同期的农业产值、农村人口和农村居民储蓄占比均是不匹配的。那么，农村金融数字化为什么没有显著改善农业的融资困境？本文将尝试回答上述问题，并结合简耘科技案例，揭示农业数字供应链金融的作用机理和实践路径，以期为数字时代下寻找"农村金融出路"贡献新思考。

二、新经济下的数字普惠金融难题

自改革开放到1995年，我国都处于资金短缺时期。这一时期，国家通过控制金融机构实行对农村金融剩余的行政捕获，以支持城市工业发展。而从1996 年开始，我国资金由短缺变为过剩，工业化体系也逐渐成熟，国家开始实施金融机构商业化改革，并逐步放开农村金融市场、实现机构多元化。此时，国家行政体系逐渐改"汲取之手"为"帮扶之手"，但由于四大难题难以解决，以市场为主导的金融体系没有取得很好的支农成效。随着城乡差距的扩大，2009 年银监会提出"2012 年年末总体解决金融机构空白乡镇的金融服务问题"的政策要求，强调推进农村普惠金融。但由于清晰且困难的机构全覆盖政策运营成本较高，地方拒不执行，而转变为模糊且容易的服务全覆盖政策，通过变通执行带来顺从执行，但此时普惠金融服务的质量已经打了折扣。伴随数字经济的快速发展与数字技术在金融科技领域的应用，数字普惠金融被广泛实践和认知。国务院在 2016 年印发的《推进普惠金融发展规划（2016—2020 年）》中强调，要积极引导各类普惠金融服务主体借助互联网等现代信息技术手段，降低金融交易成本，延伸服务半径，拓展普惠金融服务的广度和深度。在数字技术的推动下，农村金融逐渐实现数字化转型，不仅有助于降低金融服务中的信息收集成本，解决信息不对称问题，而且提高了金融机构的信贷决策效率和金融服务覆盖率，优化了金融机构的内部管理效能和金融基础服务供给。因此，制约我国农村金融发展的四大难题得到了不同程度的缓解。然而，数字普惠金融在有效化解四大难题的同时，也迎来了许多新的挑战，导致通过数字化加强农业信贷供给的质量并不高。

从数字普惠金融的供给层面来看，一是数字鸿沟阻碍了资源下沉。目前仍然存在区域间数字普惠金融发展不平衡问题，这主要是我国不同地区间的数字基建情况差异较大，导致数字金融进入的机会不均等。在东部发达省份数字基建日趋完善而中西部地区相较滞后的局面下，数字普惠金融可能会加剧地区间农村金融供给水平的差异。二是数字信用评级体系不健全。这不仅体现在目前我国的数字征信评级制度没有科学化和规范化的评价指标，往往依赖于商业机构的评价标准，导致基础数据的缺失使得其评级难以成体系运行。另外，受制于农户信用服务需求不足、银行信息采集成本高等因素，我国大多数农村地区只能获取农户使用线上电商、网上银行、数字政务有关的数字足迹。因而，围绕银行金融机构、金融科技企业以及政务系统构建的数字信用评级体系难以有效控制金融供给风险。三是数字收割加剧了金融不平衡。数字技术应用的本质是去中心化，然而在现有条件下，仍然需要数字普惠金融的服务主体进行专门的数据维护、合约谈判、规则制定、平台运营和技术支持，这就使得承担这些职能的主体成为新的"中心"。这些"中心"不仅可以利用自己的技术优势剥夺农户的数字剩余（免费的数字垄断），扭曲数字收入分配关系，而且能够依据自身利益，出台一些不合理的条款，或者是无视小农户的诉求。四是数字技术与农业产业结合不够紧密。涉农贷款是农村金融需求的重要组成部分，农业产业的特质性生产和市场风险是导致农业贷款坏账的重要因素，而数字赋能农业现代化转型能够有效控制农业经营风险，并有助于获取农户的关键经营信息、勾勒出更清晰的数字画像、实行精准的风险动态监测和管理。然而，现在我国的数字农业处于起步阶段，农村金融数字化过于重视数字技术在金融科技方面的应用而轻视农业数字化转型，必然会受制于农业生产性约束而衍生较大的违约风险。

从数字普惠金融的需求层面来看，当前农村居民的整体数字普惠金融使用意愿较低，且青年群体和中老年群体两极分化严重。相关实证研究表明，在湖南省娄底市调查的 244 位农村居民中，74% 的居民月均使用互联网消费贷在 5 笔以下，75% 的居民月均互联网消费贷总金额在 500 元以下。此外，网贷频率和额度更高的往往为年轻人。在湖北省黄冈市调查的 484 份样本中，65% 的城市居民有强烈的意愿选择使用移动支付，而在农村样本中这一类人群的占比仅为 9%，伴随 43% 的农村居民无意愿使用移动支付，显示出城乡居民在使用意愿方面呈现出较大的差异。进一步分析发现，农村居民使用移动支付的意愿因子两极分化明显，外出打工或上学的年轻人、零售商店等人群使用移动支付意愿较强，而与社会外界人群接触少、年龄较大思维传统保守的农民使用意愿明显极低甚至降低为零。这主要可以从两个方面解释：一是农村人口结构和社会结构抑制了数字普惠金融的使用。当前，我国农村人口老龄化严重。第七次全国人口普查数据显示，农村 60 岁及以上老年人口比重为 23.81%，比城镇高出 7.99 个百分点。而这群中老年农村人口又是我国农业经营的主力军，这就决定了我国大多数农户受制于文化教育程度较低、金融素养不高、互联网使用能力较差的人力资本状况，无法融入数字普惠金融的浪潮。另外，农村地区形成的社会结构影响了农民的思维与行为，形成了对传统金融服务的路径依赖。相较于借助数字化金融融资，农民更加倾向于利用人际关系，通过社会熟人的关系获得暂时性融资便利。二是数字普惠金融的监管失位退却了农户使用意愿。数字普惠金融是新兴的发展模式，且我国已经走在世界前列，导致并没有相关的监管经验可以借鉴，诱使数字普惠金融监管边界模糊，数据泄露和滥用、数字金融欺诈等系统性安全事件时有发生。这不仅降低了农户对金融机构和监管部门的信任，而且由于缺乏制度背书，银行和金融科技企业不能制定过松的数字金融违约惩罚措施，否则容易遭到涉农贷款违约的"破窗效应"，而较高的违约限制又加剧了农户数字信贷需求的退却。

三、农业数字供应链金融的逻辑、实践与前景

(一) 农业数字供应链金融的逻辑

农业供应链金融起源于计划经济时期，主要体现为银行为农户提供季节性信贷支持，换取中央规划框架下的初级产品供应。随着市场化的推进，私人部门驱动的新型供应链金融逐渐出现。具备较强实力的零售商、农业企业或者食品加工企业为获取高质量的农产品供应，会与农户或家庭农场提前签订合约，并帮助其获取信贷资金及金融服务。因此，Mille 将农业供应链金融定义为金融机构基于农业供应链主体间商业关系提供的一种金融服务。研究发现，基于农业产业链的供应链金融是缓解农户信贷约束、扩大农村金融覆盖面的有效手段。这主要是因为，农业供应链金融可以利用供应链网络，加强主体间的联系，在内部建立一系列契约执行机制及相应的监督机制，缓解农业信贷供给的信息不对称、抵押物缺失和交易成本过高等问题，进而提高农业信贷资金的可得性。然而，传统模式下的农业供应链金融主要依赖于龙头企业的背书和合作社的推动，这滋生了个体农户诉求得不到满足、政府寻租、合作社异化等问题，导致农业供应链组织的资源优势难以有效惠及所有农户。在数字普惠金融的驱动下，农业供应链金融实现了数字化转型，推动了金融服务交易成本的二次压缩、信贷违约风险的优化控制和农业供应链经济效益的提升，从而促进整体供应链金融运行效率提升。

1. 数字技术与两类风险化解

长久以来，我国农业信贷约束主要来自两个方面：农村信用体系缺失与农业经营风险较高。农村信用体系缺失增加了银行对农户信息的搜寻成本和风险识别难度，造成了农业金融服务的违约风险较高；农业生产的高风险特征则使银行倾向于对农户提供抵押贷款，但农户往往缺乏合格的抵押物。因此，农业金融服务违约风险与农业生产和市场风险是推动农村金融发展需要着力解决的根本问题。现有的农业数字供应链金融模式主要包括银行主导型、电商平台主导型和金融科技企业主导型。其运作机制在于，通过加强与农业供应链供应商、农业龙头企业和经销商的合作，将数字技术应用于农业供应链金融资金流、物流和信息流的三重监督，并搜集农户采购、销售和支付等行为数据创建数字信用模型，预测农业信贷的违约风险，从而实现对信贷交易成本的降低和信贷违约风险的控制。然而，由于这些信贷主体没有直接参与到农业生产经营的全过程，农业更深层次的经营风险数据将难以被捕捉，只能通过行为数据筛

选出资信良好的农户。但资信良好并不代表农户经营的"软实力"强，只能表示其还款态度积极、还款情况较稳定。可是，在农业生产和市场风险波动性极大的情况下，以往授信状况良好的农户也可能因为短期经营风险情况而还不上信贷，可这往往难以被银行、电商和金融科技企业预知。因此，完善农业数字供应链金融，一方面，要推进农业的数字化转型，通过打造精准农业降低经营风险；另一方面，要加强对农业生产经营数据的获取，进一步完善农户数字信用体系。

2. 农业数字供应链金融的重构与作用

重构农业数字供应链金融体系的关键在于，将数字技术融入农业生产和经营的全环节，并在此基础上，形成以农业供应链协同共生为载体的金融生态循环，从而解除农业金融信贷约束。一是围绕农业供应链的数字信贷申请、评估、审核和监管等流程的线上化和数字化运行，会极大降低金融服务的交易成本，扩展金融服务的边界；二是以农户行为数据和经营数据为核心的数字信用评价体系将能够解决信息不对称问题，替代抵押物机制，提高信贷决策效率；三是数字技术赋能农业生产经营将促进农业的现代化转型，有助于化解农业生产和市场风险，提高农业经营的安全性、稳定性和营利性；四是农业数字化将促进农业供应链全程标准化、透明化，有利于政府监管介入、行业标准制定和信用评价指标构建；五是农业供应链主体间不仅会形成紧密的商业关系，而且会互相影响彼此的数字借贷、互联网使用等行为，发挥信息、知识的溢出效应。

（二）数字农服实践与供应链金融嵌入

简耘科技（以下简称"简耘"）是一家 2019 年注册的专注于服务马铃薯产业的数字科技企业，其开发了一套监护马铃薯生长的线上系统，通过线下土壤仪、气象站、无人机等物联网设备的自动化数据采集，以及每周一次的巡田抽样和实验室检测，获取了超过一亿条马铃薯生长数据，实现了农业生产经营由传统经验判断到数据智慧决策的转变。在这一模式中，大数据价值变现的关键是 AI 算法模型的开发应用和供应链服务闭环的构建。具体来说，一方面，简耘团队深耕与马铃薯生产相关联的大数据算法领域，研发了一套营养、灌溉、病害模型和估产模型，为马铃薯种植提供千人千面的精确化、专业化和智慧化的农事解决方案；另一方面，简耘通过为经销服务商和马铃薯种植户搭建数字平台，以实时推送的方式让后两者精准掌控田间生长和环境的状况，并按时推送最优化的田间管理方案，推动农资经销商和农机服务商为农户提供精准农事服务，从而提高了资源配置和农技服务的效力。现阶段，简耘这一模式得到了广泛应用并取得了良好成效。截至 2020 年年底，简耘系统覆盖了 30.6 万亩①土地，服务的薯农超过 500 个、经销服务商 14 个；使用简耘系统的薯农每亩生产成本由 3 000 元降至 2 346 元，亩产量平均能提高 500 千克左右，并带来了不低于 10% 的综合收入提升。这主要归根于简耘通过大数据应用与社会化服务的有机结合重塑了农业生产体系，在有效防范农业生产风险的同时，也实现了在最合适的时间进行最适量要素投入的最优化选择。

具体而言，一是简耘通过搭建数字化电商平台，不仅能够使商品信息实时公开，实现供应链上下游的协同合作，促进产业链下游有效寻源，降低农产品质量安全风险，而且能够使农业生产者精确预测市场需求动态，从而调整生产计划、改善生产结构、降低农产品的市场风险。二是简耘可以通过与政府和金融机构合作，实现农业供应链生产、管理、物流和销售全过程的数据信息共享，推动政府监管体系的介入和银行数字信用体系的完善，从而促进金融资源下沉。

（三）农业数字供应链金融发展前景

（1）数字农服赋能农业现代化建设，助推农业数字供应链金融构建。一方面，通过社会化服务将大数据等数字技术应用于农业生产经营，能够有效提高农业生产效率、降低农业经营风险，进而提升农户自身的"软实力"和还贷能力；另一方面，通过数字农服企业与政府和银行的数据共享与互惠协作，提升政府对农业数字供应链金融的监管效能，加强银行对农户数字足迹的捕捉和数字画像的描绘，进一步完善数字信用评价体系。最终，在数字农服驱动下，数据流将成为撬动资金流进入农业的"杠杆"。

（2）数字授信农业供应链主体合作，促进农业生产经营的迂回融资。农资购买赊账在农业经营领域中是司空见惯的现象，其间接为农业生产节省了一大笔开销。以往农资赊账由于没有系统的数字依据，会造成高昂的争论赊账收回问题的交易成本，降低了农资经销商赊账意愿。而数字信息系统提供的数据背书服务为农资经销商服下了"定心丸"。此外，在农产品销售环节，以往的订单农业模式也面临同样的缺乏可靠农户信息和无法有效监管而难以为继的困境。数字农服通过构建"各环节信息可查询、来源可追溯、去向可跟踪、责任可追究"的数字共生闭环，打消了这个顾虑，而且能够进一步推动农产品期货市场的发展，通过迂回融资的方式为农业生产提供更多资金支持。

---

① 1 亩≈666.7 平方米，下同。

参考文献:

［1］周立. 农村金融市场四大问题及其演化逻辑［J］. 财贸经济, 2007（2）: 56-63, 128-129.

［2］李昌平, 杨嘉翔. 村社内置合作金融促进乡村振兴及扩大内需的实践报告与政策性建议［J］. 当代世界社会主义问题, 2019（2）: 20-25.

［3］李昌平. 中国乡村复兴的背景、意义与方法: 来自行动者的思考和实践［J］. 探索与争鸣, 2017（12）: 63-70.

［4］周立. 中国农村金融体系的政治经济逻辑（1949—2019 年）［J］. 中国农村经济, 2020（4）: 78-100.

［5］马九杰, 王国达, 张剑. 中小金融机构与县域中小企业信贷: 从需求端对"小银行优势"的实证分析［J］. 农业技术经济, 2012（4）: 4-13.

［6］林毅夫, 李永军. 中小金融机构发展与中小企业融资［J］. 经济研究, 2001（1）: 10-18, 53-93.

［7］张一林, 林毅夫, 龚强. 企业规模、银行规模与最优银行业结构: 基于新结构经济学的视角［J］. 管理世界, 2019（3）: 31-47, 206.

［8］周立. 中国农村金融体系的政治经济逻辑（1949—2019 年）［J］. 中国农村经济, 2020（4）, 78-100.

［9］董玄, 周立, 刘婧玥. 金融支农政策的选择性制定与选择性执行: 兼论上有政策、下有对策［J］. 农业经济问题, 2016（10）: 18-30, 110.

［10］马九杰, 吴本健. 互联网金融创新对农村金融普惠的作用: 经验、前景与挑战［J］. 农村金融研究, 2014（8）: 5-11.

［11］谢芳芳, 燕连福. "数字劳动"内涵探析: 基于与受众劳动、非物质劳动、物质劳动的关系［J］. 教学与研究, 2017（12）: 84-90.

［12］邓宁源, 李钠平, 张越, 等. 乡村振兴背景下数字普惠金融发展问题研究［J］. 金融经济, 2019（2）: 15-19.

［13］胡晓峰. 农业供应链金融数字化转型的实践及其推进思路［J］. 西南金融, 2021（4）: 52-62.

［14］马九杰, 张永升, 佘春来. 基于订单农业发展的农业价值链金融创新策略与案例分析［J］. 农村金融研究, 2011（7）: 11-17.

［15］周月书, 王婕. 产业链组织形式、市场势力与农业产业链融资: 基于江苏省 397 户规模农户的实证分析［J］. 中国农村经济, 2017（4）: 46-58.

［16］胡晓峰. 农业供应链金融数字化转型的实践及其推进思路［J］. 西

南金融，2021（4）：46-58.

[17] 周月书，笪钰婕，于莹．"互联网+农业产业链"金融创新模式运行分析：以大北农生猪产业链为例 [J]．农业经济问题，2020（1）：94-103.

农地确权、信贷获得与农村家庭财富①

王童　唐琴雅　蒋远胜

（四川农业大学经济学院）

摘要：本文借助 2017 年浙江大学中国农村家庭调查（CRHPS）的农村家庭数据，在分析了农地确权以及农地确权通过信贷获得影响家庭财富积累的理论机制的基础上，借助 2SLS 模型和中介效应模型来分析信贷获得在农地确权与家庭财富积累的关系中起到的作用。本文得出农地确权可以通过信贷获得显著提高农村家庭的财富积累这一结论，其中信贷获得在土地确权对家庭财富差距的影响中存在中介效应，且这一效应占总效应的 22.5%。本文还得到了提高农户的产权作用的感知、持续促进金融资源下沉、创新交易机制和管理机制等政策启示。

关键词：农地确权；家庭财富；中介效应；农村信贷

一、引言

随着农业经营的集约化、规模化和新型农业主体的日益发展，资金积累能力有限的农户们对于生产和经营资金的需求日益旺盛。但是，农村金融一直是金融体系的薄弱环节，资金短缺已经成为制约农村经济社会发展的主要瓶颈之一。而农户缺少了正规金融机构所要求的有效抵押物，这一制约条件成了农户融资难问题的重要原因（Imai，2012；王童，2020）。农地三权分置改革和农地确权在全国范围内的基本完成不仅为农地的价值发现和提升提供了基础，同时也增加了农户参与信贷市场的机会和促进农村金融市场发展。随着农村金融

---

① 本文受到国家社科基金重点项目"'三权分置'改革背景下农村土地与金融融合发展机制与路径研究"（项目编号：20AJY011）的资助。

改革发展和农地抵押贷款业务在全国的试点与全面展开，农地确权在提升农户信贷可得性方面的理论功能，更是具备了较好的可实践性。而农村金融的普及与发展将会对农民的生活和农业生产经营带来积极的影响，确权颁证降低了财富水平较低、资信较差的农户的信贷准入门槛。

改革开放以来，我国城镇居民的家庭财富得到了快速的增长，城乡居民的经济条件和生活水平有了较大提高。随着农村居民收入的增加，农村家庭财富也在不断增长。农地确权带来的经济效应主要体现在财产性收入以及农业收入等方面，这仅仅是其经济效应的一部分，同时伴随的经济效应还有土地价值的增加，获得正规信贷资金来改善生产经营状况、对土地的长期投资增加等家庭资产的配置，而家庭财富能更大程度地将农地确权带来的经济效应体现出来。农民的生产、生活和其他经济决策在更大程度上依赖于家庭财富，所以家庭财富的多少更能决定农民的生产和生活的好坏。

二、文献综述

（一）农地确权与农村家庭财富

一些学者从农地确权对土地价值和收入等方面的影响做了研究，固定资产和收入等都属于家庭财富的重要组成部分。其主要影响有以下五个方面：一是农地确权可以通过提高农民的信贷可得性来促进经营性收入提高。付江涛等（2016）和林文声（2018）等认为，农地确权有助于农户申请农地抵押贷款，一定程度上缓解了农民信贷约束，提高了小农户的信贷可获得性，优化生计策略，提高农户生产经营收入（姜美善等，2020）。二是农地确权可以提升自身的土地价值作用于家庭财富。农地价值发现机制主要通过使用权转让、征地、交易和金融化来体现。我国城镇化快速发展，农村的土地征收情况，越来越多与之相伴的是农地价值的快速增加，征地补偿也同时提高。而农地确权无疑会直接促使土地自身价值的提高（盘亚东，2018；姚志，文长存，2019）。通过土地确权颁证，可以多途径地实现农地的价值发现，保障农民权益（叶剑平、田晨光，2013）。三是农地确权通过促进土地流转和提高土地租金作用于农民家庭收入。土地确权提高土地的产权安全性，产权明晰有助于减少交易的不确定性（Feder，1991），提高了土地的流转率以及流转成功率（程令国等，2016），同时也使得土地转入方愿意签订更长的租期以及支付更高的租金，增加农民特别是农村贫困户的财产性收入（宁静等，2018）。四是农地确权影响农地资源的利用方式与使用效率，通过促进长期投资和提高生产能力作用于农民家庭收入。农地确权可以通过稳定土地产权来增加农户的农业生产经营收入

（林文声，2018）。一方面，农地确权颁证可以通过适度扩大土地生产经营规模，促进农民农业生计策略选择的优化（李星光，2019）；另一方面，农地确权颁证可以通过显著改善地权稳定性预期，激励农民的长期生产性投资（李哲，2018），降低了土地抛荒的比例（罗明忠，2017；郑沃林，2019）。五是农地确权还影响农户的就业选择和转移方式，改变了农户的收入结构。土地确权通过保护农户的土地收益权，降低了农村劳动力转移的机会成本（许庆等，2017；姚从容，2003），农村剩余劳动力的转移促进了土地流转和非农就业（黄宇虹，2017），提高了非农就业农户的工资性收入（李静，2018）。

（二）农地确权与信贷可得性

随着农地抵押贷款在全国的试点与推广，农地确权颁证也已经成为很多正规金融机构认可的贷款凭证之一。土地承包经营权证书已经成为很多金融机构认可的贷款凭证（Heltberg，2002）。诸多学者对两者存在正向关系得出了肯定的结论，农地确权使农地可抵押，农民可抵押物增加，土地价值与稳定性提升，所以使得银行更愿意接受农地作为抵押品，农民的信贷可得性提高（Deininger，2003；Dower，2014）。李景荣（2018）和丰雷（2019）等国内学者认为，与没有正式土地法律文件的农户相比，确权证书为土地交易和金融信贷提供法律保障，不仅更加符合商业银行风险控制中的制度要求，降低了金融机构对农户社会关系的过度依赖，也提高了农户参与信贷的诸多能力，从而可以促进信贷获取。彭魏倬加（2016）等学者使用多个省份的数据利用实证分析农地确权颁证带来的信贷效应，均得出了类似结论。

也有少部分学者认为，农地确权与农户的信贷可获性可能并不存在正向的显著关系，需要将两者的关系放在不同的条件下分析。即使抵押制度和土地产权制度更加完善了，但是由于部分地区农地价值低和土地细碎化，将农地作为抵押物申请贷款仍会受限（钟甫宁等，2009）。苏岚岚（2017）等学者认为，农地确权对农户参与农地贷款业务的需求起到了负向的影响。

（三）文献评述

已有文献证实农地确权会从多个主要路径影响农村家庭的经济状况，一般体现在收入中，包括促进土地流转和非农就业、增加农业长期投资和提高生产能力等，但鲜有文献将信贷作为核心的中介变量，研究其在农地确权和家庭经济状况中的作用。现有研究中，分析农地确权的经济效应均立足于对家庭收入的影响，但鲜有文献将农地确权与农村家庭财富相结合。收入只是家庭经济状况的部分体现，而土地等固定资产价值都属于家庭财富的重要组成部分，比如土地自身价值的提高等，这些并不能完全体现在收入中，但同样会对农户的生活与生产经营活动产生重要的影响。而家庭财富积累更能在下一轮资本积累中对农村家庭产生极为重要的作用，所以研究农地确权与家庭财富在当今中国的社会背景中具有重要的现实意义。

综上所述，本文拟借助浙江大学中国农村家庭的追踪调查数据，借助2SLS模型和中介效应模型验证农地确权能否切实地发挥其经济效应、促进农村家庭的财富增长，而伴随信贷准入门槛的降低，农地确权又是否能通过信贷这一途径发挥促进家庭财富增长的作用。

三、理论分析

在农地确权通过信贷获得来影响家庭财富这一主要关系中，我们的理论分析需要经过两轮论证。一是需要农地确权会影响到家庭财富这一大前提成立，而对这一前提的相应分析已经在文献综述中进行了阐述，故该节不再赘述。二是将信贷获得作为其中的一个重要路径进行分析，而要使得这一路径得到验证，需要我们去验证信贷获得是否会受到农地确权的影响。只有信贷获得的前后关系在理论和实证分析上得到双重印证之后，才可以得出农地确权会通过信贷获得这一中介途径来影响家庭财富的基本结论。具体的影响机制如图1所示。

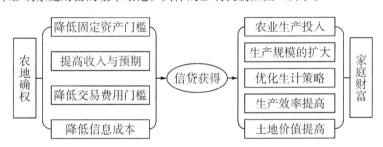

图1 农地确权通过信贷获得影响家庭财富机制

（一）农地确权与信贷获得

第一，确权可使农地成为有效抵押品，从而降低固定资产门槛并提高农户的信贷可得性。产权明晰将会使农村地区因为"德·索托效应"而唤醒沉睡资本，德·索托在其著作《资本的秘密》中认为，发展中国家的穷人也拥有一定的资产，却因为产权不明晰而不能资本化，最终沦为"沉睡资本"。相应地，明晰资产产权使其具备有效抵押品的属性后，信贷市场的运作绩效也随之得到提升，这种现象被称为"德·索托效应"。由于信息不对称，加上缺少金融机构认可的合格抵押品，中国农村金融服务存在严重的信贷配给，制约着农村经济的发展。基于德·索托效应的理论研究表明，界定清晰、权属明确的农地产权制度，是实现市场机制在农村金融领域充分发挥作用的重要因素之一。也使得农地具备了作为抵押物的先决条件，进而能够有效解决抵押品短缺问题并改善信贷市场运行现状。由此，农地确权通过法律形式强权赋能，确权使地权更加稳定，从而提升了土地抵押价值。伴随土地抵押贷款业务的开展，农村土地成为银行认可的抵押品，农地确权不仅改善了金融市场交易环境、扩大了金融服务的覆盖面，也增加了农民的贷款额度。

第二，农地确权可降低金融机构对农户收入水平的要求，进而提高农户的信贷可得性。从理论上看，作为农户手中最有价值的资产，其承包的土地因集资本、不动产和商品三种属性于一身，不仅是制度信任机制中的良好声誉载体，也是促使农户跨越信贷门槛的有效工具。一方面，既然确权后的土地具有更完整的产权功能，那么这也应该会降低农户进入农村金融市场的财富门槛，特别是有助于其获得商业银行的机构贷款。具体地说，农地确权可通过降低信息成本、交易成本、固定成本和风险成本而使得农户更容易进入金融市场。另一方面，以确权为基础的市场化交易所带来的供求与竞争机制亦使土地要素的抵押价值得到体现，从而增加了农户的资产性收入以及提高收入预期，所以农地确权可降低金融市场的收入门槛并增加农户的信贷机会。

第三，农地确权降低了金融市场的交易费用门槛，并可提高农户的信贷可得性。农村地区分散化的人口居住环境，使得银行等金融体系的建设先天就存在着较高的固定成本门槛，即较高的拓荒成本，单个金融机构的辐射人数有限。随着确权工作的基本完成，农村土地的抵押属性得到法律以及市场的认可，农地流转市场日渐完善。与此同时，伴随各地产权交易中心的建设，这在大幅度减少违约发生后金融机构对抵押品的处置成本和提升资产价值的同时，也减少了违约风险。这就使得金融机构可以大量精简原本用于信息甄别和风险处置方面的交易流程，并有助于通过降低交易费用门槛而使农户更容易参与到信贷市场中。

第四，农地确权可缓解信息不对称、降低农村信贷市场的信息门槛并提高农户的信贷可得性。金融市场参与者的信息总是不完全的。一方面，借款人总比贷款人掌握更多信息，包括收入状况、还款意愿及能力等；另一方面，市场结构分散化、征信体系不完善，也增加了金融机构的信息甄别成本，并间接影响着违约风险。农地确权以法律形式确认土地产权，为借贷双方尤其是贷款者提供了充足的信息，降低了金融机构的信息获取成本。此外，农地确权促进农民信用信息"标准化"，弱化了金融市场对软信息的依赖。这有助于机构识别农户的还款意愿并可以减少农户获得信贷服务的信息成本。当然，在农地确权之后，农户更有动力去了解贷款程序、贷款条件和国家的金融政策等。农户金融素养的提升，也可以大幅度缓解农户的自我排斥并降低金融市场的信贷门槛，并因此而有助于提高农户的信贷可得性。

（二）信贷获得与家庭财富积累

信贷对于家庭财富的影响已经被较多研究印证，已有研究大多认为信贷获得通过促进农业长期投资、提高农业生产要素投入、促进生产规模扩大和提高生产效率等方面来促进农民家庭财富的积累。由于农户生产经营活动的收益具有季节性，信贷的获得有助于农户平衡生活消费和生产经营支出。我国的小农生产模式下的农户往往属于风险厌恶型，而正规信贷的还本付息是其必然面临的刚性约束。特别是在信贷金额较大的产权抵押贷款中，其融资需求必然是大部分用于生产经营，以此来获得增收及完成还本付息。在家庭预算约束限制下，农户会对生产经营规模和方式进行优化。在生产函数理论的一般情况下，我们假设农户短期内的劳动力不发生明显改变，信贷将会从以下途径增加家庭财富。

第一，正规信贷资金的获得，在短期内可促使农户做出扩大生产规模的决策。理性农户扩大生产规模的一个前提条件是根据往年的生产经营状况判断，其主要的生产方式不会带来亏损。即使生产效率等其他因素不变，固定的单位收益也会因为更大的生产规模为获得信贷的农村家庭带来经济效益的提高。

第二，正规信贷可以帮助农户优化生计策略。在我国农村产业得到较好发展的背景下，产业扶持信贷获得更多生产经营资金的农户可根据实际情况选择经济作物的种植以及开展主要面向市场的养殖业，甚至部分农户可以在农业生产的基础上开展创业活动，金融资源为农户生产经营方式的选择和改变提供了极大的助力。理性农户生产方式的转变，从生产理论上来说源于更高的边际收益，而我国农业生产经营的实际收益情况也印证了这一点。

第三，正规信贷可增加农业长期投资、提高农业生产效率、优化劳动力配置。信贷资金的注入使得农户有了获得更多和更高质量生产资料的机会，如化肥、薄膜和大棚等，特别是对于机械化的生产工具的购买，这些生产资料和设备的购买会直接提高农户的生产技术水平，进而提高生产效率。在劳动力资源不变的情况下将会带来两个影响：一是提高了农业产出；二是节约了农业生产上的劳动投入。释放剩余劳动力到当地或者外部的劳动市场，使得农户获得更多的工资性收入，实现劳动力边际产出的更大化，促进家庭财富的增长。

第四，信贷获得可提高农地价值，增加家庭财富。农村家庭获得信贷后可增加对土地的长期投资。而这类生产行为不仅可以提高土地使用效率以及降低抛荒率，并能提高土地的使用价值以及转让、流转和征地的价值。

四、变量选取与模型设定

本文所用数据来源于 2017 年浙江大学中国农村家庭调查的家庭和个人数据。问卷内容涵盖了农户家庭经济状况、是否取得土地经营权证书、是否使用产权进行抵押贷款和是否参与土地流转等相关问题，并且其中很多调研内容属于国内诸多数据库里比较独有的针对农村产权的问题，对农村经济问题的研究具有较高的适用性。2017 年的数据覆盖全国 29 个省（自治区、直辖市），通过匹配 CRHPS 的农户家庭和个人数据，剔除核心解释变量和被解释变量缺失的数据后，得到有效农户家庭数据 8 260 份。

（一）变量选择与描述

1. 解释变量

本文选取已于 2020 年在全国范围内基本完成的最新一轮的土地确权作为解释变量，衡的主要问题是是否已经获得土地承包经营权确权证书。通过对全国 8 260 份农户问卷进行描述性分析，截至 2017 年年底，样本中成功土地确权（已经获得农村土地承包经营权证书）的农户的占比为 66.07%。根据 2013 年中央一号文件提出用 5 年时间基本完成农村土地承包经营权确权登记颁证工作，计划于 2018 年在全国范围内基本完成土地确权工作，而与 2017 年年末的大样本调研数据相比较，计划离实际的进展仍有一定的差距。

2. 被解释变量

家庭财富（NW）。本文对家庭财富的定义为家庭净财富，即总资产减去总负债。通常而言，家庭财富主要包括以下三个部分：一是金融资产（TF），包括定期存款、风险资产、债券总额、股票和基金。二是非金融资产（TNF），包括房产、企业股权、企业资产、企业负债。三是其他资产（OA），包括保险、养老金资产、汽车、家庭耐用品及收藏品。而总负债（TD）包括房产债务和汽车贷款、非正规借贷、金融机构正规借贷等非住房债务。本文在家庭财富的计算上大致使用上述资产和债务明细。具体计算公式如下：

$$NW = TF + TNF + OA - TD$$

农村地区土地产权与宅地基附着建筑的价值衡量并没有统一的客观标准，具体主要通过征地补偿、土地流转以及抵押贷款等方式来体现土地价值。对土地的价格评估有四种办法：一是市场法，即指利用市场上相同资产或相近资产的近期交易价格，经过直接比较或类比分析以估测资产价值的评估方法；二是生产收益法，即估算土地在未来每年预期收益的基础上，以一定的还原率，将评估对象在未来每年的纯收益折算为评估时点收益综合的一种方法；三是成本法，即以开发土地所耗费的各项费用之和为主要依据，再加上一定的利润、利息、应缴纳的税金和土地增值收益来推算土地价格的估价方法；四是剩余法，即在估算开发完成后能正常交易价格的基础上，扣除正常开发的建筑物费用和与建筑物建造、买卖有关的专业费、利息、利润、税收等费用后，以价格来确定土地价格的方法。针对本书关心的农业用地问题，这些估算方法有着较大的局限性：一是由于大量土地耕种的是粮食作物，所以按生产收益法计算出的价格可能会严重低估土地价值；二是农民对耕地的投入有限，一般仅包含种子、农药、化肥等投入品，按成本法估算也可能会低估农地价格；三是剩余法则完全不适用于集体农业土地。在本文的基础模型以及统计性描述中土地价值与宅基地价值为自估价值，在稳健性检验中采用租金收益还原法，用村庄土地流转年租金×面积×70年所得的价值来代替农户自评的土地价值进行进一步验证。该方法在一定程度上更加适用于农村地区土地的实际价值估算。

3. 中介变量

信贷获得（LN）对农地确权具有一定信贷资源禀赋效应，在一定程度上可以拓宽农民融资渠道。农地确权有助于农户利用土地承包经营权申请贷款，缓解了农民信贷约束。而确权带来的信贷资源并非仅限于土地抵押贷款，还可以看作确权地区农户的信贷信息有所改善，这些信息具体包括农户的资产质量、还款能力等，从而提高了农户参与到信贷市场的可能性。所以，本文选取农户是否从金融机构获得正规借贷来衡量信贷获得。由于信贷在农村地区的使用条件和使用效果与城镇地区不同，在农业生产经营中，大部分农民会投入信贷资金，而农业的特征是回报周期长，所以土地确权通过信贷这一途径影响家庭财富积累需要一定的贷款使用期来进行体现。所以，在本文中使用农户在上一年是否获得正规信贷来作为衡量标准。

从表1的描述性统计中我们可以发现，样本中的确权家庭在各类正规信贷上的获得比例为5.9%，明显高于非确权家庭的5.3%。确权家庭获得正规信贷资金的平均金额为67 740元，也明显高于非确权家庭的63 083元。

表 1　相关变量描述性统计

变量名称	确权农户				未确权农户			
	均值	标准差	最大值	最小值	均值	标准差	最大值	最小值
被解释变量								
家庭人均财富/元	111 125		3 266 300	−251 819	108 993		2 987 500	−327 039
中介变量								
正规信贷	0.059	0.215	1	0	0.053	0.206	1	0
户主特征								
受教育程度	2.62	1.166	8	1	2.59	1.168	8	1
身体状况	2.80	1.070	5	1	2.84	1.074	5	1
性别	0.35	0.476	1	0	0.39	0.487	1	0
年龄	58.19	12.920	92	19	57.61	13.256	93	16
中共党员	0.071	0.257	1	0	0.060	0.237	1	0
使用互联网	0.279	0.449	1	0	0.289	0.454	1	0
手机类型	1.337	0.652	2	0	1.347	0.637	2	0
家庭特征								
家庭务农人数/个	1.92	0.860	10	0	1.94	0.910	8	0
家庭人数/个	3.76	1.810	18	0	3.90	1.956	19	0
宅基地面积/米	4.86	38.799	1 320	0.01	6.08	42.989	1 000	0

变量名称	确权农户				未确权农户			
	均值	标准差	最大值	最小值	均值	标准差	最大值	最小值
家庭土地面积/平方米	11.94	61.786	3 550	0	13.22	97.215	4 330	0
人情往来	3 699.13	6 823.61	200 000	0	3 323.13	7 231.86	305 000	0
购买社保	0.954	0.210	1	0	0.928	0.259	1	0
村庄集体特征								
村可支配收入/元	7 774.24	6 300.28	100 000	0	6 800.86	5 996.54	100 000	0
综合服务站	0.56	0.501	1	0	0.57	0.490	1	0
每亩流转租金/元	689.24	2 520.21	39 200	0	516.05	1 041.11	39 200	0
农贸市场距离/米	6.43	7.330	17	0.05	6.09	9.991	17	0.05
其他统计								
农地转出	0.197	0.433	1	0	0.198	0.435	1	0
农地转入	0.115	0.319	1	0	0.108	0.310	1	0
产权贷款获得	0.041	0.194	1	0	0.035	0.186	1	0
农地贷款获得	0.037	0.209	1	0	0.029	0.221	1	0
正规贷款金额/元	67 740	201 098	3 000 000	450	63 083	82 212	600 000	200

4. 控制变量

户主特征主要包括户主的性别、年龄、受教育程度、身体状况、是否中共党员、是否使用互联网以及手机类型七个变量。调研对象主要以男性为主，女性占比为35%；两组农户的平均年龄在58岁左右且确权组农户的年龄更大；确权农户和非确权农户的平均受教育程度均介于小学至初中之间且并没有太明显的差别；身体状况为农户自我评价，采用五点量表依次为非常好、好、一般、不好与非常不好，分别赋值1~5，两组农户对于身体状况的评价均介于好与一般之间；确权农户是中共党员的比例为7.1%，相较于非确权农户的6%明显更高；使用互联网的农户占比为28%左右；手机类型这一变量中，使用智能手机、非智能手机和没有手机分别赋值2、1、0。

家庭特征包括家庭人数、家庭务农人数、土地面积、人情往来支出以及是否购买社保五个变量。非确权组农户的家庭成员数以及务农人数均略大于确权农户；在家庭拥有的土地面积上，非确权组农户家庭的土地面积平均多了1.28亩，这与家庭成员数形成了相同的对比；确权农户在人情往来上的支出和购买社保的比例高于非确权家庭。

地域特征主要包括村平均可支配年收入、对村庄公开事务工作评价、村庄是否有信息服务平台、距离最近的农贸市场（自由市场）以及村庄是否有扶持的特色农产业。从统计中我们可以发现，在人均可支配收入上，确权农户所在的村庄相较于非确权农户所在的村庄在2017年高了973元，占比为14.3%；而在每亩土地的年流转租金上，确权农户所在村庄的租金平均为689元/亩，而非确权农户所在村庄的租金平均仅为516元/亩，有着33.5%的价差。

5. 其他相关统计

本文除了纳入计量模型的变量外，还对几个重要的数据进行了描述分析，其中确权农户与非确权农户在参与土地转出上的比例大致相同，均为20%左右。确权家庭在农地转入上有着更高的比例，但由于有单个家庭会转入多个家庭的土地，所以农地转入的家庭比例会远低于农地转出的家庭比例；而从农地经营权抵押贷款和产权抵押贷款的获得比例上来看，由于农地抵押贷款属于农村产权抵押贷款，且从属于中介变量正规信贷，所以三者的获得比例依次提高。我们可以发现，确权农户在三类正规贷款中获得的比例明显更高，并且在确权农村家庭组的产权贷款中利用土地作为抵押品的比例更高；在获得的正规信贷资金总额中，确权农户获得的平均贷款为67 740元，同样明显高于未确权农户的63 083元。

（二）中介效应模型设定

为考察农地确权、信贷获得和农村家庭财富之间的关系，我们设定两组模型，第一组模型分别考察农地确权、信贷获得和农村家庭财富的关系，如（2）式所示。

$$\ln NW_i = \beta_0 + \beta_1 \text{Certif}_i + \beta_2 \text{Loan}_i + \varepsilon_i \tag{2}$$

其中，i 表示农村家庭样本，$\ln NW_i$ 代表家庭财富，Certif 代表农地确权，Loan 代表信贷获得。为缓解模型中可能存在的遗漏变量问题，我们加入一系列控制变量，主要包括户主特征、家庭特征以及村庄特征等变量，ε 为随机误差项。为缓解农地确权、信贷获得和家庭财富之间可能存在的内生性问题，将引入工具变量对模型采用 2SLS 估计，以解决内生性问题。

为了进一步研究农地确权是否通过信贷获得影响家庭财富，即信贷获得的中介作用，我们引入中介效应模型。本文借鉴由 Baron（1986）提出并经温忠麟和叶宝娟（2014）验证有效的逐步回归检验法构建第二组模型进行中介效应检验，如（3）式、（4）式、（5）式所示。

$$\ln NW_i = c_0 + c_1 \text{Certif}_i + c_2 X_i + \varepsilon_i \tag{3}$$

$$\text{Loan}_i = a_0 + a_1 \text{Certif}_i + a_2 X_i + \varepsilon_i \tag{4}$$

$$\ln NW_i = b_0 + c'_1 \text{Certif}_i + b_1 \text{Loan}_i + b_2 X_i + \varepsilon_i \tag{5}$$

第一步，对模型（3）进行回归，检验农地确权对家庭财富的总效应 c，如果显著则进行下一步检验。第二步，对模型（4）和模型（5）进行回归，检验农地确权对中介变量信贷获得的影响以及农地确权和信贷获得对家庭财富的影响。如果边际值 a 与 b 均显著，说明间接效应是显著的。如果 a 与 b 有一个不显著，则需要采用 Bootstrap 法检验 a 与 b 的联合显著性。第三步，对模型（5）中的系数 c' 进行再一次检验。如果系数 c' 不显著，则说明农地确权对家庭财富没有直接影响，仅通过信贷获得影响家庭财富；如果 c' 显著，则进行中介效应的最终判定和计算。第四步，如果 a、b 与 c' 同号且 c' 的绝对值小于 c 的绝对值，则存在部分中介效应。即农地确权既直接影响家庭财富，又通过信贷获得影响家庭财富。关系检验的逻辑如图 2 所示。

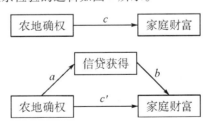

图 2　关系检验逻辑

五、实证结果分析

（一）基础回归与稳健性检验

在进行中介效应分析之前，首先是分析土地确权以及信贷获得两个变量分别对家庭财富的影响。表2为回归结果。为了稳健地给出三者关系的结论，本文将通过将村平均土地流转租金×自有土地面积×70年所得的新土地价值重新计算家庭财富，以此进行稳健性检验。表中第三、第四列为重新计算的家庭财富作为被解释变量的所得结果。模型（1）和模型（3）为普通最小二乘法的估计结果。结果显示，不管是以农户自估价值计算所得的家庭财富还是以流转租金为基础重新计算的家庭财富量，土地确权以及信贷获得均显著正向影响家庭财富积累，其中土地确权均在1%的显著性下呈现这一影响。考虑到土地确权与家庭财富之间可能存在的互为因果关系导致的内生性，所以利用工具变量法进行重新估计。由于土地确权为政府政策主导下而产生的结果，所以本文使用村庄是否确权作为工具变量，模型（2）和模型（4）为工具变量采用2SLS估计得出的结果。从结果中我们可以发现，土地确权对家庭财富积累的影响依然是在1%的水平上正向显著的。这四组模型中，信贷获得对于家庭财富的影响，都获得了方向一致的结果，只是在边际值上略有不同。这与顾俊青（2019）等学者在验证信贷与农村家庭财富的两者关系结论上类似。

表2　基础回归与内生性检验

估计方法	（1）	（2）	（3）	（4）
	OLS	2SLS	OLS	2SLS
农地确权	0.475 *** （0.152）	0.261 *** （0.072）	0.282 *** （0.067）	0.176 ** （0.069）
信贷获得	0.298 *** （0.078）	0.058 ** （0.023）	0.321 *** （0.101）	0.327 *** （0.100）
性别	−0.025 ** （0.044）	−0.031 （0.046）	0.019 （0.048）	0.014 （0.048）
年龄	−0.004 * （0.002）	−0.003 * （0.002）	0.000 （0.002）	0.000 （0.002）
受教育程度	0.133 *** （0.107）	0.138 *** （0.023）	0.046 ** （0.023）	0.045 * （0.023）
身体状况	−0.111 *** （0.019）	−0.106 *** （0.020）	−0.068 *** （0.021）	−0.066 *** （0.021）

表2(续)

估计方法	(1)	(2)	(3)	(4)
	OLS	2SLS	OLS	2SLS
政治面貌	0.149 (0.813)	0.146* (0.084)	0.074 (0.086)	0.075 (0.086)
互联网使用	0.337*** (0.051)	0.330*** (0.052)	0.207*** (0.053)	0.212*** (0.053)
手机类型	0.392*** (0.113)	0.395*** (0.117)	0.011 (0.130)	0.008 (0.129)
家庭收入	0.336*** (0.017)	0.336*** (0.018)	0.275*** (0.019)	0.277*** (0.019)
土地面积	0.001*** (0.000)	0.001*** (0.000)	0.002*** (0.000)	0.002*** (0.000)
家庭成员数	0.059*** (0.012)	0.061*** −0.012	0.020* (0.012)	0.022* (0.012)
家庭务农人数	0.006 (0.024)	0.004 (0.026)	0.071*** (0.026)	0.067** (0.026)
人情往来	0.000*** * (0.000)	0.000*** (0.000)	0.000*** (0.000)	0.000*** (0.000)
社保购买	0.200** (0.102)	0.182* (0.104)	0.055* (0.29)	0.052 (0.105)
村可支配收入	0.181*** (0.031)	0.181*** (0.032)	0.200*** (0.036)	0.198*** (0.036)
公开事务工作评价	−0.016 (0.012)	−0.019 (0.012)	0.009 (0.013)	0.008 (0.013)
离农贸市场的距离	−0.011*** (0.003)	−0.010*** (0.002)	0.004 (0.003)	0.005* (0.003)
公共服务信息平台	0.071* (0.043)	0.077 (0.043)	0.133*** (0.046)	0.130*** (0.045)
常数项		6.217*** (0.396)	7.911*** (0.431)	7.030*** (0.433)

注：***、**、*分别表示在1%、5%和10%的水平下显著，括号里的数值为 t 值，显著性均采用稳健标准差计算，后文与此表相同，故其他表尾均不再赘述。模型（1）和模型（2）的家庭财富采用以农户自估价值的土地价值计算得到，模型（3）和模型（4）采用土地流转租金×土地面积×70年重新计算土地价值后得到的家庭财富。其中，模型（2）和模型（4）采用村庄确权作为工具变量。

其他控制变量中，就户主特征而言，受教育程度正向显著提高了家庭财富，人力资源依然是当下农村提高经济水平的重要因素。该结论也与李晓艳（2018）等学者在城乡混合数据中得出的结论类似；由于身体状况这一自评变量为赋值越高越差，从结果中我们可以发现身体状况越好的农户，越能提高家庭财富水平；而在政治面貌这一变量中，党员身份仅在模型（2）中取得了显著的正向结果，这与韦宏耀（2017）等学者得出的实证结果一致，但在基础回归模型中仍存在显著性的不同；互联网的使用和智能手机的使用，均能正向显著提高农村家庭财富，说明在科技普及度较差的农村地区，对于网络的使用以及对外界能更好地交流以及信息收集的农户能够获得更高的家庭财富。

就家庭特征而言，本文通过控制家庭收入这一变量来体现控制农地确权后通过提升财产性收入和工资性收入等收入来影响家庭财富的经济效应。家庭年收入这一流量作为财富存量中重要的积累来源，对家庭财富水平产生了较大的显著正向影响。土地面积虽然能正向显著影响到家庭财富，但是其起到的边际作用比较小。当土地作为农业生产使用时，产出也同样意味着相应的农业投入。在每亩净收入较低的情况下，土地面积能为家庭经济状况带来的改善显然是有限的，更重要的是生产效率以及作物的选择。社会保险的购买同样可以正向显著提高家庭财富水平，社会保险主要是从降低家庭消费来相对提高家庭财富水平的，这也与已有研究得出的结论相一致。

（二）中介效应检验

为了进一步探析农地确权是如何通过信贷获得来影响家庭财富积累的，本文采用中介效应进行检验，检验结果见表3。

表3　中介效应回归结果

被解释变量	（1） 第一步 家庭财富	（2） 第二步 信贷获得	（3） 第三步 家庭财富	（4） 第一步 家庭财富	（5） 第二步 信贷获得	（6） 第三步 家庭财富
农地确权	0.486 *** （0.054）	0.365 ** （0.171）	0.475 *** （0.152）	0.294 *** （0.048）	0.240 ** （0.093）	0.282 *** （0.067）
信贷获得			0.298 ** （0.078）			0.321 *** （0.101）
性别	−0.027 （0.045）	0.010 （0.007）	−0.025 ** （0.044）	0.022 （0.048）	0.010 （0.007）	0.019 （0.048）

被解释变量	（1）第一步 家庭财富	（2）第二步 信贷获得	（3）第三步 家庭财富	（4）第一步 家庭财富	（5）第二步 信贷获得	（6）第三步 家庭财富
年龄	-0.004 * (0.002)	-0.002 *** (0.000)	-0.004 * (0.002)	-0.001 (0.002)	-0.002 *** (0.000)	0.000 (0.002)
受教育程度	0.135 *** (0.022)	-0.006 * (0.003)	0.133 *** (0.107)	0.045 * (0.024)	-0.006 * (0.003)	0.046 ** (0.023)
身体状况	-0.111 *** (0.020)	0.005 * (0.003)	-0.111 *** (0.019)	0.064 *** (0.021)	0.005 * (0.003)	-0.068 *** (0.021)
政治面貌	0.149 * (0.081)	0.014 (0.013)	0.149 (0.813)	0.071 (0.087)	0.014 (0.013)	0.074 (0.086)
互联网使用	0.339 *** (0.051)	0.026 *** (0.008)	0.337 *** (0.051)	0.202 *** (0.053)	0.010 (0.008)	0.207 *** (0.053)
手机类型	0.392 *** (0.113)	0.037 * (0.018)	0.392 *** (0.113)	0.023 (0.130)	0.017 (0.018)	0.011 (0.130)
家庭收入	0.336 *** (0.018)	0.003 (0.003)	0.336 *** (0.017)	0.280 *** (0.019)	0.003 (0.003)	0.275 *** (0.019)
土地面积	0.001 *** (0.000)	0.000 ** (0.000)	0.001 *** (0.000)	0.002 *** (0.000)	0.001 ** (0.000)	0.002 *** (0.000)
家庭成员数	0.059 *** (0.012)	0.001 (0.002)	0.059 *** (0.012)	0.020 (0.012)	0.001 (0.002)	0.020 * (0.012)
家庭务农人数	0.005 (0.025)	-0.002 (0.004)	0.006 (0.024)	0.074 *** (0.027)	-0.002 (0.004)	0.071 *** (0.026)
人情往来	0.000 *** (0.000)	0.000 *** (0.000)	0.000 *** * (0.000)	0.000 *** (0.000)	9.90e-07 * (0.000)	0.000 *** (0.000)
社保购买	0.199 * (0.102)	-0.011 (0.016)	0.200 ** (0.102)	0.054 (0.106)	-0.011 (0.016)	0.055 * (0.29)
村可支配收入	0.182 *** (0.031)	0.005 (0.005)	0.181 *** (0.031)	0.203 *** (0.037)	0.005 (0.005)	0.200 *** (0.036)
公开事务 工作评价	-0.015 (0.012)	0.000 (0.002)	-0.016 (0.012)	0.009 (0.013)	0.000 (0.002)	0.009 (0.013)
离农贸市场的 距离	-0.011 *** (0.003)	0.002 *** (0.000)	-0.011 *** (0.003)	0.006 ** (0.003)	0.002 *** (0.000)	0.004 (0.003)

表3（续）

被解释变量	(1)	(2)	(3)	(4)	(5)	(6)
	第一步	第二步	第三步	第一步	第二步	第三步
	家庭财富	信贷获得	家庭财富	家庭财富	信贷获得	家庭财富
公共服务信息平台	0.071* (0.043)	-0.007 (0.007)	0.071* (0.043)	0.130*** (0.046)	-0.007 (0.007)	0.133*** (0.046)
常数项	6.164*** (0.382)	0.044 (0.059)	6.170*** (0.382)	7.865*** (0.434)	0.044 (0.059)	7.911*** (0.431)

注：模型（1）、模型（2）、模型（3）为采用以农户自估价值的土地价值计算得到的家庭财富，模型（4）、模型（5）、模型（6）为采用土地流转租金×土地面积×70年重新计算土地价值后得到的家庭财富。

模型（1）的结果表明农地确权在1%的显著水平下正向对家庭财富产生影响，模型（2）的结果表明农地确权在5%的显著水平下正向影响农户的信贷获得，模型（3）中的土地确权对家庭财富的回归系数小于模型（1）中土地确权的系数，并且模型（2）中土地确权对信贷获得的回归系数与模型（3）中信贷获得对家庭财富的回归系数符号一致，其乘积也与模型（1）中的0.486的符号一致，说明信贷获得在土地确权对家庭财富的影响中存在中介效应，且这一效应占总效应的22.5%（0.367×0.298/0.486）。同时，模型（4）、模型（5）、模型（6）也得出了相似的结果，信贷获得在土地确权对家庭财富的影响中起到的中介效应占总效应的26.2%（0.24×0.321/0.294）。

六、研究结论与政策启示

（一）研究结论

本文借助2017年浙江大学中国农村家庭调查的家庭和个人数据，在分析农地确权通过信贷获得影响家庭财富的理论机制基础上，借助中介效应模型，分析信贷获得在农地确权与家庭财富的关系中起到的作用，得出了以下结论：一是农地确权可以显著提高农村家庭的财富水平；二是信贷获得在土地确权对家庭财富的影响中存在中介效应，且这一效应占总效应的22.50%。在通过土地流转租金重新计算了家庭财富后也得出了相似的结果，信贷获得在土地确权对家庭财富的影响中起到的中介效应占总效应的26.2%。农地确权不仅拓宽了农民融资渠道，而且增加了农民获得更多金融资源的可能性。信贷这一渠道有助于提高农村家庭的财富水平，改善农民的经济状况。

（二）政策启示

第一，农地确权作为农村产权改革中极为重要的一环，对于促进农地金融化以及土地流转市场发展等起到了举足轻重的作用，切实地影响到我国广大农村家庭的切身利益。虽然农地确权工作在全国范围内已经基本完成，但由于各地进展不一，当地政府和基层自治组织还需要尽快落实土地承包经营权证书的制作发放以及极少部分农户还尚未完成的农地确权工作。与此同时，要提高农户对于产权安全与产权作用的主观感知，促使农户能充分发挥自己的主观能动性，优化其对于农地的决策行为，在有资金需求和生产需求的情况下，积极使用农地参与到信贷行为以及农村土地流转市场中，切实发挥农地确权的作用。

第二，土地承包经营权证书成为金融机构认可的贷款凭证之一。这一凭证能否顺利高效地发挥作用还取决于地区金融资源的可获得性。目前，还需要持续促进金融资源下沉农村地区，促进商业银行、村镇银行和农村信用合作社等金融机构进驻更多的农村地区，推动普惠金融的发展。如果地区内农村金融机构较为缺乏，则农民将会面临一定的空间地理障碍，在进行贷款申请时需要多次到县城等地审批，从申请、价值评估到发放贷款需要多个审批流程，从而增加了农户取得正规信贷的时间成本以及难度。

第三，农地确权后对农村土地价值的实现和提升起到了积极的作用。在利用农地经营权申请信贷时，其中重要的一环是对土地抵押价值和抵押率的确认，这不仅关系农户的切身利益，也在很大程度上影响农户是否发挥土地金融功能的决策意愿。为了更好地发挥农地确权的金融功能，需要更好地构建包括银行、三方评估公司和地方产权中心等机构的多方合作机制。银行也应考虑农村的实际情况提高抵押率，为农地价值的合理实现保驾护航。在构建了合理的制度与机构合作机制后，也需要根据各地农产品的特色以及农地使用的不同创新交易机制和管理机制，通过信息流的获取和违约农户土地流通的实现来降低交易成本。

第四，农地确权的金融功能实现的前提之一是农户对于金融业务的参与意愿，这受到农户自身认知和金融业务参与能力的影响。相对来说，农民普遍缺乏相关的金融知识，对于金融业务的不认同、参与能力低和资金管理能力差等问题都会成为制约有农业资金需求的农户参与信贷业务的问题，所以在设立更多金融服务网点的同时，地方政府、基层自治组织、行业协会和金融机构等应合作开展金融知识的宣传与普及，提高农民参与信贷业务的能力，促使农户在信任和可行的金融环境中实现其信贷权利。

参考文献：

[1] 程令国，张晔，刘志彪. 农地确权促进了中国农村土地的流转吗？

[J].管理世界, 2016 (1)：88-98.

[2] 丰雷, 张明辉, 李怡忻.农地确权中的证书作用：机制、条件及实证检验 [J].中国土地科学, 2019, 33 (5)：39-49.

[3] 付江涛, 纪月清, 胡浩.新一轮承包地确权登记颁证是否促进了农户的土地流转：来自江苏省3县 (市、区) 的经验证据 [J].南京农业大学学报 (社会科学版), 2016, 16 (1)：105-113.

[4] 顾俊青.信贷约束对农村家庭财富的影响 [D].北京：首都经济贸易大学, 2019.

[5] 黄宇虹, 樊纲治.土地经营权流转与农业家庭负债状况 [J].金融研究, 2017 (12)：95-110.

[6] 姜美善, 米运生.农地确权对小农户信贷可得性的影响：基于双稳健估计方法的平均处理效应分析 [J].中国农业大学学报, 2020, 25 (4)：192-204.

[7] 蒋远胜, 王童, 金雄鸥, 等.成都与丽水农村金融改革实践与成效的比较分析 [J].西南金融, 2020 (9)：86-96.

[8] 李景荣, 姜美善, 米运生.农地确权对农户的信贷效应：基于全国9省农户大规模调查 [J].调研世界, 2018 (10)：15-21.

[9] 李静.农地确权、资源禀赋约束与农地流转 [J].中国地质大学学报 (社会科学版), 2018 (3)：163-172.

[10] 李晓艳.金融知识增加推动京津冀地区家庭财富积累了吗？基于CHFS (2013) 数据的实证分析 [J].武汉金融, 2018 (12)：52-59.

[11] 李星光, 刘军弟, 霍学喜.新一轮农地确权对农户生计策略选择的影响：以苹果种植户为例 [J].资源科学, 2019, 41 (10)：1923-1934.

[12] 李哲, 李梦娜.新一轮农地确权影响农户收入吗？：基于CHARLS的实证分析 [J].经济问题探索, 2018 (8)：186-194.

[13] 林文声, 王志刚.中国农地确权何以提高农户生产投资？ [J].中国软科学, 2018 (5)：91-100.

[14] 罗明忠 万盼盼, 陈江华.农地确权对农户参与土地合作的影响：基于广东农户抽样问卷调查的实证分析 [J].农村经济, 2018 (3)：31-36.

[15] 宁静, 殷浩栋, 汪三贵.土地确权是否具有益贫性？基于贫困地区调查数据的实证分析 [J].农业经济问题, 2018 (9)：118-127.

[16] 盘亚东.农村土地确权中的法律问题及对策 [D].桂林：广西师范大学, 2018.

[17] 彭魏倬加, 李中.农村土地确权与农村金融发展关系：基于湖南县域

的实证研究 [J]. 经济地理, 2016, 36 (7): 160-166.

[18] 苏岚岚, 何学松, 孔荣. 金融知识对农民农地抵押贷款需求的影响: 基于农民分化、农地确权颁证的调节效应分析 [J]. 中国农村经济, 2017 (11): 77-91.

[19] 王童, 蒋远胜, 王玉峰. 金融素养能提高农户农房抵押贷款的满意度吗?: 基于收入差距视角的实证分析 [J]. 农村经济, 2020 (2): 57-64.

[20] 韦宏耀, 钟涨宝. 政治还是市场: 农村家庭财富水平研究——来自中国家庭追踪调查的证据 [J]. 农业经济问题, 2017, 38 (7): 53-63, 111.

[21] 温忠麟, 叶宝娟. 中介效应分析: 方法和模型发展 [J]. 心理科学进展, 2014, 22 (5): 731-745.

[22] 许庆, 刘进, 钱有飞. 劳动力流动、农地确权与农地流转 [J]. 农业技术经济, 2017 (5): 6-18.

[23] 姚从容. 论人口城乡迁移与农村土地产权制度变迁 [J]. 人口与经济, 2003 (2): 71-76.

[24] 姚志, 文长存. 中国农村承包地确权: 政策变迁、衍生问题与制度设计 [J]. 经济体制改革, 2019 (5): 81-87.

[25] 叶剑平, 田晨光. 中国农村土地权利状况: 合约结构、制度变迁与政策优化: 基于中国17省1 956位农民的调查数据分析 [J]. 华中师范大学学报 (人文社会科学版), 2013 (1): 38-46.

[26] 郑沃林, 罗必良. 农地确权颁证对农地抛荒的影响: 基于产权激励的视角 [J]. 上海财经大学学报, 2019, 21 (4): 90-99.

[27] 钟甫宁, 纪月清. 土地产权、非农就业机会与农户农业生产投资 [J]. 经济研究, 2009 (12): 44-52.

[28] BARON R M, KENNY D A. The moderator-mediator variable distinction in social psychological research: conceptual, strategic, and statistical considerations [J]. Journal of personality and social psychology, 1986, 51 (6): 1173.

[29] DEININGER K W. Land policies for growth and poverty reduction [M]. World Bank Publications, 2003.

[30] DE SOTO H. The mystery of capital: why capitalism triumphs in the west and fails everywhere else [M]. Civitas Books, 2000.

[31] DOWER P C, POTAMITES E. Signalling creditworthiness: land titles, banking practices, and formal credit in indonesia [J]. Bulletin of Indonesian Economic Studies, 2014, 50 (3): 435-459.

[32] FEDER G, FEENY D. Land tenure and property rights: theory and implications for development policy [J]. The World Bank Economic Review, 1991, 5 (1): 135-153.

[33] IMAI K S, GAIHA R, THAPA G. Micro Finance and Poverty- a macro perspective [J]. World Development, 2012, 40 (8): 1675-1689.

[34] RASMUS HELTBERG. Property rights and natural resource management in developing countries [J]. Journal of Economic Surveys, 2002, 16 (2): 189-214.

数字普惠金融发展是否增加了
西部农村居民收入?

——以西部某省为例

田光宁　木妮热·热合曼

（华北电力大学经济管理学院）

摘要： 普惠金融旨在为有金融消费需求的弱势群体提供低成本且平等的金融服务，以此来促进金融资源的均衡分配和经济的稳定发展。近年来，随着数字化科技的飞速发展，人工智能、大数据等技术被广泛应用于金融领域，数字普惠金融（digital financial inclusion，DFI）逐渐得到学术界和实务界的关注。我国积极探索和创新，不断推动数字普惠金融发展，使其能够提高农民等弱势群体的收入，并改善他们的生活。数字普惠金融发展是否真正惠及万千百姓、对农村收入水平起到了促进作用，需要进一步分析验证。本文以西部某省为例，利用该省 12 个地级市和 2 个自治州 2011—2018 年的市域面板数据，通过构建多元线性回归模型，检验数字普惠金融对农村收入水平的影响。实证结果表明，数字普惠金融发展显著提高了农村居民收入水平。本文也总结了西部地区数字普惠金融发展过程中存在的问题，并提出了相应的政策建议。

关键词： 数字普惠金融；农民收入；实证分析

一、引言

数字普惠金融通过为农民等弱势群体提供低成本且平等的金融服务，有助于提高农村地区经济水平、促进我国经济稳定发展。为了进一步促进数字普惠金融发展，我国政府也在不断出台一系列支持性的政策。这些政策拓展了普惠金融的发展空间、整合了更多社会资源并满足了潜在的客户需求，从而进一步缓解了我国数字普惠金融服务供给不足的矛盾。提高农村居民收入、促进农村地区经济发展是学术界的热点研究问题。经过多年的研究，国内外对此问题已经有了丰富的研究成果。自普惠金融概念提出以来，通过促进普惠金融发展来进一步促进国家经济发展，已经成为一项重要的经济发展举措。在这个方面，国内外都有了较多的相关研究。但是，针对贫困程度较严重的地区，关于数字普惠金融对农村居民收入水平的影响的研究很少。因此，本文以西部某省作为范本，研究数字普惠金融发展对该省农村地区居民收入水平所起的增进作用。重点研究普惠金融"数字化"转型对该省农村收入水平的影响和效果、对省内开展数字普惠金融工作的实践意义。同时，为其他地区促进数字普惠金融发展、增加农村居民收入提供有针对性的、可行有效的建议。

二、文献综述

国外学者对普惠金融产生的影响有不同的看法。Beck（2007）通过对发展中国家普惠金融的研究，认为新型普惠金融发展应该按不同人群的不同需求来分析。在普惠金融发展过程中，一方面，要考虑到支付和储蓄服务固定的中介成本；另一方面，要考虑到贷款服务和不同信贷服务带来的风险。Diniz、Birochi 等（2012）认为，虽然普惠金融能促进当地社会经济的发展，但是同时也会给低收入地区的经济带来负面影响，甚至可能会导致低收入人口过度负债。Anzoategui（2014）使用萨尔瓦多的调查数据分析了国际交流与普惠金融之间的关系，并认为客户存款对包容性金融的发展具有积极影响。Allen 等（2016）通过研究发现，促进普惠金融发展和降低客户成本，为金融服务机构发展提供更加完善的法律监管制度和稳定的政治环境。Ozili（2017）认为，金融科技可以扩大金融机构服务范围和丰富服务产品，还可以减少贫困人群使用金融服务的门槛，因此数字普惠金融相较于传统普惠金融可以带来更多的普惠性。

在普惠金融数字化转型方面，唐勇等（2020）的研究证明，为充分挖掘数字普惠金融的潜力，应加大金融普惠力度，推进数字基础设施建设和数字金融教育在农村地区的普及，充分释放"数字红利"。谢升峰等（2021）认为，随着群体相对收入差距拉大与金融科技进步，应加大举措缩小农村信息沟壑来缓解数字贫困，加强农村相对贫困群体的数字化基础建设，提升其数字金融素养，以此提升数字普惠金融缓解相对贫困的长尾效应。更多学者将研究重点放在数字普惠金融发展的区域差异上，如何文秀（2020）和姚凤阁等（2020）学者认为，我国数字普惠金融发展整体呈上升趋势，但区域差异较大，分为东部地区、中部地区和西部地区三个层次，其整体呈现东部较高、中部相对平衡、西部相对较低的发展趋势。向洁等（2021）学者认为，区域间差异是数字普惠金融总体差异的主要来源。陈欢等（2021）等研究重点聚焦在空间上，认为数字普惠金融具有显著的空间相关性。刘澄清（2021）和王长征等（2021）的研究表明，新形势下推动金融服务围绕农村弱势群体，发展农村地区普惠金融，对促进现代农业的数字化转型升级具有十分重要的实际意义。翟项乐（2021）、徐军委和杜朝运（2021）对数字普惠金融进行实证分析，结果表明，数字普惠金融指数与农民收入水平之间存在显著的正相关关系。韩刚等（2021）认为，数字普惠金融的覆盖范围和数字化程度对家庭消费水平起显著的促进作用；数字普惠金融的使用深度与家庭消费水平之间的关系并不明显。王永静等（2021）学者已经证明，数字普惠金融的发展对农民收入的影响具有"U"形的非线性关系。李连梦等（2021）认为，数字普惠金融指数可以促进城市低收入群体的收入增长，但同时也扩大了低收入群体与中高收入群体之间的收入差距。周利等（2021）的研究表明，数字普惠金融发展的减贫效果先呈恶化状态然后得到提高，并且存在较大的时滞性。因此，我国未来有必要增加对数字普惠金融方面的投资，为农村地区数字普惠金融发展提供更好的平台，从而增加农民收入、提升农民生活幸福指数。

由上述研究现状可知，当前国外学者对于数字普惠金融发展的研究程度还并未达到国内的重视水平，相对来说研究内容还主要集中在对于贫困地区服务对象的金融可得性和普惠金融的内涵方面。国内学者对于数字普惠金融及其在农村地区减贫效应的研究内容相当丰富，但大多研究是从农村消费水平或城乡收入差距入手进行分析，将立足点设置为其对促进农村收入水平影响的研究较少。此外，从针对省市级进行的研究来看，这方面研究内容也多为普惠金融的现状和影响，缺乏对数字普惠金融的具体实证研究。本文试图从西部某省数字普惠金融对农村收入水平的影响入手，实证研究数字普惠金融农村居民收入的影响，对面临问题提出相应的完善措施与建议。

三、理论基础与实践模式

最早的普惠金融主要包括基于小额贷款的小额信贷模型。进入 21 世纪后，全球逐渐形成共识，在小额信贷的基础上，普惠金融体系还必须为全部有金融服务需求的个人和公司提供普遍的金融服务，而不仅限于贫困和低收入人群、小型和微型企业。2005 年，联合国正式提出了普惠金融体系的概念。2006 年，联合国起草了《普惠金融体系蓝皮书》，其中描述了普惠金融的概念。普惠金融的特征概括为可负担性、可用性、全面性和商业持续性，其目的是为那些缺乏良好金融选择的人提供金融服务。其最终目标是扶持企业、促进家庭经济增长。普惠金融作为经济理念,在那些传统金融止步的地方重新开启了新的发展路径;作为社会思想,普惠金融服务于那些无法便捷地获得银行服务的低收入人群。

数字普惠金融体系是随着数字技术的发展,为解决传统普惠金融体系在发展过程中遇到的瓶颈以及传统普惠金融的内生要求而发展起来的"数字化"转型的新型普惠金融服务体系。

数字技术特别是大数据、云计算、移动互联网等技术的发展大大提升了金融业的服务能力。首先,金融企业依托海量用户需求,结合地方和用户特色,不断丰富金融产品和服务内容;其次,金融企业利用移动互联技术为用户提供"无时无刻""无所不在"的便捷金融服务;最后,数字普惠金融以理财、信贷、保险为主要服务手段,这些业务领域为金融市场提供了大量流动性高的金融产品。由于长尾市场群体的庞大和数字技术的便利性,数字普惠金融形成的产品大大加快了货币在市场上的流通速度,同时也冲击了传统金融机构的存贷款利率结构,客观上加快了利率市场化的进程。同时,数字技术的发展和网民用户的增多,也促进了互联网支付业务的发展,越来越多的用户加入互联网支付客户群体,为数字货币的发展奠定了技术基础和用户基础。

数字普惠金融依托互联网提供的服务,有效缩短了业务流程,提高了金融服务的效率,从而减少了交易环节、降低了经济成本。除此之外,普惠金融的数字化促进信息共享、降低信息不对称产生的成本。通过汇聚互联网平台上的大量用户和产品信息,可以很大程度上降低交易信息的搜寻成本;使用大数据处理技术分析客户数据,实现对客户的精准营销,可以节省决策成本;基于海量客户数据,使用大数据技术观察消费者行为的动态变化,可以大大降低整个贷款过程的实时监控和风险管理成本。

传统的普惠金融识别风险、记录信用和获取数据的成本非常昂贵。我们需要降低成本、实现较高的社会价值,这对于传统普惠金融而言是鱼与熊掌不可兼得的,因此这成了传统普惠金融发展的瓶颈。与此同时,这一瓶颈也促使了数字普惠金融的发展,其重点是"数字化"转型。用"数字化"表达的数字技术,移动互联网、云计算等技术的进步对于普惠金融的意义主要体现在降低金融服务的成本、增强商业可持续性和金融服务的全面性、提高金融可获得性等方面。

近几年,普惠金融的不断发展和创新,在很大程度上得益于新兴科技的发展。中国数字技术与金融深度融合是大势所趋,数字技术的发展为传统金融机构的发展开辟了新的空间。从银行提供的业务发展来看，几乎所有创新业务的发展都是基于数字技术的支撑。特别是随着互联网技术的普及，传统金融机构对其核心业务流程进行大规模升级与改造。上述发展历程，如图1所示。

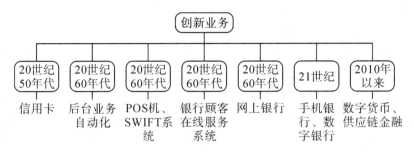

图1　互联网技术对银行业务创新的发展历程

四、实证检验与结果分析

理论研究表明，数字普惠金融有助于改善农村地区经济发展状况，并进一步提高农村居民收入。那么，数字普惠金融的落实与实践是否会对农村地区居民的收入水平有显著性的提高作用，此点尚未明确。因此，下文将进行实证分析与讨论。

（一）变量选取与数据说明

本文选取数字普惠金融指数（digital financial inclusion index，index）为核心解释变量。被解释变量为农村人均可支配收入（rural per capita disposable income，RPI），反映了某地区农村居民收入水平。除了核心解释变量外，为了解决因遗漏变量而导致的误差，本文引入以下4个控制变量：农业发展水平（level of agricultural development，LAD）、网络化水平（level of internet development，LID）、地方财政扶持力度（local financial support，LFS）、金融业发展水平（level of financial development，LFD）。控制变量的含义和指标选取如下：

1. 农业发展水平

农业发展水平体现了农村居民收入情况。近年来，得益于农业科技化、特色化的不断推进，农业发展水平不断提高、农作物种类不断丰富、产量不断增加。这使得农村居民的收入也逐渐增加，较多的闲余资金提高了居民对金融产品的兴趣，这有利于促进当地普惠金融的发展。本文选取农牧渔业年总产值来代表农业发展水平。

2. 网络化水平

网络化水平代表着当地的信息技术发展水平，即对数字化普惠金融服务的获取便捷程度。随着我国 4G、5G 网络的普及，农村的网络化水平逐年提高，互联网用户数也逐年增加，人们足不出户就可以借助互联网，使用手机银行、支付宝、微信等软件，满足金融需求。本文选取农村互联网用户数来代表网络化水平。

3. 地方财政扶持力度

地方财政用于补贴和扶持农村数字普惠金融的支出，体现了当地政府的支持力度。地方数字普惠金融的健康快速发展离不开地方政府的大力支持。同时，政府的政策支持和经济支持，有利于解决农村金融机构无法盈利、盈利较少的问题，并提高其积极性，从而进一步促进农村数字普惠金融发展。本文选择甘肃省用于农业、林业、水务的地方财政支出，来表示地方财政扶持力度。

4. 金融业发展水平

金融业发展水平反映了某地区金融业的繁荣情况，即生产经营活动的现状、金融中介服务的获取难易程度、相关金融附属活动的完善程度。而金融业增加值能够反映某地区金融业的全部基层单位，在一定时期内因从事金融业生产活动而取得的最终成果。本文选取农村金融业增加值来代表金融业发展水平。

本文的变量选取和模型设定参考了陈慧卿、杨公元和严鹏等学者的研究。数字普惠金融指数引用《北京大学数字普惠金融研究报告》中西部某省2011—2018 年 12 个地级市和 2 个自治州的市域数字普惠金融指数。其他各变量数据来源于 EPS（economy prediction system，EPS）全球统计数据/分析平台。各变量描述性统计如表 1 所示：

表 1　变量描述性统计

变量类别	变量描述	样本数量	平均值	最大值	最小值	标准差
被解释变量	农村人均可支配收入（RPI）	112	21 608.72	39 629	9 759.15	6 406.24
核心变量	普惠金融发展水平（Index）	112	164.10	316.07	17.84	65.856 5
控制变量	农业发展水平（LAD）	112	594 311.3	1 232 192	30 990	297 095.8
控制变量	网络化水平（LID）	112	23.86	172.35	2.23	26.416
控制变量	地方财政扶持力度（LFS）	112	258 734.60	787 644	9 895	148 010.1
控制变量	金融发展水平（LFD）	112	236 245.20	2 388 093	22 822	391 166.1

（二）模型设定与检验

1. 模型表达式

在许多实际经济问题研究的过程中，一个因变量往往会受到多个自变量的影响。通过多个自变量的最优组合来估计因变量的模型称为多元回归模型。多元回归模型是计量经济回归分析模型中最基础的模型之一。为了更好地体现变量之间的关系，本文选用多元回归线性模型来进行分析。模型初步设定形式如方程（1）所示。

$$RPI = a_1 Index + a_2 LAD + a_3 LID + a_4 LFS + a_5 LFD \tag{1}$$

其中，a_1、a_2、a_3、a_4、a_5 表示回归系数，μ 表示误差。

2. 模型检验

第一，ADF 检验。

在建立计量经济模型、分析实际问题的过程中，我们经常会遇到非平稳序列数据，通过非平稳序列数据进行建模可能会造成伪回归现象。为了避免伪回归现象，应首先对该模型中的每个变量进行平稳性测试，即 ADF 检验。本文中各变量的 ADF 检验结果如表 2 所示。

表 2　各变量 ADF 检验结果

变量	Levin，Lin & Chu Prob. 值	ADF–Fisher Chi–square Prob. 值	检验结果
RPI	0.000 0	0.004 0	平稳
Index	0.000 0	0.014 4	平稳
LAD*	0.000 0	0.012 4	平稳
LID**	0.000 0	0.000 0	平稳
LFS**	0.000 0	0.000 0	平稳
LFD**	0.000 0	0.000 0	平稳

注：*表示一阶单整序列，**表示二阶单整序列。

从表 2 中的 ADF 检验结果可以看出，农业发展水平是一阶单整序列平稳，网络化水平、地方财政扶持力度和金融发展水平都是二阶单整序列平稳。

第二，协整检验。

由于变量网络化水平、地方财政支出和金融发展水平都是二阶单整序列平稳，为检验变量之间是否存在长期均衡关系，需进一步进行协整检验。本文选用异质面板协整检验中的 Pedroni 检验方法进行检验。检验结果如表 3 所示。

表 3　协整检验结果

变量	Statistic 值	prob.值
Group PP-Statistic	-16. 369 63	0. 004
Group ADF-Statistic	-5. 720 352	0. 000 0

从表 3 可以看出，在 5% 的显著性水平下，变量网络化水平、地方财政支出和金融发展水平三个变量的 P 值都小于 0.05，检验结果不能拒绝原假设，因此变量之间存在长期的均衡关系。

第三，F 检验。

F 检验通常用于确定模型是否存在个体效应。本文分别进行混合模型回归和固体效应模型回归，用 SSEr 表示混合模型残差平方和，用 SSEf 表示固体效应模型残差平方和。其计算公式为：

$$F = \frac{(SSEr-SSEf) / (N-1)}{SSEf (NT-N-K)} \sim F (N-1, NT-N-K) \tag{2}$$

通过以上公式计算得到，在 5% 的显著性水平下，$F = 2.425\ 3 > F\ (13,\ 93) = 1.8$，计算结果拒绝原假设，因此本文选择个体固体效应模型。

第四，模型设定的 H 检验。

经 F 检验，已确认模型中存在个体效应。考虑模型的个体效应可能与变量相关，本文进一步进行了 Hausmann 检验。经典的 Hausmann 检验通过判断变量之间是否存在个体效应或时间效应，进而确定模型的形式，并在模型一致性和有效性之间进行权衡。检验结果如表 4 所示。

表 4　Hausman 检验结果

变量	Chi-Sq. Statistic 值	Chi-Sq. df 值	prob. 值
Cross-section random	33. 665 1	5	0. 000 0

从表 4 中的检验结果可以看出，在 99% 的置信水平下，测试结果拒绝了原假设。Hausmann 检验的原始假设是，个体效应与解释变量无关，而测试结果拒绝了原假设，因此该模型形式选择为个体固定效应模型。

（三）模型回归分析

本文借助 Eviews 软件进行回归分析，通过整理回归结果，得到如下回归模型：

$$\text{RPI} = 42.018\text{Index} + 0.007\text{LAD} + 115.76\text{LID} +$$

$$0.001\text{LFS} - 0.0005\text{LFD} + 8\,676.146 \qquad (3)$$

初步预测模型回归分析结果如表 5 所示。

表 5　初步预测模型回归分析结果

变量	t 值	Std. Error	Prob. 值
Index	8.411 2	4.995 5	0.000 0
LAD	2.368 1	0.002 8	0.020 0
LID	4.599 9	25.166 3	0.000 0
LFS	0.236 9	0.003 5	0.813 2
LFD	−0.356 8	0.001 6	0.722 0

注：R-Squared = 0.907，F-Statistic = 50.796。

由表 5 中的回归结果可知，因变量的变化有 90.7% 是由自变量引起的，即 90.7% 可以通过估计模型来解释。在 5% 的显著性水平下，自由度为 n − 6 = 106，t 统计量的临界值 t（0.025）（106）= 1.99。由表 5 可知，变量中地方财政扶持力度和金融发展水平 t 值都不显著，因此为了提高模型拟合度进一步进行逐步回归，分别剔除上述 t 值不显著的两个变量并且对模型进行逐步回归。除此之外，考虑到变量之间存在的异方差性和序列相关性对回归结果的影响，且选取样本截面数大于时序数，在进行回归时 GLS Weights 中选择 Gross-section weights 进行加权。当剔除经济发展水平并且对模型进行截面加权之后模型拟合度更优。最终模型形式如方程（4）所示。

$$\text{RPI} = 42.4915\text{Index} + 0.0040\text{LAD} + 93.4387\text{LID} +$$

$$0.0050\text{LFD} + 9\,382.847 \qquad (4)$$

最终模型回归分析结果如表 6 所示。

表 6　最终模型回归分析结果

变量	t 值	Std. Error	Prob. 值
Index	11.981 1	3.546 5	0.000 0
LAD	3.166 9	0.001 3	0.002 1
LID	8.542 7	10.937 9	0.000 0
LFS	2.429 0	0.002 1	0.017 0

注：R-Squared = 0.962 9，F-Statistic = 143.58。

（四）实证分析结果

由最终模型回归估计结果可知，数字普惠金融指数、网络化水平、农业发展水平、地方财政支出与农村人均可支配收入水平之间存在正相关关系，即对提高农村收入水平具有积极影响。模型修正之后的可决系数为 0.962 9，表明这些变量能够更好地解释人均可支配收入变化情况。

由最终的模型结果可知，数字普惠金融指数的回归系数为 42.491 5，t 值为 11.981 1，相较于其他控制变量，其 t 值最大。并且在 5% 的显著性水平下，t 值 11.981 1 $> t$（0.025）（107）= 1.97，比较可知数字普惠金融指数的 t 检验是显著的，且数字普惠金融指数的显著性在所有变量中最强。

农业发展水平的回归系数为 0.004 0，这说明农业发展水平的提高对于该省农村地区收入的增加有显著的影响；网络化水平的回归系数为 93.438 7，这说明网络化水平的提高对该省人均可支配收入的增加有显著的影响；地方财政扶持力度的回归系数为 0.005，这说明政府政策上的扶持对农村居民收入的提高也起到关键的作用。

除此之外，从表 6 可以看出，所有变量的 p 值都小于 0.05，说明所有变量都是显著的。其中，普惠金融发展水平和网络化水平的 p 值都为 0，说明这两个变量对被解释变量农村人均可支配收入的解释效果更加明显。

五、研究结论与政策建议

本文通过实证分析发现，数字普惠金融的发展对西部农村居民收入水平的提高确实存在显著增进作用，农村地区是减贫增收的重点地区，因此应该将数字普惠金融的发展重点放在农村地区。不过，西部省（区、市）依旧存在着普惠金融理念不足、金融产品种类较少、金融基础设施建设不完善、监管机制不健全等问题。

促进数字普惠金融发展，提高西部农村居民收入水平，需要从以下四个方面着手：

第一，增强农民普惠金融设施的使用意愿。在农村地区推广普惠金融，应该让广大农民理解普惠金融的内涵和带来的好处。提高农民金融素养，对于农村地区普惠金融发展有着重要的意义。加强金融知识宣传和金融实践教育、加强对农村居民的培训是落实农村地区数字普惠金融发展的重要举措。对于普惠金融概念的理解，有助于农民使用普惠金融工具并且提高对金融产品真伪的辨别能力。

第二，提高农民金融产品使用能力。推广普惠金融首先要站在用户角度思考，提高用户对金融服务的接受程度。要减少用户尤其是农村地区用户对金融服务的排斥心理，需要通过各个渠道和途径对普惠金融进行宣传，比如电视、广播、报纸以及互联网等都可以作为宣传渠道。在利用媒体进行宣传的同时，政府及教育部门也应进行引导，让民众合理看待金融服务，并且增强民众对互联网金融安全的防范意识。

第三，促进农村金融服务产品创新应用。鼓励数字技术发展，助力金融科技创新应用。作为数字普惠金融的技术支持与重要依托，数字技术的发展进步，能够催生更多数字普惠金融产品、金融业务和多元化的数字普惠金融体系。普惠金融的发展，不仅需要金融机构不断探索新的创新金融产品，政府也应提供支持与帮助，鼓励更多高科技人才发挥在互联网金融等领域的特长，为数字普惠金融的发展贡献力量。未来数字普惠金融的具体发展趋势，需要以数字技术的发展方向作为指引，脱离数字技术的普惠金融就不是数字普惠金融。

第四，加大农村地区基础设施建设力度。数字普惠金融基础设施不仅包括一般的金融服务网点，还包括互联网基础建设。城市区域互联网已接近全覆盖，但是农村偏远地区依然缺乏相关设施。因此，在基础建设层面，应把工作重点放在互联网普及和增设金融机构实地网点等方面。

参考文献：

［1］BECK THORSTEN, AUGUSTO DE LA TORRE. The basic analytics of access to financial services, fin ancial markets ［M］. Institutions and Instruments, 2007.

［2］DINIZ, E, R BIROCHI M, POZZEBON. branch Triggers and barriers to financial inclusion: the use of ICT based less banking in an amazon county ［J］. Electronic Commerce Research and Applic ations, 2012, 11（5）: 484-494.

［3］ANZOATEGUI D, DEMIRGü - KUNT A, Martní ez Peraí M S. Remittances and financial inclusion: e vidence from El salvador ［J］. World Development, 2014（54）: 338-349.

［4］ALLEN F, DEMIRGUC-KUNT A, KLAPPER L, et al. The foundations of financial inclusion: understa nding ownership and use of formal accounts ［J］. Journal of Financial Intermediation, 2016（27）: 1-30.

［5］PETERSON K. OZILI. Impact of digital finance on financial inclusion and stability ［J］. Borsa Ist anbul Review, 2017: 5.

［6］唐勇. 推进普惠金融数字化转型的实践与思考 ［J］. 中国农业会计,

2020 (11): 2-4.

[7] 谢升峰, 尤瑞, 汪乐乐. 数字普惠金融缓解农村相对贫困的长尾效应测度 [J]. 统计与决策, 2021 (5): 5-9.

[8] 何文秀. 中国数字普惠金融的区域差异分析 [J]. 统计理论与实践, 2020 (3): 17-22.

[9] 姚凤阁, 李丽佳. 数字普惠金融减贫效应及区域差异研究 [J]. 哈尔滨商业大学学报 (社会科学版), 2020 (6): 3-18.

[10] 向洁, 胡青江, 闫海龙. 数字普惠金融发展的区域差异及动态演进 [J]. 技术经济与管理研究, 2021 (2): 65-70.

[11] 陈欢, 赵子铱. 中国数字普惠金融空间相关性研究 [J]. 产业与科技论坛, 2021, 20 (4): 48-49.

[12] 刘澄清. 以普惠金融促进乡村振兴与包容性增长 [N]. 金融时报, 2021-02-01 (9).

[13] 王长征, 李倩, 周健. 普惠金融支付服务在支持乡村振兴中的作用 [N]. 金融时报, 2021-02-01 (10).

[14] 翟项乐. 数字普惠金融对农民收入影响的实证分析: 以青海省为例 [J]. 上海商业, 2020 (9): 80-83.

[15] 徐军委, 吴昌嵘. 数字普惠金融发展对农民收入影响的实证研究 [J]. 科技智囊, 2020 (9): 23-27.

[16] 杜朝运, 范丁水. 四川普惠金融发展对农民收入的影响研究 [J]. 经济视角, 2020 (5): 22-30.

[17] 韩刚, 赵微. 数字普惠金融对居民消费的影响研究 [J]. 武汉轻工大学学报, 2021, 40 (1): 96-101, 111.

[18] 王永静, 李慧, 王子豪. 数字普惠金融发展影响农民收入的空间效应研究 [J]. 新疆农垦经济, 2021 (2): 63-73.

[19] 李连梦, 吴青. 数字普惠金融对城镇弱势群体收入的影响 [J]. 经济与管理, 2021 (2): 47-53.

[20] 周利, 廖婧琳, 张浩. 数字普惠金融, 信贷可得性与居民贫困减缓: 来自中国家庭调查的微观证据 [J]. 经济科学, 2021 (1): 145-157.

[21] 陈慧卿, 陈国生, 魏晓博, 等. 数字普惠金融的增收减贫效应: 基于省际面板数据的实证分析 [J]. 经济地理: 1-14.

[22] 杨公元, 程淑佳, 杨皓月. 数字普惠金融的农民增收效应研究 [J]. 吉林工商学院学报, 2021, 37 (1): 90-95.

［23］严鹏，杨林娟. 农村普惠金融发展水平测度与影响因素研究：以甘肃省为例［J］. 南方农村，2020，36（6）：4-9.

［24］郭峰，王靖一，王芳，等. 测度中国数字普惠金融发展：指数编制与空间特征［J］. 经济学刊，2020，19（3）：10.

数字金融素养能提高
农民财产性收入吗？

李方华　臧敦刚

（四川农业大学经济学院）

摘要：增加财产性收入是优化农民收入结构从而实现共同富裕的重要举措，而提升数字金融素养是提高农民财产性收入的有效途径。本文以CHFS2017数据为样本，选取"父母受教育最高水平"为工具变量，采用Tobit模型进行了实证检验和机制分析。研究发现，数字金融素养对农民财产性收入具有促进效应，该结果在经过稳健检验和内生性处理后依旧显著；异质性分析发现，数字金融素养对相对贫困户财产性收入的影响更明显，它能提高农民房产、股票、债券和基金的投资收益，但对储蓄和非人民币资产投资的影响不显著；机制分析表明，金融市场参与在数字金融素养对农民财产性收入的影响中发挥了15.31%的中介作用。最后，本文认为应从加快数字乡村建设、发展数字普惠金融和推进农民继续教育等方面，做好农民财产性收入增长的研究与决策。

关键词：数字金融素养；财产性收入；共同富裕

一、引言

居民收入在数量上的稳定增长和结构上的多元优化是巩固当前经济发展成果，促进共同富裕的题中之义。党的十八大以来，我国城乡居民收入不断提高，结构趋向多元，但农民的财产性收入在可支配收入中的比重仍然较低（见图1），城乡居民财产性收入差距也在高位徘徊（见图2）。居民财产性收入过低可能会导致我国陷入"中等收入陷阱"（陈刚，2015），并将成为我国进一步缩小城乡差距的桎梏（金丽馥、史叶婷，2019）。我国在党的十七大首次提出"让更多群众拥有财产性收入"的要求，党的十八大明确提出"多渠道增加居民财产性收入"的指导意见，党的十八届三中全会中形成了关于增加农民财产收入的政策导向，将"赋予农民更多财产权利、增加农民财产性收入"视为解决"三农"问题的要义之一。国家对农民财产性收入增长的重视程度可见一斑。

图1 2013—2019年我国城乡居民财产性收入与可支配收入比值变化

数据来源：中国统计年鉴（2014—2020）。

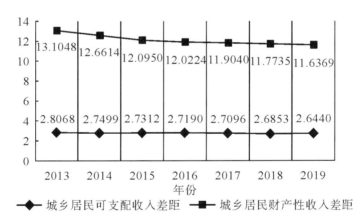

图2 2013—2019年我国城乡可支配收入和财产性收入差距变化

数据来源：中国统计年鉴（2014—2020）。

本文认为农民财产性增长缓慢的原因有三个：一是农民财产的市场准入制度有待完善，二是农村金融市场不够活跃，三是农民的金融素养相对较低。近年来，我国积极开展农民财产确认和登记，搭建和运营农村产权交易平台，逐步打破农民财产进入金融市场的壁垒。同时，内生于数字经济的数字金融在农村扩散，改变传统农村正规金融市场的"疲乏"局面。（数字金融减轻了农民与金融市场之间的信息摩擦、缓解了信贷约束、降低了享受金融服务的门槛、提高了农民参与金融活动的主观意愿，为农民财产性收入增长提供了一个新的契机。）但农民数字金融素养不足阻碍了其从正规金融市场中获得持续的财产性收益。

国际普惠金融联盟（alliance for financial inclusion，AFI）和国际数字金融服务工作小组（digital financial services working group，DFSWG）提出了数字金融素养（digital financial literacy，DFL）的概念。本文参考 AFI 等（2021）的界定，将农民数字金融素养定义为：农民利用数字设备，通过互联网获取和识别金融信息，参与数字金融活动并从正规金融市场中获得收益的综合素质，包括知识、技能、信心和能力。遗憾的是，国内外学者尚未在数字金融素养的研究方面形成代表性成果。从理论上讲，数字金融素养可以帮助农民提高参与正规金融投资的主观意愿，增强获取和处理投资信息的能力，矫正投资过程中的非理性行为，从而获得财产性收入（存在"数字金融素养提高—参与金融投资—财产性收入增长"的路径）。为此，本文以 2017 年中国家庭金融调研数据（CHFS2017）为样本，实证检验数字金融素养对农民财产性收入的影响。

二、文献综述

根据部分发达国家的经验，当一国（地区）人均生产总值超过 2 000 美元时，财产性收入在居民收入中的重要性将逐渐增强（张三峰等，2015）。关于农民财产性收入的研究形成了三个视角：

一是增加农民财产性收入的必要性与重要性。财产性收入增长有利于提高农民绝对收入水平，缩小城乡收入差距（费舒澜，2017），推动我国向高收入国家转型升级（陈刚，2015），实现共同富裕的发展目标（刘志国等，2021）。二是影响农民财产性收入的因素。目前，这一视角又形成了两种不同的观点：第一种观点，主要基于新制度经济学的理论。该理论认为，我国农民的财产产权长期得不到合法确认和农村金融市场不够景气，导致农民无法从持有的财产中获得增益（Zhou et al.，2019；Qiu et al.，2021）。第二种观点，主要基于微观人力资本理论。该理论认为，农民能否从金融市场中获得财产性收入取决于其个人能力，尤其是农民的金融素养。这是农民接受金融产品和服务并增加财产性收入的主观条件（Sayinzoga et al.，2016）。三是提高农民财产性收入的有效途径和方式。孙同全和潘忠（2019）认为，政府应深化农村金融改革、加快农村各类资产的确权、赋予农民更多财产权利、建立起农民资产进入金融市场并获得收益的制度性保障。张号栋和尹志超（2016）建议为农民提供继续教育的机会，减少农民对正规金融的排斥，提高其创造财产性收入的主观动力。近年来，数字金融在农村的渗透引起了广泛关注（Xie et al.，2020；Yu et al.，2021；Ji et al.，2021）。数字金融拥有独特的技术优势，能够降低或规避扩张成本，具有较强的张力和渗透力，已经对农民经济行为、农业融资活动和农村经济发展产生了影响（Liu et al.，2021）。尤其是数字普惠金融在农村的发展，减轻了农村居民与金融市场之间的信息摩擦、缓解了信贷约束、降低了享受金融服务的门槛、提高了农民参与金融活动的主观意愿（Aisaiti et al.，2019），为农村居民财产性收入增长提供了新的契机。但农民数字金融素养低阻碍了数字金融进一步发挥增收效应。

目前，国内外关于数字金融素养的研究较少。国际上，AFI 从 2020 年开始在全球 30 多个国家开展数字金融产品和服务的调研，而后在 2021 年根据调研情况提出数字金融素养。在国内，李东荣（2020）首次提出有关数字金融素养的背景、内涵以及提升消费者数字金融素养的重要性和政策建议。然而，尚未有学者研究数字金融素养与财产性收入的关系。但部分学者认为，提升金融素养有助于处理金融信息（Jiyeon et al.，2019）、应对金融风险（Leora et al.，2013）和增加财产性收入（吴卫星等，2018；Adetunji et al.，2019）。其主要分歧在于金融素养对农民财产性收入的作用机制上：一部分学者基于信息经济学理论，认为金融素养提升能够增加农民获得金融信息的机会，提高农民对金融信息的敏感度和处理能力，进而增加财产性收入（董晓林等，2019）；另一部分学者根据人力资本理论，指出金融素养提升实质是人力资本积累的过程，金融素养越高，从金融市场中获得财产性收入的能力更突出（王修华等，2020；Keyser et al.，2019）。

现有研究有很强的借鉴意义，但还有需要完善的地方：一是鲜有学者关注到数字金融引致的农村金融市场发生的变化，以及由此给农民财产性收入增长带来的改变；二是对数字金融素养的讨论明显不足，关于数字金融素养与农民财产性收入的研究更是尚属空白。基于此，本文的创新及边际贡献在于：一是持续关注农民财产性收入这一热点问题，能够进一步丰富现有成果；二是本文较早关注数字金融素养并首次构建测度指标，或许能成为研究该问题的基础性成果。

三、理论分析与研究假设

微观人力资本理论认为，衡量人力资本投资效果的指标应该是收益率，但人力资本投资往往是一个较长的且会动态变化的过程，投资过程中存在很多的内外部不确定影响因素，按照物化投资的思维计算人力资本收益率是非常困难的。因此，加里·贝克尔（1962）建立了人力资本净收入指标替代人力资本收益率，认为微观决策的人力资本投资效益表现在收入上。数字金融素养是农民的人力资本内涵，是支持农民参与投资的能力。那么，财产性收入增长便是数字金融素养投资所产生的收益表现。在此，我们做出两个假定：一是假定农民产权充分确认并能够进入市场交易，二是假定存在一个制度完备、信息充分和竞争有序的正规金融市场（数字金融市场）。那么，数字金融素养对农民财产性收入存在如下影响机制：

第一，数字金融素养能够缓解农民金融投资的渠道和能力约束。在工资性收入增长变缓、经营性收入不确定性增强和转移性收入无法成为收入主要来源的情况下，农民自身希望通过在金融市场投资获得财产性收入，但投资能力不足和渠道不畅一直是农民投资参与率低的直接原因。随着数字金融素养提升，农民通过互联网即可了解和参与投资活动，突破了渠道壁垒；同时，农民在使用第三方支付软件时逐步培养起数字理财的基础能力，对正规金融产品和服务的排斥得以缓解，参与资产投资的主观意愿和内在能力得以提高，从而增加了通过投资获得收益的动力。

第二，数字金融素养减缓了农民参与投资的成本约束。投资过程一般包括信息获取和判别、资产和资金投入、收益形成和清算。农民在投资过程中将负担的两项显性成本有信息搜寻成本和时间成本，由于农民自身受教育水平偏低，所负担的这两项成本更高，这也是农民投资参与率低的关键原因。而数字金融素养是农民利用数字设备、获取投资信息、做出投资决策并完成投资过程的能力。数字嵌入农村为农民带来了信息红利，农民可以通过手机等软件，快速获得成倍的投资信息，从而降低了信息搜寻和时间成本。在单位收益率不变的情况下，数字金融素养提高了农民投资的总收益率。

第三，数字金融素养减轻了农民投资的风险冲击。金融的不确定性意味着投资会面临风险，尤其在进行股票、债券和基金等投资时，潜在的风险较高。受传统小农观念的影响，绝大多数农民并不偏好风险甚至厌恶风险，这也是农民投资率低的重要原因。但农民具备数字金融素养后，对数字设备所传输的投资信息的辨别能力增强，避免了由于信息不对称或错误信息造成的决策失当，从而避免了投资损失。同时，数字金融素养会增强农民在投资过程中的风险预判和风险规避意识，纠正其非理性投资行为，从而确保其投资安全、收益稳定。

综上所述，提升数字金融素养可以缓解农民投资的能力约束、渠道约束、成本约束和风险约束，进而增强农民的财产投资意愿，最终获得持续的财产性收益。基于此，本文提出假设1。

假设1：数字金融素养对增加农民财产性收入有促进作用。

因此，在理论上存在"数字金融素养—金融市场参与—获得财产性收入"的路径。基于此，本文提出假设2。

假设2：金融市场参与在数字金融对农民财产性收入的影响中发挥中介作用。

四、研究设计

（一）数据来源

本文选用西南财经大学中国家庭金融调查与研究中心2017年开展的中国家庭金融调查（china household finance survey，CHFS）数据。该数据较为详尽地收集了家庭层面的数字技术采纳、数字金融参与，以及股票、基金、债券和房屋售卖等财产性收入情况。本文以调研员对受访者是居住在农村还是居住在城镇为判别标准，分析农民受访数据，通过剔除缺失值和处理极端值后，共计获得7 793个可用样本。

（二）变量选取及描述性统计

1. 数字金融素养

一般地，关于金融素养的定义是了解和掌握金融知识，并将知识转化为能力，在投资中应对风险并为自身创造收益的综合素质，包括知识、能力和风险态度。而数字金融素养是指居民使用数字金融产品和服务、正确判断数字金融信息和做出金融决策，从而为自己创造收益的素质，包括知识、技能、信心和能力（AFI et al.，2021）。在此，需要对"信心"的测度做出说明。农民在接受数字金融服务或产品时，不会与金融供给者面对面交流，双方都处于网络虚拟环境之中。所以，本文以"您是否会在一定程度上相信不认识的人？"题目数据作为代替之一，选择"是"的受访者比选择"否"的受访者对外界和自身更有信心。同时，风险偏好也可在一定条件下判断受访者的自信程度，故本文还选取了衡量风险偏好的题目测度信心。

数字金融素养定义见表1。

表 1　数字金融素养定义

变量名称	维度	代理指标
数字金融素养	知识	您平时是否关注经济和金融方面的信息？是＝1；否＝0
		您是否通过互联网渠道了解和学习金融知识？是＝1；否＝0
	技能	您是否有且会使用智能手机？是＝1；否＝0
		您和家人在支付时是否能够使用电子支付？是＝1；否＝0
		您是否安装且能够使用理财 App？是＝1；否＝0
		您是否使用过互联网浏览和获取网页信息？是＝1；否＝0
	信心	如果有一笔资金用于投资，您是否愿意接受可能出现的损失风险？是＝1；否＝0
		您是否会在一定程度上相信不认识的人？是＝1；否＝0
	能力	假设银行的年利率是 4%，如果把 100 元钱存 1 年定期，1 年后获得的本金和利息为多少？计算正确＝1；计算错误＝0
		假设银行的年利率是 5%，通货膨胀率每年是 3%，把 100 元钱存入银行一年之后能够买到的东西为多少？计算正确＝1；计算错误＝0

2. 变量选取及定义

第一，核心被解释变量：财产性收入（property）。根据国家统计局关于居民财产性收入的定义和测度，从问卷中选取农民存款利息和股票投资收益等数据进行加总。但为得到更为可靠的计量结果，本文将在加总结果的基础上加"1"后取对数度量被解释变量。

第二，解释变量：数字金融素养（DFL）。根据 AFI 等（2021）和李东荣（2020）对数字金融素养内涵的界定，从问卷中选取智能手机和理财 App 使用情况等数据，并参考尹志超等（2014）的方式，采用因子分析法计算出综合指标，用以度量数字金融素养。

第三，控制变量。参考已有研究的普遍做法，选取受访者年龄、性别和婚姻状况等作为控制变量。本文选取的所有变量见表 2。

表 2 变量选取及定义

变量类型	具体变量	代码	定义
被解释变量	财产性收入	property	Ln［（利息收入+股票收益+基金收益+债券收益+非人民币资产收益+房屋售卖收益）+1］
解释变量	数字金融素养	DFL	根据相关题目数据，利用因子分析法计算综合指数
控制变量	性别	sex	男=1；女=0
	年龄	age	2018-出生年月
	受教育程度	education	小学及以下=1；中学=2；大专及以上=3
	婚姻状况	marriage	未婚=1；已婚=2；其他（丧偶等）=3
	健康状况	health	健康=1；不健康=0
	工作类型	type	无工作=0；个体户或务农=1；私人企业=2；公有制企事业单位=3
	住房所有权	house	现住房产权是否自有？是=1；否=0
	工商活动参与	business	是否从事工商业活动？是=1；否=0
稳健检验变量	财产性收入2	property2	利息收入+股票收益+基金收益+债券收益+非人民币资产收益+房屋售卖收益
	数字金融素养2	DFL2	对测度数字金融素养各题目进行等分赋权后加总分数
异质性检验变量	贫困户	poor	2017年是否为贫困户？是=1；否=0
	各项财产收益	deposit 等	Ln［存款利息收入（deposit）+1］；Ln［股票收益（stock）+1］；Ln［基金收益（founding）+1］；Ln［债券收益（bond）+1］；Ln［非人民币资产收益（unrmb）+1］；Ln［房产收益（estate）+1］
工具变量	父母受教育最高水平	P_education	小学及以下=1；中学=2；大专及以上=3
中介变量	金融市场参与	participant	是否参与正规金融市场活动？是=1；否=0

资料来源：根据调查问卷整理所得。

3. 变量描述性统计

表3中汇总了各变量数据描述结果。从表3可以看出：一是农民内部的财产性收入差距较大，最少为0元，而最多高达4 003 700元；二是农民个体之间的数字金融素养差异明显，最小为-0.489，最大可达5.559；三是受访者集中于50岁左右、学历集中在中学及以下、已婚人数占比较大、身体较为健康、工作类型以务农为主、房屋产权基本自有、较少的人经营工商业、贫困户占比较小、父母的教育水平较低以及正规金融市场参与率较低。

表3 变量数据描述性统计

变量	样本量	均值	标准差	最小值	最大值
property	7 793	7. 358	1. 128	0	15. 203
DFL	7 793	0	0. 579	-0. 489	5. 559
sex	7 793	0. 497	0. 500	0	1
age	7 793	48. 286	15. 953	18	80
education	7 793	1. 613	0. 618	1	3
marriage	7 793	1. 930	0. 457	1	3
health	7 793	0. 776	0. 417	0	1
type	7 793	0. 969	0. 793	0	3
house	7 793	0. 820	0. 385	0	1
business	7 793	0. 124	0. 330	0	1
property2	7 793	13 960. 18	138 437. 48	0	4 003 700
DFL2	7 793	11. 575	1. 456	10	20
poor	7 793	0. 187	0. 390	0	1
deposit	7 793	7. 205	0. 777	0	10. 309
stock	7 793	0. 177	1. 316	0	13. 592
founding	7 793	0. 019	0. 421	0	11. 513
bond	7 793	0. 008	0. 257	0	9. 904
unrmb	7 793	0. 178	1. 159	0	8. 517
estate	7 793	0. 224	1. 673	0	15. 202
P_education	7 793	1. 396	0. 489	1	3
participant	7 793	0. 289	0. 453	0	1

（三）计量模型设定

本文在实证分析中拟采用 Tobit、OLS 和截尾回归三种模型。同时，考虑到采用工具变量法处理可能存在的内生问题，故本文还会选用 Tobit 模型。具体设定如下：

$$Property_i^* = \pi_1 \cdot DFL + \pi_n \cdot control + \varepsilon_1 \tag{1}$$

$$Property_i^* = \begin{cases} property_i^* & \text{若 } property_i^* > 0 \\ 0 & \text{若 } property_i^* = 0 \end{cases} \tag{2}$$

式（1）和式（2）中，$proprety_i^*$ 为财产性收入。当 $property > 0$ 时，称为无限制观测值；当 $property = 0$ 时，称为受限观测值。π 为回归系数，ε 为残差项。考虑到内生问题，设置 Tobit 模型如下：

$$Property_i^* = \pi_1 \cdot DFL + \pi_n \cdot control + \varepsilon_2 \tag{3}$$

$$DFL = \rho_1 \cdot IV + \rho_2 \cdot control + \varepsilon_3 \tag{4}$$

式（3）和式（4）设定了在选取工具变量后的处理模型，IV 为 DFL 的工具变量，ρ 表示 IV 和 DFL 的相关系数。

为验证是否存在"数字金融素养—金融市场参与—财产性收入"的影响机制。本文按照温忠麟（2005）的做法，设置以下中介效用模型：

$$\begin{cases} Property = \varphi_1 + \theta_1 DFL + \varepsilon_1 & (5) \\ Participant = \varphi_2 + \theta_2 DFL + \varepsilon_2 & (6) \\ Property = \varphi_3 + \theta_3 Participant + \theta_4 DFL + \varepsilon_3 & (7) \end{cases}$$

其中，φ_1、φ_2、φ_3 是截距项，θ_1、θ_2、θ_3 和 θ_4 是回归系数。若回归系数全部显著，且 $\theta_3 < \theta_2$，则说明中介变量金融市场参与（participant）可以在一定程度上预测被解释变量财产性收入（property）。

五、实证分析

（一）基础回归

表 4 中汇总了数字金融素养与农民财产性收入关系的回归结果。

表 4 数字金融素养与农民财产性收入关系的回归结果

变量	OLS（1）	Tobit（2）	OLS（3）	Tobit（4）
	property	property	property	property
DFL	0.153 ***	0.153 ***	0.149 ***	0.149 ***

表4(续)

变量	OLS（1）	Tobit（2）	OLS（3）	Tobit（4）
	property	property	property	property
	（0.022 1）	（0.022 0）	（0.022 7）	（0.022 3）
sex			0.043 9*	0.043 9*
			（0.026 4）	（0.026 0）
age			−0.004 30***	−0.004 30***
			（0.001 20）	（0.001 04）
education			0.099 3***	0.091 0***
			（0.025 6）	（0.025 0）
marriage			0.128***	0.128***
			（0.043 2）	（0.032 9）
health			0.034 2	0.034 2
			（0.032 2）	（0.032 6）
type			−0.064 4***	−0.064 4***
			（0.017 4）	（0.016 7）
house			−0.041 2	−0.041 3
			（0.028 3）	（0.033 3）
business			0.016 7	0.016 7
			（0.044 2）	（0.039 0）
Constant	7.358***	7.358***	7.363***	7.363***
	（0.012 7）	（0.012 7）	（0.100 0）	（0.097 7）
Obs	7 793	7 793	7 793	7 793
R−sq	0.006		0.011	

注：*、**、*** 分别表示在10%、5%、1%统计水平下显著；括号内数值为稳健性标准误。下同。

从表4可以看出：一是经四次回归后，数字金融素养和农民财产性收入在1%的水平下强烈正相关，意味着数字金融素养能够显著增加农民财产性收入。其原因在于，随着数字金融素养的提升，农民人力资本得到进一步积累，对金融市场所传递的信息更加敏感，利用现有或购置新的财产投入金融市场的意愿增强，保护自身财产及利用财产为自己创造收益的能力提升，从而财产性收入增加。初步实证结果与前文理论分析相符，故暂不拒绝假设 1。二是性别与财产性收入在 10% 的水平下显著正相关，这与大部分中国家庭的内部结构有直接关系。男性在中国家庭中的决策权通常会高于女性，他们有更多的机会利用自家财产参与投资从而获得收入。三是年龄与财产性收入在 1% 的水平下强烈负相关，个体越年轻，往往越偏好风险，年轻时能够通过风险投资获得较多的财产性收入，但随着年龄增长，对风险逐渐转变为中性，甚至趋于厌恶，风险投资的意愿和能力降低，财产性收入随之减少。四是受教育水平与财产性收入在 1% 的水平下与财产性收入强烈正相关，个体文化水平越高，金融知识更丰富，投资能力亦更强，更愿意且更能够从持有的财产中获得收入。五是婚姻状况与财产性收入在 1% 的水平下强烈正相关，男女双方在结婚组合家庭后，财产存量和总收入会增加，利用已有财产产生收益和购买新财产的能力均会提高，财产性收入也会增加。六是工作类型与财产性收入在 5% 的水平下显著正相关，拥有正式工作的农民，其受教育水平相对较高、收入更加稳定、风险承受能力越强，财产性收入更多。

（二）内生性处理

一是农民在投资获得财产性收入的实践过程中对自身的数字金融素养可能会产生影响，并导致反向因果关系；二是某些外生变量可能由于主客观原因未纳入实证模型中，造成遗漏变量问题；三是数字金融素养的测度本身可能存在误差。因而，本文参考尹志超等（2014）的做法，选取"父母受教育最高水平"作为工具变量。通常情况下，父母会将知识、技能和素养通过不同方式传授给子女（受访者），受访者可以通过父母获得金融知识和理财技巧等，自身的数字金融素养会受到影响，但父母的受教育水平与受访者的财产性收入之间没有直接联系。采用 Tobit 模型处理内生问题，结果汇总于表 5。

表 5　数字金融素养与农民财产性收入内生性处理结果

变量	内生性测试	第一步	第二步
Variables		DFL	property
P_education		0.062 9 *** （0.000 2）	
DFL			0.107 ***
			（0.033 1）

表5(续)

变量	内生性测试	第一步	第二步
Wald 统计值	chi2 (1) = 10.23 Prob > chi2 = 0.001 4		
F 统计值			37.73 0.000
控制变量		Control	Control
Constant		0.073 8*** (0.018 4)	5.124*** (0.087 7)
Observations		7 793	7 793

如表5所示,首先,Wald统计值为0.001 4<0.01,表明在1%的水平下显著拒绝了变量外生的原假设,即说明Tobit回归结果存在内生问题。其次,一般情况下,MLE更有效率,但可能不容易收敛,因此本文采用Tobit两步模型。第一步结果表明,工具变量与内生变量在1%的水平下强烈正相关,在一定程度上说明工具变量有效;第二步结果表明,在经过工具变量法处理后,数字金融素养与农民财产性收入在1%的水平下强烈正相关,且系数为0.107、小于基础回归中的0.149,说明基础回归中高估了数字金融素养对农民财产性收入的影响程度,假设1再次通过实证检验。最后,F统计值为37.73。根据已有研究,当F统计值>10时,说明不存在弱工具变量问题,进一步说明本文选取工具变量有效,内生问题得到了较好的解决。

(三)稳健性检验

本文采取三种方式进行稳健性检验。一是替换实证模型,将回归模型替换为截尾回归,即在0处向左截尾后进行回归,见表6中的模型(1)。二是替换核心变量,一方面,将被解释变量由"property=Ln(各项财产收益之和+1)"替换为"property2=各项财产收益之和"后进行回归,见表6中的模型(2);另一方面,采取主观赋权法重新测度数字金融素养,如在题目"假设银行的年利率是4%,如果把100元钱存1年定期,1年后获得的本金和利息为多少?"中,"计算正确"赋权2分,"计算错误"赋权1分。其他题目均按此标准赋权,后将DFL替换为DFL2进行回归,见表6中的模型(3)。三是缩小样本量,剔除小于22岁和大于60岁的受访样本,然后进行回归,见表6中的模型(4)。其原因在于,22岁以下的农民积蓄较少,投资基础薄弱,且在家庭投资中的决策权不强;而60岁以上的农民缺乏金融知识,且对风险的厌恶程度上升，投资的能力和意愿较低。

表6　数字金融素养与农民财产性收入稳健检验结果

变量	替换模型	替换变量		缩小样本量
	Truncreg（1）	Tobit（2）	Tobit（3）	Tobit（4）
	property	property2	property	property
DFL	0. 149 *** （0. 022 3）	10 978 *** （2 741）		0. 167 *** （0. 059 4）
DFL2			0. 077 4 *** （0. 008 87）	
控制变量	Control	Control	Control	Control
Obs	7 793	7 793	7 793	6 895

　　从结果来看，无论是替换模型、替换核心变量还是缩小样本量，数字金融素养和农民财产性收入均在1%的水平下强烈正相关，假设1得到不拒绝的验证。其余变量结果也与基础回归结果基本一致，说明本文实证基本通过稳健检验，结果可靠可信。

（四）异质性检验

本文按照两种思路进行异质性检验：一是按是否为贫困户进行分类回归［见表7中的模型（1）和模型（2）］。尽管我国目前已摆脱了绝对贫困，但相对贫困依旧存在，王修华和赵亚雄（2020）指出，过去的绝对贫困户会成为相对贫困的主要群体。因此，本文选取"您家2017年是否为贫困户"作为异质性检验变量，能够在一定程度上反映数字金融素养和农民财产性收入的关系在相对贫困和非贫困群体之间的异质性。二是对数字金融素养与不同的财产收益进行分类回归［见表7中的模型（3）至模型（8）］。本文认为数字金融素养对农民不同的财产投资的影响程度不同，所以本文分别将股票、基金等投资收入作为被解释变量，检验数字金融素养在不同的财产投资之间存在的差异。

表 7　数字金融素养与农民财产性收入异质检验结果

检验标准	按是否贫困		按不同类型的财产收益						
	Poor=1	Poor=0							
Var	Tobit (1)	Tobit (2)	Tobit (3)	Tobit (4)	Tobit (5)	Tobit (6)	Tobit (7)	Tobit (8)
	property	property	deposit	stock	founding	bond	unrmb	estate
DFL	0.158*** (0.049 1)	0.138*** (0.025 0)	0.013 4 (0.010 4)	10.23*** (1.151)	9.955*** (3.025)	8.317** (4.191)	1.101 (0.957)	4.139** (1.631)
Constant	7.211*** (0.225)	7.398*** (0.108)	7.336*** (0.067 6)	−41.95*** (6.853)	−104.3*** (30.82)	−129.2** (55.18)	−48.52*** (5.571)	−75.80*** (10.08)
Obs	1 457	6 336	7 793	7 793	7 793	7 793	7 793	7 793

如表 7 所示，无论是贫困户还是非贫困户，数字金融素养与其财产性收入均在 1% 的水平下强烈正相关，但从系数来看，数字金融素养对提升贫困户财产性收入的作用更为显著。按照后发优势理论，尽管贫困户的初始禀赋不及非贫困户，但通过政府的软基础设施扶持，如职业技能培训、职业素养教育和数字技术应用培训等，贫困户的内在禀赋可以达到甚至超过非贫困户，从而内生发展速度会更快。这也就意味着，贫困户在扶贫政策的支持下，数字金融素养提升更为明显，对其财产性收入的影响也更为显著。这也为我国治理相对贫困提供了参考。数字金融素养除与储蓄收益和非人民币资产收入不相关外，与其他财产收入均为正相关。其原因在于，数字金融素养越高的居民，参与投资活动的意愿和能力越强，识别、承受和应对风险的能力也更强，他们能够从正规金融市场中获得更多的收入。但到银行物理网点储蓄剩余收入是农民传统的理财方式，并不会因为是否具备数字金融素养而发生变化。同时，农民在日常生活中接触非人民币资产的机会相对较少，因此数字金融素养对非人民币资产的影响暂不明显。

六、机制分析

数字金融素养对农民财产性收入影响中，一部分为直接影响，另一部分为间接影响。现有较多的观点认为，金融素养会通过影响居民的金融市场参与意愿，进而影响财产性收入。基于此，本文拟验证是否存在"数字金融素养—金融市场参与—财产性收入"的影响机制。本文以"金融市场参与"为中介变量进行中介效应检验，结果见表 8、表 9、表 10。第一步［模型（1）］进行数字金融素养与财产性收入的 Tobit 回归，结果显著正相关；第二步［模型（2）］进行数字金融素养与金融市场参与（中介变量）的 Probit 回归，结果显著正相关，说明数字金融素养提高会提升农民参与金融市场的意愿；第三步［模型（3）］进行数字金融素养、金融市场参与和财产性收入的 Tobit 回归，结果均显著正相关，说明数字金融素养对农民财产性收入的影响中存在"金融市场参与"的部分中介效应。

表 8　金融市场参与的中介效应检验结果

检验标准	Tobit（1）	Probit（2）	Tobit（3）
Var	property	participant	property
DFL	0. 149 *** （0. 022 3）	0. 176 *** （0. 025 1）	0. 136 *** （0. 022 1）

表8(续)

检验标准	Tobit（1）	Probit（2）	Tobit（3）
participant			0.048 8 ***
			(0.018 2)
控制变量	Control	Control	Control
Constant	7.358 ***	−0.559 ***	7.344 ***
	(0.012 7)	(0.015 1)	(0.015 1)

表 9　Soble 检验结果

类别	检验值
$p> \mid z \mid$	0.031 0
Total effct	0.153 1

表 10　Bootstrap 检验结果

类别	$p> \mid z \mid$	检验值
Indirect effect	0.076	(−0.003 264，−0.011 57)
Direct effect	0.000	(0.106 997 2，0.192 890 6)

本文还进行了中介效应的 Soble 检验。从结果来看，存在部分中介效应，且中介效用为 15.31%，即数字金融素养对财产性收入的影响中有 15.31% 来自金融市场参与的中介效用。同时，还进行了 Bootstrap（500）检验，结果同样显示部分中介效应通过检验，假设 2 得到验证。

七、研究结论与政策建议

在优化农民收入结构和数字金融（数字普惠金融）快速发展的背景下，研究数字金融素养与农民财产性收入之间的关系具有前瞻性和重要意义。本文以2017 年中国家庭金融调查数据为样本，采用含有内生变量的 Tobit 模型对数字金融素养与农民财产性收入关系进行了实证检验和机制分析。研究发现：一是数字金融素养与农民财产性收入正相关，即数字金融素养提升有利于增加农民财产性收入；二是数字金融素养对相对贫困农民财产性收入的影响更为明显；三是数字金融素养不会影响农民的储蓄和非人民币财产投资收益，但对房产售卖、股票、债券和基金投资收入均有正向影响；四是数字金融素养对财产性收入的影响中有 15.31% 来自金融市场参与的中介效用。

提高农民数字金融素养和财产性收入既离不开"有为政府"的政策设计，也要依托"有效市场"，尤其是金融市场的创新改革，还需要"有识农民"的主动作为。因此，在研究结论的基础上，本文提出如下政策建议：

第一，加快推进数字乡村建设，重点推动农村数字普惠金融发展。当前，我国已经进入乡村振兴阶段。在数字经济的浪潮下，政府不仅应做好数字乡村建设的顶层设计，还应以市场为主体，辅之以财政手段，推动数字乡村建设各项计划的尽快落地，确保在"十四五"能够全面实现村村网络覆盖、户户网络畅通，为数字经济在农村的发展提供基础保障。同时，发展好数字普惠金融将有利于农村产业融资和农村金融改革，有利于提升经济和金融发展的福利效应。总之，数字乡村建设和数字普惠金融发展将会给农民增加财产性收入创造良好的外部环境，这也是财产性收入增加的前提条件。

第二，深化农村金融改革与创新，增强金融普惠性。部分金融机构在农村地区的系统性负投资带来的"后遗症"和非正规金融的蔓延，导致农村正规金融市场不活跃，成为农民财产性收入增长缓慢的原因之一。因此，应加快农民财产确权，赋予农民更多财产权利，持续深化农村金融改革，创新适合农村客户群体的产品和服务，增强传统金融机构服务乡村、服务农民的意愿和意识，提高现代金融的普惠性。最终构建起涵盖储蓄、股票、基金、保险和期货等的完善的农村金融市场体系，为农民进入金融市场提供基础保障，引导农民参与金融活动，增加财产性收入。

第三，推进农村继续教育体系建设，培育新时代有识农民。我国农民受教育水平普遍较低，导致农民群体的数字金融素养总体偏低。在数字乡村不断建设、数字普惠金融不断发展和农村金融市场体系不断完善的背景下，亟须提升农民的数字金融素养。因此，政府应谋划和实施农民继续教育工作，可以和金融机构合作成立农村数字金融培训工作小组，定期对农民开展继续教育。引导和培训农民接触和使用数字设备，普及数字金融产品和服务，提高农民对数字金融的信任程度，从而提升农民的数字金融素养，增强其利用财产投资或进行风险投资的能力，最终增加财产性收入。

参考文献：

[1] 陈刚. 金融多样性与财产性收入：基于增长和分配双重视角的审视 [J]. 当代财经，2015（3）：44-55.

[2] 金丽馥，史叶婷. 乡村振兴进程中农民财产性收入增长的瓶颈制约和

政策优化 [J].青海社会科学，2019（3）：87-93.

[3] 张三峰，杨德才.金融发展促进城乡居民财产性收入增长吗？基于 1999—2010 年省际面板数据的经验研究 [J].当代经济管理，2015，37（8）：86-92.

[4] 费舒澜.禀赋差异还是分配不公？基于财产及财产性收入城乡差距的分布分解 [J].农业经济问题，2017，38（5）：55-64.

[5] 刘志国，刘慧哲.收入流动与扩大中等收入群体的路径：基于 CFPS 数据的分析 [J].经济学家，2021（11）：100-109.

[5] 孙同全，潘忠.新中国农村金融研究 70 年 [J].中国农村观察，2019（6）：2-18.

[7] 张号栋，尹志超.金融知识和中国家庭的金融排斥：基于 CHFS 数据的实证研究 [J].金融研究，2016（7）：80-95.

[8] 李东荣.提升消费者数字金融素养需多方协力 [J].清华金融评论，2020（6）：23-24.

[9] 吴卫星，吴锟，王琔.金融素养与家庭负债：基于中国居民家庭微观调查数据的分析 [J].经济研究，2018，53（1）：97-109.

[10] 晓林，戴月，朱晨露.金融素养对家庭借贷决策的影响：基于 CHFS2013 的实证分析 [J].东南大学学报（哲学社会科学版），2019，21（3）：44-52.

[11] 王修华，赵亚雄.数字金融发展是否存在马太效应？：贫困户与非贫困户的经验比较 [J].金融研究，2020（7）：114-133.

[12] 尹志超，宋全云，吴雨.金融知识、投资经验与家庭资产选择 [J].经济研究，2014，49（4）：62-75.

[13] 温忠麟，侯杰泰，张雷.调节效应与中介效应的比较和应用 [J].心理学报，2005（2）：268-274.

[14] ZHOU Y, SHI X, JI D, et al. Property rights integrity, tenure security and forestland rental market participation: evidence from jiangxi province, China [J]. Natural Resources Forum, 2019, 43（2）：95-110.

[15] QIU T, ZHANG D, CHOY S T B, et al. The interaction between informal and formal institutions: a case study of private land property rights in rural China [J]. Economic Analysis And Policy, 2021, 72：578-591.

[16] SAYINZOGA A, BULTE E H, LENSINK R. Financial literacy and financial behaviour: experimental evidence from rural rwanda [J]. Economic Journal,

2016, 126 (594): 1571-1599.

[17] XIE W, WANG T, ZHAO X. Does digital inclusive Finance promote coastal rural entrepreneurship? [J]. Journal of Coastal Research, 2020 (3): 240-245.

[18] YU C, JIA N, LI W, et al. Digital inclusive finance and rural consumption structure — evidence from peking university digital inclusive financial index and China household finance survey [J]. China Agricultural Economic Review, 2021 (2).

[19] JI X, WANG K, XU H, et al. Has digital financial inclusion narrowed the urban-rural income gap: the role of entrepreneurship in China [J]. Sustainability, 2021, 13 (15).

[20] LIU Y, LIU C, ZHOU M. Does digital inclusive finance promote agricultural production for rural households in China? research based on the Chinese family database (CFD) [J]. China Agricultural Economic Review, 2021, 13 (2): 475-494.

[21] AISAITI G, LIU L, XIE J, et al. An empirical analysis of rural farmers' financing intention of inclusive finance in China the moderating role of digital finance and social enterprise embeddedness [J]. Industrial Management & Data Systems, 2019, 119 (7): 1535-1563.

[22] SON J, PARK J. Effects of financial education on sound personal finance in Korea: conceptualization of mediation effects of financial literacy across income classes [J]. International Journal of Consumer Studies, 2019, 43 (1): 77-86.

[23] KLAPPER L, LUSARDI A, PANOS G A. Financial literacy and its consequences: evidence from Russia during the financial crisis [J]. Journal of Banking & Finance, 2013, 37 (10): 3904-3923.

[24] ADETUNJI O M, DAVID-WEST O. The Relative impact of income and financial literacy on financial inclusion in Nigeria [J]. Journal of International Development, 2019, 31 (4): 312-335.

[25] KEYSER N, DUVENHAGE C. Construct validity of a financial literacy instrument [J]. Journal of Psychology in Africa, 2019, 29 (5): 460-465.

"双碳"目标下数字普惠金融
对农业绿色低碳发展的影响研究

洪程程　申云

（四川农业大学经济学院）

摘要： 数字普惠金融对农业绿色低碳高质量发展和实现"双碳"目标有重要作用。本文基于中国31个省（自治区、直辖市）2011—2018年的省际面板数据，分析了"双碳"目标背景下数字普惠金融对农业绿色低碳发展的影响效果及其作用机制。研究结果表明，数字普惠金融有利于促进农业绿色低碳发展，数字普惠金融指数每提升一个单位，就可以提高1%的农业绿色低碳发展水平。从作用机制来看，数字普惠金融可以通过降低农业碳排放强度、提高农业生产社会化服务水平和农业产业融合发展深度，助推农业绿色低碳高质量发展。其中，农业碳排放强度的降低与农业生产社会化服务水平的提高都会提升农业绿色全要素生产率，从而助推农业的绿色低碳发展；农业产业融合发展深度的提高会催生出农业绿色新兴产业业态，助力农业绿色产业发展。加快数字普惠金融基础设施建设和数字化服务体系构建，推进农业绿色减排固碳和提高绿色农产品供给尤为重要。

关键词： 绿色低碳农业；数字普惠金融；绿色经营体系

一、引言

农业绿色低碳发展是实现乡村振兴和"双碳"目标下经济高质量发展的必由之路。2021年9月，由农业农村部等六部委联合印发的《"十四五"全国农业绿色发展规划》提出，以高质量发展为主题，以构建绿色低碳循环发展的农业产业体系为重点，对"十四五"时期农业绿色低碳发展做出了系统安排，其中特别强调了金融要素的重要性。就现有的普惠金融方式而言，传统普惠金融方式成本较高，在实际运行中具有较大的制约性（姚耀军，2017）。数字普惠金融利用数字技术和互联网科技等手段，可以有效提升金融资源配置效率、降低融资成本，从而弥补传统普惠金融的不足。如何发挥数字普惠金融在优化资金要素和绿色资源配置中的积极作用，助推农业绿色低碳高质量发展，成为社会各界广泛关注的问题。

长期以来，数字金融发展作为一种绿色低碳发展方式，借助数字技术在降低金融资源能耗和绿色环保方面发挥着重要作用。同时，数字金融也有利于传统金融和绿色金融的服务效率，带动传统普惠金融的转型，实现数字技术和金融普惠在农业绿色减排、产业效率提升层面的促进作用，降低碳交易成本和提升交易效率。然而，数字普惠金融发展本身具有一定的门槛，导致数字普惠金融在不同区域和不同人群中的绿色低碳发展成效各异，测度不同数字普惠金融的区域差异在激励引导农业绿色低碳发展中的作用效果以及揭示其作用机制，对于倡导绿色金融的数字化转型和开展"碳金融"交易具有重要理论价值。因此，本文以中国 31 个省（自治区、直辖市）数字普惠金融发展水平与农业绿色低碳发展水平为研究对象，基于北京大学数字金融中心编制的中国数字普惠金融发展指数（2011—2018）并将其与相关数据进行匹配，重点探索数字普惠金融对农业绿色低碳高质量发展的作用机制与影响效应，以期为更好地推动数字普惠金融发展、促进农业快速实现绿色转型提供理论指导。

二、理论逻辑与研究假说

（一）数字普惠金融对农业绿色低碳发展的研究回顾

党的十九大以来，新发展理论指引农业绿色低碳发展成为经济高质量发展的重要组成部分。已有研究大多聚焦农业绿色低碳发展的内涵和水平的测度。由于农业绿色低碳发展本身具有长期性、复杂性、综合性、地域性等特征，难以通过单一指标对其进行刻画。通常，学术界基于农业绿色低碳发展的内涵、国家生态文明建设理念以及农业现代化发展要求等维度来构建测算农业绿色发展水平的指标体系。例如，黄炎忠（2017）、魏琪（2018）基于国家生态文明建设理念和农业现代化发展要求两个方面，分别构建了我国农业绿色生产水平评价体系与农业绿色发展水平指标评价体系。张建杰（2020）基于农业绿色发展理念，从社会发展、农业生产、资源投入、生态环境四个维度构建农业绿色发展水平测度体系。巩前文（2020）基于生态文明理念，在界定农业绿色发展的基础上从低碳生产、经济增收、安全供给三个维度构建我国农业绿色发展水平评价体系。此外，肖华堂和薛蕾（2021）则从产品质量、生产效率、生态环境和发展动力四个维度出发，构建相应的农业绿色发展评价指标体系。

随着全球气候变暖问题的日益严峻，为实现"碳达峰""碳中和"的目标，如何通过数字普惠金融与绿色金融来助推农业实现绿色高质量发展的研究成为关注的热点。现有关于数字普惠金融与农业绿色低碳发展的研究主要集中在三个方面：

第一，数字普惠金融对农业低碳绿色生产效率和技术创新及应用有重要作用。绿色农业具有生产周期长、投入回报率不稳定等特点（刘帅，2021），除主要政府给予的政策优惠外，还需借助金融的支持。但金融排斥现象在农村地区普遍存在（董晓林，2013），使得传统金融服务难以满足农业绿色生产的要求。数字普惠金融发展加快了绿色生产技术的推广应用，提升了绿色生产的精准性和科学性，也间接带动了绿色金融的发展，将绿色金融资源更多地倾向于重大绿色基础设施和制造业服务，对绿色农业发展支持力度不足（马骏，2021），而数字普惠金融则在农业绿色低碳发展方面发挥较好的助推作用。郑雅心（2020）发现，数字普惠金融能够显著促进区域创新产出，催生出绿色技术与服务应用于农业生产（芦千文，2021），从而大幅降低农业污染、减少碳排放，进而提高资源利用效率。此外，数字普惠金融的产品、服务创新，有助于发挥数字农业保险在蔬菜种植层面的服务效能，强化农业生产过程中的污染防治来降低碳排放强度，促进绿色生产（张军伟，2021）。同时，在数字普惠金融服务农村区域的过程中，可间接提升农户金融素养（陈池波，2021；彭澎，2021；周雨晴，2020；路晓蒙，2019），促使金融素养越高的农户在绿色生产与生态保护等领域表现出较强的意识与数字化技能（苏岚岚，2021），使得农户更加注重农业的绿色生产。

第二，数字普惠金融对农业绿色低碳产业体系建设也有重要作用。一方面，数字普惠金融对绿色农产品和产业融合起促进作用。何宏庆（2020）发现，数字普惠金融可以通过提升金融渠道的便利性、扩大低收入"长尾"农户的融资范围和信贷可得性等渠道促进农村产业融合发展。农村产业融合发展水平的提高进而催生出休闲农业与乡村旅游等新业态（齐文浩，2021），且数字普惠金融不同业务带来的贡献度由大到小分别为信贷业务、支付业务和保险业务（张岳，2021）。另一方面，数字普惠金融发展也有利于集聚绿色农业产业发展人才，提高人才的集聚效应。通过数字普惠金融的人才聚集效应与技术创新来加快农业绿色产业体系的建立（何婧等，2021），同时促进县域产业升级，促进农民收入增长（张林，2021）。

第三，数字普惠金融对农业绿色经营既有促进作用也有负面效应。陆杉

（2021）发现，农村金融机构能够借助数字技术打破农村金融市场的信息壁垒，降低绿色农业生产主体的经营风险。此外，在数字普惠金融的帮助下，电商参与会提升消费者对绿色农产品的认可度，增强生产者的绿色生产意识、增加绿色高质量农产品的供给（李晓静，2021），从而促进农业绿色经营体系的建立。

综上所述，现有文献就数字普惠金融与农业绿色低碳发展之间的关系进行了丰富而深入的研究，为相关领域的进一步研究奠定了坚实基础，但也存在以下不足：一是较多学者聚焦数字普惠金融的绿色生产效应测度及作用机制的检验，但绿色生产与绿色经营以及绿色产业链的形成是相互统一的，三者之间并非割裂状态，需要从更加全面、客观的视角测度数字普惠金融影响农业绿色低碳发展的作用效果，并检验其作用机制。二是由于已有研究侧重农业绿色生产效率提升来实现农业绿色低碳发展，而在"双碳"背景下农业绿色低碳发展需要系统性的思维来构建绿色农业发展指标体系，测度的指标既要考虑农业的绿色化发展，也要考虑农业产业和经营的数字化水平。相关研究受数字技术应用的限制使得相关指标的测度相对薄弱，需要进一步综合全面的构建农业绿色低碳发展及数字化转型的指标体系。在此背景下，本文尝试构建农业绿色生产、绿色经营及绿色产业发展"三位一体"的农业绿色低碳发展指标体系，从而从理论和实证层面厘清数字普惠金融如何促进农业绿色低碳发展的作用机制和作用效果，进而为推动农业实现"双碳"目标提供理论和经验证据支撑。

（二）数字普惠金融对农业绿色低碳发展的影响机理

1. 数字普惠金融与农业绿色低碳发展

农业绿色低碳发展是一个多维性质的概念，而数字金融也具有多维性，主要包括覆盖广度、使用深度以及数字化程度等（郭峰，2020），但数字普惠金融以金融服务实体经济发展为根本目标，即实现普惠性与金融服务的统一。数字普惠金融这一根本宗旨缓解了农村金融市场中普遍存在的金融排斥现象，使得农村金融市场中的弱势群体从中获益，这不仅有利于农村金融的健康发展，也有利于农业农村的整体性发展。进一步而言，数字技术能够降低信息搜寻成本与交易成本，拓宽了农业进行生产融资的渠道。一方面，随着数字普惠金融服务向农村及偏远地区的下沉，服务农民及涉农企业的业务逐渐线上化、数字化，在降低农民及涉农企业服务融资成本的同时也提高了服务的便利性；另一方面，数字普惠金融基于大数据、云计算、区块链以及人工智能等前沿金融科技手段，可以大幅降低农村金融体系中存在的信息不对称现象，有效降低由此引发的金融风险。此外，数字普惠金融也可以通过线上、线下等渠道向农业生产主体提供种子、农具、化肥等投入要素，同时还可以传播最新的绿色农业种植技术，从而有助于提高农业技术水平、促进农业绿色低碳发展。此外，数字普惠金融的应用在农户及不同主体中的接受程度往往存在异质性，使得其作用效果也可能具有较大的差异。基于此，本文提出假设1。

假设1：数字普惠金融有助于农业的绿色低碳发展，但受制于数字技术应用而带来异质性效果。

2. 数字普惠金融对农业绿色低碳发展的影响机制

一方面，现阶段的农村金融市场存在严重的"金融排斥"的现象，农户在储蓄、信贷两个方面均受到不同程度的排斥（王修华，2013），除政策性资金支持外，互联网金融也逐渐参与农业生产（粟芳，2020）。数字普惠金融凭借数字技术打破地理空间束缚，优化农村金融市场要素合理配置、创新金融服务模式、缓解信息不对称问题，助推"三农"优质、高效、可持续发展（温涛，2020）。数字普惠金融发展能够促进技术创新来降低能源消耗，进而降低二氧化碳排放（贺茂斌，2021），推进碳交易市场的发展和形成（严成樑，2016），进而提升农业绿色全要素生产率。另一方面，随着数字普惠金融业务下沉至农村基层，为农业社会化服务组织带来了先进技术与理念，提高了农业生产社会化服务水平。而农业生产社会化服务在助推农业绿色低碳发展方面起着向农户传授技术与经验方法等正向的促进作用（李翠霞，2021），使得农业生产主体可以尽快掌握先进的农业生产技术，科学、高效地进行农业生产，减少农药、化肥的使用，从源头减少污染，从而促进农业绿色低碳发展。此外，数字普惠金融除了可以引导资金进入农业产业外，还可以为农业绿色低碳发展提供更多服务。数字普惠金融发展有助于推动服务模式的创新和传播，为更多涉农金融机构提供了经验与模式（黄迈，2019），有助于促进农业产业链的融合与转型发展。在数字普惠金融背景下，数字技术的突破与发展推动农村产业的融合发展（冯贺霞，2020），也有助于开发农业新兴产业业态与功能（易加斌，2021），农业绿色产业新业态开始大量产生，从而促进农业绿色低碳发展。相应的作用机制如图1所示。

基于此，本文提出假设2。

假设2a：数字普惠金融通过降低农业二氧化碳排放、提升农业绿色全要素生产率，进而促进农业的绿色低碳发展。

假设2b：数字普惠金融通过提高农业生产社会化服务水平、提升农业绿色全要素生产率，进而助推农业的绿色低碳发展。

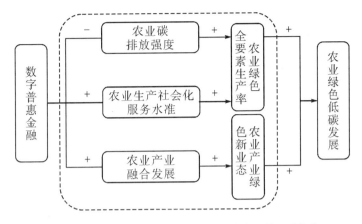

图 1　数字普惠金融影响农业绿色低碳发展的理论框架

假设 2c：数字普惠金融通过推动农业产业融合发展，开发农业新兴产业业态与功能，进而助推农业的绿色低碳发展。

三、农业绿色低碳发展水平测度

（一）农业绿色低碳发展指标体系构建

基于上述的研究内容可知，农业绿色低碳发展水平的内涵较为丰富，除了农业绿色生产之外，还需要考虑农业的绿色经营、绿色产业发展等问题，这也是《中共中央 国务院关于实施乡村振兴战略的意见》中提出的加快构建现代农业产业体系、生产体系以及经营体系的主要内容。因此，本文基于农业绿色生产、绿色经营、绿色产业三个体系维度构建农业绿色低碳发展指标体系。

在农业绿色生产方面，农业生产资源的高利用率与污染减排应是农业绿色低碳发展的应有之义。因此，本文选择耕地复种指数、节水灌溉面积比重两个指标反映资源节约情况；以农业 COD 排放强度、农业氨氮排放强度反映污染减排情况。在农业绿色经营层面，农业绿色经营体系是农业绿色低碳发展的重要支撑，以绿色化经营理念转变经营模式。本文主要基于涉农企业视角，从绿色管理的角度出发构建绿色经营一级指标。以绿色产出、绿色销售、绿色运营来反映农业绿色管理水平。在农业绿色产业方面，农业绿色产业体系建设应是农业绿色低碳发展的重要目标，基于农业产业绿色化发展的转型支撑与产业升级两个视角构建一级指标。以专业人才支撑、先进技术支撑衡量农业（绿色）转型的技术支撑，以农业产业发展水平与休闲农业发展水平衡量农业产业转型升级发展情况。在此基础上，本文综合考虑各个指标数据的可获得性等因素，构建 2011—2018 年我国农业绿色低碳发展水平测度指标体系（见表 1）。

表 1　农业绿色低碳发展指标体系

一级指标	二级指标	三级指标	计算公式	属性	指标含义	数据来源
绿色生产	资源节约	耕地复种指数	农作物总播种面积/耕地面积	负向	衡量土地资源绿色低碳利用效率	国家统计局网站、《中国农业统计年鉴》
		节水灌溉面积比重	节水灌溉面积/总灌溉面积	正向	衡量农业生产者绿色低碳发展意愿	国家统计局网站、《中国农业统计年鉴》
	污染减排	农业COD排放强度	农业COD排放总量/耕地面积	负向	减少农业生产污染排放	《中国环境统计年鉴》《中国农业统计年鉴》
		农业氨氮排放强度	农业氨氮排放总量/耕地面积	负向	减少农业生产污染排放	《中国环境统计年鉴》《中国农业统计年鉴》
绿色经营	绿色管理	绿色产出水准	绿色食品生产基地个数	正向	增强绿色环保理念意识	《中国品牌农业年鉴》
		绿色销售水准 绿色运营水准	绿色食品产量 认证绿色食品企业数量	正向	衡量绿色销售水平 衡量绿色运营主体水平	《中国品牌农业年鉴》《中国品牌农业年鉴》
绿色产业	转型支撑	专业人才支撑	农业科技人员数量	正向	衡量人才支撑水平	《中国科技统计年鉴》
		先进技术支撑	发明专利申请授权量	正向	衡量科技支撑水平	《中国科技统计年鉴》
	产业升级	农业产业发展水平	农业产值/农林牧渔业总产值	正向	衡量农业总体发展水平	《中国休闲农业年鉴》、各省区市《统计年鉴》《国民经济和社会发展公报》
		休闲农业发展水平	休闲农业产值/农业总产值	正向	提高农业产业融合程度	《中国休闲农业年鉴》、各省区市《统计年鉴》《国民经济和社会发展公报》

注：一级指标绿色生产、绿色经营、绿色产业的权重分别为 0.264、0.326、0.410。

（二）数据处理与测算

1. 数据无量纲化处理

为了解决数据因量纲不一致导致的不可比性问题，本文采用极值法对原始数据进行标准化处理。其计算公式如下：

正向指标的标准化公式：

$$u_{ij} = \frac{x_{ij} - \min(x_{ij})}{\max(x_{ij}) - \min(x_{ij})} \tag{1}$$

负向指标的标准化公式：

$$u_{ij} = \frac{\max(x_{ij}) - x_{ij}}{\max(x_{ij}) - \min(x_{ij})} \tag{2}$$

其中，u_{ij} 为第 i 年、第 j 个评价指标的标准化处理结果，x_{ij} 为第 i 年、第 j 个评价指标的原始值，$\max(x_{ij})$、$\min(x_{ij})$ 分别代表原始值的最大值和最小值。

2. 熵值法确定指标权重

为了构建省际层面的农业绿色低碳发展水平的可比数据，本文采用熵值法确定指标权重。每个指标熵的计算公式如下：

$$E_i = -\ln(n)^{-1} \sum_{i=1}^{n} p_{ij} \ln p_{ij} \tag{3}$$

其中，$p_{ij} = u_{ij} / (\sum_{i=1}^{n} u_{ij})$。如果 $p_{ij} = 0$，则定义 $\lim_{p_{ij} \to 0} p_{ij} \ln p_{ij} = 0$。由此可以算出各个指标的信息熵 E_1，E_2，$\cdots$，E_i，最后测算出相应的权重。其计算公式如下：

$$W_i = \frac{1 - E_i}{K - \sum E_i} \tag{4}$$

3. 农业绿色低碳发展水平测度

以各指标无量纲化处理后的标准值与熵值权重进行累乘加总后即可得到各一级指标和总指标的农业绿色低碳发展水平发展指数。其计算公式如下：

$$GLA_{ij} = u_{ij} \times W_i \tag{5}$$

（三）农业绿色低碳发展水平测度结果分析

基于上文构建的农业绿色低碳发展水平指标体系与测算方法，本文测算出中国 31 个省（自治区、直辖市）2011—2018 年农业绿色低碳发展水平测度结果（见表 2）。总体而言，2011—2018 年，我国农业绿色低碳发展水平呈现出明显上升的趋势，但区域间发展差异较为明显。从各省份 2011—2018 农业绿色低碳发展水平测度结果均值来看，江苏省、浙江省、北京市、福建省、天津市、四川省、江西省、辽宁省、山东省、安徽省排在前 10 位，广西壮族自治区、河南省、甘肃省、贵州省、宁夏回族自治区、青海省、内蒙古自治区、海南省、新疆维吾尔自治区、西藏自治区排在后 10 位，农业绿色低碳发展水平表现出一定的梯度与层次性。值得注意的是，江苏省农业绿色低碳发展水平测度结果均值为 0.630，而新疆维吾尔自治区的均值仅为 0.085。这说明，不同省（自治区、直辖市）农业绿色低碳发展水平存在着较大差异。

表 2 2011—2018 年中国 31 省（自治区、直辖市）农业绿色低碳发展水平结果

区域	省份	2011	2012	2013	2014	2015	2016	2017	2018	均值
东部地区	北京市	0.119	0.175	0.266	0.378	0.508	0.586	0.700	0.855	0.448
	山东省	0.081	0.120	0.197	0.213	0.349	0.555	0.592	0.500	0.326
	天津市	0.051	0.803	0.139	0.302	0.311	0.538	0.820	0.711	0.459
	江苏省	0.148	0.265	0.389	0.566	0.821	0.994	0.900	0.956	0.630
	浙江省	0.108	0.203	0.389	0.551	0.684	0.727	0.871	0.781	0.539
	河北省	0.065	0.092	0.113	0.206	0.297	0.394	0.487	0.498	0.269
	上海市	0.032	0.076	0.114	0.141	0.136	0.204	0.296	0.409	0.176
	福建省	0.112	0.142	0.204	0.326	0.480	0.580	0.606	0.716	0.396
	广东省	0.090	0.100	0.119	0.184	0.207	0.276	0.427	0.404	0.226
	海南省	0.057	0.062	0.033	0.072	0.068	0.087	0.136	0.206	0.090
中部地区	山西省	0.019	0.050	0.083	0.205	0.211	0.235	0.265	0.251	0.165
	安徽省	0.046	0.054	0.079	0.216	0.348	0.417	0.516	0.604	0.285
	江西省	0.047	0.077	0.147	0.329	0.395	0.435	0.522	0.698	0.331
	河南省	0.017	0.049	0.086	0.124	0.161	0.181	0.244	0.252	0.139
	湖北省	0.057	0.062	0.071	0.158	0.194	0.242	0.317	0.378	0.185
	湖南省	0.055	0.057	0.117	0.166	0.244	0.328	0.388	0.380	0.217
西部地区	内蒙古自治区	0.015	0.030	0.055	0.081	0.133	0.169	0.210	0.203	0.112
	广西壮族自治区	0.020	0.048	0.094	0.134	0.179	0.209	0.260	0.280	0.153
	重庆市	0.010	0.050	0.096	0.192	0.264	0.231	0.327	0.392	0.195
	四川省	0.112	0.144	0.274	0.231	0.319	0.498	0.628	0.751	0.370
	贵州省	0.048	0.057	0.058	0.105	0.116	0.160	0.178	0.244	0.121
	云南省	0.032	0.055	0.103	0.186	0.211	0.241	0.262	0.319	0.176
	西藏自治区	0.012	0.013	0.023	0.018	0.024	0.040	0.050	0.079	0.032
	陕西省	0.017	0.059	0.087	0.119	0.157	0.260	0.316	0.290	0.163
	甘肃省	0.026	0.070	0.061	0.088	0.140	0.175	0.203	0.259	0.128
	青海省	0.010	0.018	0.026	0.081	0.112	0.180	0.161	0.204	0.099
	宁夏回族自治区	0.026	0.052	0.048	0.074	0.113	0.148	0.140	0.175	0.097
	新疆维吾尔自治区	0.024	0.011	0.046	0.080	0.091	0.138	0.147	0.141	0.085

表2(续)

区域	省份	2011	2012	2013	2014	2015	2016	2017	2018	均值
东北地区	辽宁省	0.076	0.088	0.141	0.216	0.329	0.453	0.594	0.698	0.324
	吉林省	0.064	0.069	0.079	0.155	0.199	0.261	0.402	0.510	0.217
	黑龙江省	0.080	0.130	0.174	0.226	0.351	0.395	0.389	0.484	0.279

进一步来看，全国不同区域之间的农业绿色低碳发展不平衡现象较为明显。总体而言，各区域间的得分均值排序为：东部地区>东北地区>中部地区>西部地区（见表3）。东部地区农业绿色低碳发展水平总体较高，在排名前10的省份中占据6席；西部地区农业绿色低碳发展水平总体偏低，在排名后10名的省份中占据8席。其中，中部地区的江西省农业绿色低碳发展水平得分均值高于其周边省份，可能的原因是江西作为首批国家生态文明试验区之一，近年来坚持以绿色生态为导向，农业绿色低碳发展成效十分显著。

表3　不同区域和省（自治区、直辖市）之间农业绿色低碳发展水平综合情况

区域	省份	均值	全国排名	区域排名
东部地区 （0.356）	北京市	0.448	4	4
	山东省	0.326	8	6
	天津市	0.459	3	3
	江苏省	0.630	1	1
	浙江省	0.539	2	2
	河北省	0.269	12	7
	上海市	0.176	19	9
	福建省	0.396	5	5
	广东省	0.226	13	8
	海南省	0.090	29	10
中部地区 （0.220）	山西省	0.165	20	5
	安徽省	0.285	10	2
	江西省	0.331	7	1
	河南省	0.139	23	6
	湖北省	0.185	17	4
	湖南省	0.217	15	3

表3(续)

区域	省份	均值	全国排名	区域排名
西部地区 (0.114)	内蒙古自治区	0.112	26	8
	广西壮族自治区	0.153	22	5
	重庆市	0.195	16	2
	四川省	0.370	6	1
	贵州省	0.121	25	7
	云南省	0.176	18	3
	西藏自治区	0.032	31	12
	陕西省	0.163	21	4
	甘肃省	0.128	24	6
	青海省	0.099	27	9
	宁夏回族自治区	0.097	28	10
	新疆维吾尔自治区	0.085	30	11
东北地区 (0.273)	辽宁省	0.324	9	1
	吉林省	0.217	14	3
	黑龙江	0.279	11	2

注：括号内的数值为各区域农业绿色低碳发展指数得分均值。

四、变量说明与模型设定

（一）变量说明及其数据来源

1. 被解释变量

被解释变量是农业绿色低碳发展水平（GLA）。本文依据前文中构建的指标体系和方法进行估计。

2. 核心解释变量

核心解释变量是数字普惠金融发展指数。基于北京大学数字金融研究中心与蚂蚁金服共同编制的《北京大学普惠金融发展指数（2011—2018）》，借鉴郭峰等（2020）关于数字普惠金融指数构建的方法，采用数字普惠金融覆盖广度、使用深度和数字化程度三个角度描述各地数字普惠金融发展状况。因此，本文选取该套指数来衡量数字普惠金融的发展状况。

3. 中介变量

第一，农业碳排放强度。该变量在现有研究的基础上，参考 TIAN（2014）等的做法，通过测算化肥、农药、农用薄膜和柴油等农业生产投入要素的碳排放量而得出。

第二，农业生产社会化服务，在现有研究的基础上，参考张恒（2021）等的做法，以地区单位播种面积农林牧渔服务业产值衡量农业社会化服务水平。

第三，农业产业融合发展，在现有研究的基础上，主要参考李晓龙（2021）的做法，从农业产业链延伸、新兴业态培育、产业功能拓展等维度合成农业产业融合发展指标。

4. 控制变量

参考郭海红（2021）等的做法，本文选取就业人口受教育程度、政府干预、经济发展水平、农业基础设施状况、自然灾害作为控制变量，回归中对其做对数化处理。

第一，就业人口受教育程度。高质量的人才既是一个地区经济发展的必要条件之一，也是各项产业发展的重要因素之一。现阶段，农业绿色低碳发展离不开生产技术、工具的创新，而高质量的人才既是推动科技革新的核心要素，也是农业绿色低碳发展的基础条件。本文参考刘昌平（2017）的做法，采用全国各地区就业人员受教育程度进行衡量，即各教育阶段人数占总就业人数的比重乘以各教育阶段时间来计算各地区就业人口受教育程度，其中小学、初中、高中、大专、本科及研究生（含硕士与博士）教育年限分别按 6 年、9年、12 年、15 年、16 年、20 年计算。

第二，政府干预。政府在我国经济发展中发挥着宏观调控的作用，政府干预行为会对农业发展起到重要影响。本文采用各省（自治区、直辖市）政府财政支出占 GDP 的比重来衡量政府干预程度。

第三，经济发展水平。一个区域的经济发展水平越高，其就越可能倾向于转变农业发展方式，注重农业的绿色低碳发展。本文采用区域人均地区生产总值来衡量经济发展水平。

第四，农业基础设施状况。农业基础设施对于改造传统农业、实现农业转型升级有极其重要的作用。本文选取农业机械总动力衡量农业生产基础设施情况。

第五，自然灾害。与工业、服务业相比，农业生产受自然灾害的影响更大。参考李健旋（2020）的做法，本文选取各省（自治区、直辖市）农作物受灾面积/播种面积来衡量各省（自治区、直辖市）农作物受灾情况。

本文的研究期间为2011—2018年，所需数据均来源于历年的中国休闲农业年鉴、中国农产品加工业年鉴、中国环境统计年鉴以及国家统计局网站和各省（自治区、直辖市）统计年鉴等。各变量的描述性统计见表4。

表4　变量的描述性统计

变量类型	变量名称	符号	样本量	均值	标准差	最小值	最大值
被解释变量	农业绿色低碳发展指数	GLA	248	0.239	0.213	0.010	0.994
	绿色生产指数	GLA_1	248	0.326	0.631	0.113	0.963
	绿色经营指数	GLA_2	248	0.280	0.326	0.056	0.954
	绿色产业指数	GLA_3	248	0.150	0.735	0.026	0.938
解释变量	数字（普惠）金融指数	Dif	248	187.175	85.079	16.220	377.730
	覆盖广度	Cov_depth	248	166.562	82.962	1.960	353.860
	使用深度	Use_depth	248	182.541	85.002	6.760	400.390
	数字化程度	Dig_level	248	263.662	116.403	7.580	453.660
中介变量	农业碳排放强度	Agr_emission	248	286.261	131.323	8.464	874.413
	农业生产社会化服务	Soc_service	248	2.280	1.073	0.455	5.407
	农业产业融合发展	Int_agriculture	248	1.362	1.903	0.232	7.409
控制变量	就业人口受教育程度	Education	248	9.912	1.242	16.535	5.824
	政府干预	Intervene	248	0.300	0.213	0.128	1.381
	经济发展水平	Eco_level	248	4.891	2.393	1.595	15.143
	农业基础设施状况	Facility	248	7.641	1.120	4.548	9.503
	自然灾害	Disaster	248	0.161	0.123	0.000	0.696

（二）模型设定

1. 基准回归

为进一步考察数字普惠金融对农业绿色低碳发展的影响，本文构建如下基准回归模型：

$$\mathrm{GLA}_{it}=\beta_0+\beta_1\mathrm{dif}_{it}+\beta_2\mathrm{control}_{it}+\lambda_i+\eta_t+\varepsilon_{it} \tag{6}$$

式（6）中，GLA_{it}表示i地区在t年份的农业绿色低碳发展水平；dif_{it}表示i地区在t年份的数字金融发展水平；$\mathrm{control}_{it}$表示控制变量集合；λ_i、η_t分别表示

地区固定效应、年份固定效应；ε_{it} 为随机扰动项。若（6）式中的回归系数 β_1 是正向显著，则假设 1 得以验证，即数字普惠金融的发展会促进农业的绿色低碳发展。同时，为进一步考察数字普惠金融对农业绿色低碳发展水平的影响是否存在"U"形曲线关系，将对其进行平方项处理代入模型进行检验。

此外，为验证数字普惠金融对农业绿色低碳发展的作用机制，分别通过实证分析农业碳排放强度、农业生产社会化服务水平、农业产业融合发展等在数字普惠金融助推农业绿色低碳发展中的作用机制，构建数字普惠金融与这些中介变量的交互项的中介效应模型进行回归验证：

$$GLA_{it} = \beta_0 + \gamma_1 M_{it} + \gamma_2 Dif_{it} + \gamma_2 Dif_{it} \times M_{it} + \gamma_3 control_{it} \tag{7}$$

2. 稳健性检验

考虑到数字普惠金融对农业绿色低碳发展的影响可能具有时滞性，本文对因自变量农业绿色低碳发展水平做滞后一期、滞后二期处理，以保证结论的稳健性。

3. 内生性检验

鉴于农业绿色低碳发展水平及其分维度水平的当期值在很大程度上会受上一期指标数值影响，即可能存在序列自相关问题。此外，在控制变量的选取上可能会遗漏某些对农业绿色低碳发展产生重要影响的变量，从而造成严重的内生性问题。因此，本文进一步采用差分 GMM 模型与系统 GMM 模型进行内生性检验。

五、计量结果分析

在进行基准回归之前，为防止各变量间存在的多重共线性问题，本文采取计算各变量间方差膨胀因子的方法进行多重共线性检验。结果显示，各变量间的 VIF 值普遍低于 8.5。这表明，本文选取的变量是合理的，不存在多重共线性问题。

（一）数字普惠金融对农业绿色低碳发展的影响

1. 总体效应

本文首先进行豪斯曼检验，发现其检验结果 P 值为 0.01，因此选择固定效应模型作为基准模型进行回归（见表5）。结果表明，数字普惠金融对农业绿色低碳发展起到正向促进作用，且在 5% 的水平下显著，从而验证了假设 1。

表 5　数字普惠金融对农业绿色低碳发展的影响

类别	回归（1）	回归（2）	回归（3）
估计方法	FE	滞后一期 FE	滞后二期 FE
被解释变量	GLA_t	GLA_{t-1}	GLA_{t-2}
Dif	0.010** (0.004)		
GLA（-1）		0.014** (0.006)	
GLA（-2）			0.010*** (0.003)
Education	0.091** (0.040)	0.245*** (0.010)	0.208*** (0.014)
Intervene	0.653 (0.405)	0.865*** (0.052)	1.362* (0.632)
Eco_level	0.623*** (0.024)	0.282*** (0.001)	0.316*** (0.021)
Facility	0.013 (0.086)	0.036* (0.019)	0.031* (0.016)
Disaster	-0.030 (0.049)	0.121 (0.090)	-0.143* (0.078)
_cons	1.658*** (0.278)	0.772*** (0.025)	0.904** (0.400)
模型的显著性检验	$F=35.235$ $(P=0.000)$	$F=62.129$ $(P=0.001)$	$F=329.210$ $(P=0.000)$
N	248	248	248

注：*、**、***分别表示在 1%、5%、10%的显著水平下显著；括号内的数值表示相应的稳健标准误。下文同。

为进一步验证研究结论的稳健性，本文对因变量农业绿色低碳发展水平做滞后一期、滞后二期处理，回归结果见表 5 中的回归（2）和回归（3）。稳健性检验结果显示，数字普惠金融对农业绿色低碳发展的系数依然显著为正，这表明本文的研究结论是可靠的。

2. 作用机制检验

为了明确数字普惠金融促进农业绿色低碳发展的作用机制，本文进一步对其进行机制检验。参考温忠麟等（2014）的做法，本文采用引入交叉项的方法构建数字普惠金融对农业绿色低碳发展的中介效应模型并进行回归（见表6）。

表6　数字普惠金融对农业绿色低碳发展影响作用机制回归

类别	回归（4）	回归（5）	回归（6）
估计方法	FE	FE	FE
被解释变量	GLA	GLA	GLA
Dif	0.018** (0.008)	0.021*** (0.005)	0.019*** (0.004)
Agr_emission	−0.004* (0.002)		
Soc_service		1.010* (0.503)	
Int_agriculture			3.010*** (0.003)
Dif×M	−0.001** (0.000)	0.138* (0.070)	0.184* (0.095)
Education	0.246** (0.011)	0.159*** (0.035)	0.208*** (0.062)
Intervene	0.492** (0.232)	0.442** (0.201)	0.583* (0.292)
Eco_level	0.658*** (0.045)	0.704*** (0.000)	0.593*** (0.168)
Facility	0.203 (0.301)	0.259* (0.136)	0.259* (0.136)
Disaster	−0.045 (0.155)	−0.029 (0.018)	−0.305* (0.162)
_cons	3.857*** (1.015)	4.362*** (0.159)	3.223*** (0.001)
模型的显著性检验	$F=85.565$ ($P=0.000$)	$F=110.658$ ($P=0.000$)	$F=95.356$ ($P=0.000$)
N	248	248	248

在表6的回归（4）中，农业碳排放作为中介变量的检验结果，可以发现 Dif 与 Dif×M 系数均通过显著性检验。其中，Dif 系数显著为正且 Agr_emission 系数显著为负，即农业碳排放强度越低，数字普惠金融对农业绿色低碳发展的促进作用越明显。在回归（5）、回归（6）中，Dif 系数显著为正且 Agr_ emission 系数显著也为正，且随着农业生产社会化服务水平提高和农业产业融合发展深度提高，数字普惠金融对农业绿色低碳发展的促进作用越明显。从回归系数的显著性上来看，Int_agriculture 系数最为显著。实际上，数字普惠金融广泛应用于服务业（贺茂斌，2021），其下沉至农村的过程中，创新了农村金融服务的业态，促进了农村产业融合发展，进而催生出新型绿色农业业态，从而推动了农业绿色低碳发展。因此，数字普惠金融发展通过推动农业产业融合发展影响农业绿色低碳发展的效应最为显著。以上结论证明了假设 2a、假设 2b、假设 2c。

（二）内生性检验

为了避免模型设定中出现的内生性问题，本文进一步采用差分 GMM 模型与系统 GMM 模型对其进行回归，回归中将数字普惠金融指数的滞后一期作为工具变量。相应的回归结果见表 7。

表 7　内生性检验结果

类别	回归（7）	回归（8）
估计方法	差分 GMM+IV	系统 GMM+IV
被解释变量	GLA_{t-1}	GLA_{t-1}
Dif	0.011** (0.050)	0.006** (0.003)
Education	0.091*** (0.020)	0.245*** (0.010)
Intervene	0.653* (0.328)	0.865** (0.372)
Eco_level	0.623*** (0.024)	0.282*** (0.001)
Facility	0.013*** (0.004)	0.036* (0.019)
Disaster	−0.030 (0.049)	0.121 (0.120)
_cons	1.658*** (0.278)	0.772*** (0.025)
Sargan 检验	0.623	0.226
AR（2）	0.336	0.421

类别	回归（7）	回归（8）
模型的显著性检验	Wald = 35.235 （P = 0.000）	Wald = 62.129 （P = 0.001）
N	248	248

注：Sargan 检验、AR（2）行中数值对应相应的 P 值。

从表7中可以看出，差分 GMM 模型与系统 GMM 模型均通过了 Sargan 检验，说明工具变量不存在过度识别的问题且具有较好的外生性。自相关 AR（2）的 P 值大于 0.1，表明模型残差序列不存在二阶自相关。此外，模型的显著性检验说明模型具有较好的解释能力。回归结果显示，本文核心解释变量回归系数符号及其显著性水平没有发生明显变化，这进一步验证了回归结果的稳健性。

（三）异质性检验

1. 数字普惠金融分维度回归

鉴于各地区之间的数字普惠金融发展差异，本文将从数字普惠金融发展指数的覆盖广度、使用深度及数字化程度三个角度出发，采用固定效应模型探究其对农业绿色低碳发展的影响效果（见表8）。

表8　异质性检验一：数字普惠金融分维度回归结果

类别	回归（9）	回归（10）	回归（11）
估计方法	FE	FE	FE
被解释变量	GLA	GLA	GLA
Cov_depth	0.014 ** （0.006）		
Use_depth		0.005 *** （0.000）	
Dig_level			0.020 *** （0.009）
Education	0.113 ** （0.050）	0.144 *** （0.004）	0.253 *** （0.001）
Intervene	0.366 * （0.241）	0.300 ** （0.141）	0.284 * （0.143）
Eco_level	0.933 *** （0.009）	0.864 *** （0.000）	0.940 *** （0.205）

类别	回归（9）	回归（10）	回归（11）
Facility	0.441 (0.500)	0.362* (0.185)	0.519* (0.263)
Disaster	−0.144 (0.202)	−0.024 (0.019)	−0.334* (0.168)
_cons	9.855*** (2.335)	10.631*** (0.329)	8.314*** (0.023)
模型的显著性检验	$F = 90.265$ ($P = 0.000$)	$F = 83.438$ ($P = 0.000$)	$F = 95.297$ ($P = 0.000$)
N	248	248	248

从表8中可以看出，Cov_depth系数为0.014，且在5%的水平下显著；Use_depth与Dig_level的系数分别为0.005、0.020，且在1%的水平下显著。就回归系数绝对值而言，数字化程度>使用深度>覆盖广度。数字普惠金融覆盖广度与使用深度都必须以数字化程度为基础，依赖于数字化技术的推广应用。因此，各地区应进一步落实"两新一重"战略，推进农村地区特别是偏远地区的新型数字化基础设施建设。

2. 分地区回归

考虑到我国不同区域之间的地理位置、气候条件、土壤环境等特征不同，农业绿色低碳发展也存在较大的差异。本文将研究对象划分为东、中、西以及东北部地区，采用固定效应模型进行回归分析（见表9）。

表9　异质性检验二：分地区回归检验结果

类别	（12）	（13）	（14）	（15）
地区	东部地区	中部地区	西部地区	东北地区
估计方法	FE	FE	FE	FE
被解释变量	GLA	GLA	GLA	GLA
Dif	0.021** (0.009)	0.010*** (0.003)	0.006*** (0.001)	0.023 (0.021)
Education	0.085** (0.039)	0.062 (0.055)	0.079 (0.095)	0.107 (0.085)
Intervene	0.522 (0.428)	0.593 (0.635)	0.764 (0.902)	0.856*** (0.091)

类别	（12）	（13）	（14）	（15）
Eco_level	0.853 *** (0.381)	0.641 (0.502)	0.309 (0.214)	0.593 (0.900)
Facility	0.021 (0.060)	0.038 (0.023)	0.013 ** (0.006)	0.058 ** (0.026)
Disaster	−0.042 (0.049)	−0.130 (0.093)	0.059 (0.042)	−0.083 (0.503)
_cons	10.550 *** (1.325)	83.398 *** (1.225)	32.158 *** (0.227)	68.272 *** (0.663)
模型的 显著性检验	$F = 200.156$ ($P = 0.000$)	$F = 231.004$ ($P = 0.040$)	$F = 60.657$ ($P = 0.000$)	$F = 101.357$ ($P = 0.082$)
N	90	54	108	27

从表9中可以看出，数字普惠金融对各地区农业绿色低碳发展均产生了促进效应，但这种促进效应差异较为明显。其中，东部地区数字普惠金融回归系数为0.021，且通过5%的显著性水平；中部地区与西部地区的回归系数分别为0.010、0.006，且均在1%的水平下显著；东北地区回归系数不显著。就回归系数的绝对值而言，东北>东部>中部>西部。造成这一现象的可能原因是东部地区和东北地区农业绿色低碳发展基础较好、农业经济相对发达、基础设施完整、金融发展水平较高，这些优势构建了东部地区数字普惠金融的早期发展格局——数字经济发展的先发优势以及数字技术与实体产业的深度融合，使得数字普惠金融助推农业的绿色低碳发展也更为强劲。而中西部地区的基础设施、金融发展水平等要稍落后于东部地区，但近年随着数字普惠金融服务的不断下沉，显著拓展了金融服务的深度与广度，数字普惠金融赋能中西部地区农业实现绿色低碳发展表现出较强的"后发优势"。

3. 农业绿色低碳发展分维度回归

基准回归表明，数字普惠金融在总体上会促进农业的绿色低碳发展，但其对农业绿色低碳发展三个维度的影响却存在较大的差异性。基于此，本文采用固定效应模型进行回归分析，探究数字普惠金融对农业绿色生产、经营、产业发展等维度的影响效果（见表10）。

表 10　异质性检验三：数字普惠金融对农业绿色低碳发展的分项影响

类别	回归（16）	回归（17）	回归（18）
估计方法	FE	FE	FE
被解释变量	GLA_1	GLA_2	GLA_3
Dif	0.011 ** （0.005）	0.015 ** （0.007）	0.020 *** （0.000）
Education	0.103 *** （0.003）	0.144 *** （0.028）	0.352 *** （0.022）
Intervene	0.069 （0.105）	0.083 ** （0.037）	0.118 ** （0.052）
Eco_level	0.228 *** （0.061）	0.286 ** （0.130）	0.302 *** （0.009）
Facility	0.013 ** （0.006）	0.021 ** （0.009）	0.011 * （0.006）
Disaster	−0.022 ** （0.010）	−0.088 （0.420）	−0.228 *** （0.019）
_cons	2.533 *** （0.023）	3.896 *** （0.146）	2.334 *** （0.269）
模型的显著性检验	$F=100.229$ （$P=0.000$）	$F=236.230$ （$P=0.000$）	$F=439.266$ （$P=0.000$）
N	248	248	248

从表 10 中可以看出，数字普惠金融对农业绿色低碳发展的三大分项指标都起到了正向促进作用。就回归显著性水平而言，回归（16）与回归（17）中的 Dif 系数在 5% 的水平下显著，回归（18）中的 Dif 系数在 1% 的水平显著。就 Dif 回归系数绝对值而言，回归（18）>回归（17）>回归（16）。从数字普惠金融回归系数显著性水平角度与绝对值角度看，数字普惠金融对农业产业（GLA_3）的促进作用最强，对绿色经营（GLA_2）的促进作用次之，对绿色生产（GLA_1）的促进作用最弱。可能的原因是随着我国互联网交易平台、互联网电商的迅速发展，以无公害农产品、有机农产品为代表的等绿色农产品需求不断上升，绿色农业产业链得以建立和延伸，大幅降低绿色农产品的经营成本，各类绿色农产品生产企业（基地）也快速发展。因此，数字普惠金融对绿色经营（GLA_2）与绿色生产（GLA_3）的助推作用更为明显。此外，目前，我国科技创新对农业产业支持力度依然不足，尤其是农业科技成果的转化

率较低，部分核心技术也因为种种原因难以大面积的推广与应用（刘同山，2021），其对农业绿色生产的促进作用有待提升。

六、研究结论与政策启示

数字经济赋能农业绿色低碳发展，加快数字普惠金融与农业绿色可持续发展进程，对于加快农业现代化步伐和实现"双碳"目标意义重大。本文基于2011—2018年的省际面板数据，构建了中国农业绿色低碳发展的指标体系并加以测算，揭示了数字普惠金融对农业绿色低碳发展的影响效果及其作用机制。研究结果表明：一是不同省份之间的农业绿色低碳发展水平表现出明显的梯度与层次，东部地区最高、东北地区次之、中部地区再次之、西部地区最低，区域之间农业绿色低碳发展不平衡现象依然明显。二是数字普惠金融有利于促进农业绿色低碳发展，数字普惠金融水平每提升一个单位，就可以提高1%的农业绿色低碳发展水平。从分项指标来看，数字普惠金融水平每提升一个单位，可以分别提高1.1%的绿色生产水平、1.5%的绿色经营水平、2%的绿色产业水平。三是从作用机制来看，数字普惠金融可以通过降低农业碳排放强度、提高农业生产社会化服务水平、拓展农业产业融合发展深度三个渠道来赋能助推农业绿色低碳发展。

基于以上结论，本文提出如下政策启示：一是强化农业绿色生产导向，标准化规范和健全农业绿色低碳发展的技术与政策；延展农业产业链，产业化推进绿色农业融合发展；培育绿色消费认知，多元化推动市场与品牌农业的有效对接；强化区域统筹协调，协同化健全绿色农业产业发展保障机制。二是深刻把握数字经济发展方向，利用好数字普惠金融服务下沉至农村过程中的"红利"；加强乡村数字化基础设施建设，提高乡村地区数字化水平；加大对各类农业社会服务组织的培育力度，提高其社会服务水平；发挥电商的"明星效应"，为绿色农产品广开销路。三是加强优质绿色农产品的经营体系建设，以产业化联合体为基础，推进绿色农业经营体系建设；把农业绿色低碳发展与农民共同富裕统筹考虑，通过向一般农户倾斜，一定程度上缓解收入差距的问题。四是进一步推动农业科技创新，提高科技成果转化率；加大对农业科技核心技术的经费投入力度，集中攻克技术难题；加大对生态环保、绿色环保等农业生产技术的推广力度，提高农业现代化程度。

参考文献：

［1］TIAN YUN, ZHANG JUN-BIAO, HE YA-YA. Research on spatial-temporal characteristics and driving factor of agricultural carbon emissions in China [J]. Journal of Integrative Agriculture, 2014, 13 (6): 1393-1403.

[2] 陈池波, 龚政. 数字普惠金融能缓解农村家庭金融脆弱性吗？[J]. 中南财经政法大学学报, 2021 (4): 132-143.

[3] 董晓林, 徐虹. 我国农村金融排斥影响因素的实证分析：基于县域金融机构网点分布的视角 [J]. 金融研究, 2012 (9): 115-126.

[4] 冯贺霞, 王小林. 基于六次产业理论的农村产业融合发展机制研究：对新型经营主体的微观数据和案例分析 [J]. 农业经济问题, 2020 (9): 64-76.

[5] 巩前文, 李学敏. 农业绿色发展指数构建与测度：2005—2018 年 [J]. 改革, 2020 (1): 133-145.

[6] 郭峰, 王靖一, 王芳, 等. 测度中国数字普惠金融发展：指数编制与空间特征 [J]. 经济学（季刊）, 2020, 19 (4): 1401-1418.

[7] 郭海红, 刘新民. 中国农业绿色全要素生产率的时空分异及收敛性 [J]. 数量经济技术经济研究, 2021, 38 (10): 65-84.

[8] 何宏庆. 数字金融助推乡村产业融合发展：优势、困境与进路 [J]. 西北农林科技大学学报（社会科学版）, 2020, 20 (3): 118-125.

[9] 何婧, 蔡新怡, 赵亚雄. 金融渗透、金融获得与农业产业化：来自湖南省87个县市的证据 [J]. 财经理论与实践. 2021, 42 (2): 12-19.

[10] 贺茂斌, 杨晓维. 数字普惠金融、碳排放与全要素生产率 [J]. 金融论坛, 2021, 26 (2): 18-25.

[11] 黄迈, 马九杰. 农户网络贷款服务模式及其创新发展 [J]. 改革, 2019 (3): 97-105.

[12] 黄炎忠, 罗小锋, 李兆亮. 我国农业绿色生产水平的时空差异及影响因素 [J]. 中国农业大学学报, 2017, 22 (9): 183-190.

[13] 李翠霞, 许佳彬, 王洋. 农业绿色生产社会化服务能提高农业绿色生产率吗 [J]. 农业技术经济, 2021 (9): 36-49.

[14] 李晓静, 陈哲, 夏显力. 参与电商对农户绿色生产意识的空间溢出效应：基于两区制空间杜宾模型分析 [J]. 农业技术经济, 2021 (7): 49-64.

[15] 李晓龙. 城镇化对农村产业融合发展的影响研究：基于财政支农的门槛效应分析 [J]. 农业经济与管理, 2021 (2): 32-42.

[16] 刘昌平, 花亚州. 高等教育助学贷款：养老保险基金投资的新思路 [J]. 江西财经大学学报, 2017 (5): 58-67.

[17] 刘帅, 沈兴兴, 朱守银. 农业产业化经营组织制度演进下的农户绿

色生产行为研究［J］．农村经济，2020（11）：37-44.

［18］刘同山，韩国莹．要素盘活：乡村振兴的内在要求［J］．华南师范大学学报（社会科学版），2021（5）：123-136，207.

［19］芦千文，苑鹏．农业生产托管与稳固中国粮食安全战略根基［J］．南京农业大学学报（社会科学版），2021，21（3）：58-67.

［20］陆杉，熊娇．农村金融、农地规模经营与农业绿色效率［J］．华南农业大学学报（社会科学版），2021，20（4）：63-75.

［21］路晓蒙，赵爽，罗荣华．区域金融发展会促进家庭理性投资吗?：基于家庭资产组合多样化的视角［J］．经济与管理研究，2019，40（10）：60-87.

［22］马骏，孟海波，邵丹青，等．绿色金融、普惠金融与绿色农业发展［J］．金融论坛，2021（3）：3-8，20.

［23］彭澎，徐志刚．数字普惠金融能降低农户的脆弱性吗?［J］．经济评论，2021（1）：82-95.

［24］齐文浩，李明杰，李景波．数字乡村赋能与农民收入增长：作用机理与实证检验：基于农民创业活跃度的调节效应研究［J］．东南大学学报（哲学社会科学版），2021，23（2）：116-125，148.

［25］师博，沈坤荣．政府干预、经济集聚与能源效率［J］．管理世界，2013（10）：6-18，187.

［26］苏岚岚，张航宇，彭艳玲．农民数字素养驱动数字乡村发展的机理研究［J］．电子政务，2021（10）：42-56.

［27］粟芳，邹奕格，韩冬梅．政府精准致力农村互联网金融普惠的路径分析：基于上海财经大学2017年"千村调查"［J］．财经研究，2020，46（1）：4-18.

［28］王修华，傅勇，贺小金，等．中国农户受金融排斥状况研究：基于我国8省29县1547户农户的调研数据［J］．金融研究，2013（7）：139-152.

［29］魏琦，张斌，金书秦．中国农业绿色发展指数构建及区域比较研究［J］．农业经济问题，2018（11）：11-20.

［30］温涛，陈一明．数字经济与农业农村经济融合发展：实践模式、现实障碍与突破路径［J］．农业经济问题，2020（7）：118-129.

［31］温忠麟，叶宝娟．中介效应分析：方法和模型发展［J］．心理科学进展，2014，22（5）：731-745.

［32］肖华堂，薛蕾．我国农业绿色发展水平与效率耦合协调性研究［J］．农村经济，2021（3）：128-134.

［33］严成樑，李涛，兰伟. 金融发展、创新与二氧化碳排放［J］. 金融研究，2016（1）：14-30.

［34］姚耀军，施丹燕. 互联网金融区域差异化发展的逻辑与检验：路径依赖与政府干预视角［J］. 金融研究，2017（5）：127-142.

［35］张恒，郭翔宇. 农业生产性服务业发展与农业全要素生产率提升：地区差异性与空间效应［J］. 农业技术经济，2021（5）：93-107.

［36］张林. 数字普惠金融、县域产业升级与农民收入增长［J］. 财经问题研究. 2021（6）：51-59.

［37］张建杰，崔石磊，马林，等. 中国农业绿色发展指标体系的构建与例证［J］. 中国生态农业学报（中英文版），2020，28（8）：1113-1126.

［38］张军伟，费建翔，徐永辰. 金融支持对绿色农业发展的激励效应［J］. 中南财经政法大学学报，2020（6）：91-98.

［39］张岳，周应恒. 数字普惠金融、传统金融竞争与农村产业融合［J］. 农业技术经济，2021（9）：68-82.

［40］赵会杰，于法稳. 基于熵值法的粮食主产区农业绿色发展水平评价［J］. 改革，2019（11）：136-146.

［41］郑雅心. 数字普惠金融是否可以提高区域创新产出？：基于我国省际面板数据的实证研究［J］. 经济问题，2020（10）：53-61.

［42］周雨晴，何广文. 数字普惠金融发展对农户家庭金融资产配置的影响［J］. 当代经济科学，2020，42（3）：92-105.

［43］李健旋. 农村金融发展与农业绿色全要素生产率提升研究［J］. 管理评论，2021，33（3）：84-95.

普惠金融发展与乡村产业振兴

周天芸　刘成发

（中山大学国际金融学院）

摘要：本文构建了中国 31 个省（自治区、直辖市）的乡村产业振兴和普惠金融发展评价指标体系，测度乡村产业振兴指数和普惠金融指数，并运用两个指数进行实证检验。结果表明，普惠金融对乡村产业振兴有积极的促进作用，但对于东、中、西部地区的促进作用程度不同，稳健性检验同样验证本文的结论。二次项结果显示，乡村产业振兴和普惠金融发展呈倒"U"形关系。由于我国普惠金融发展仍处于快速上升的阶段，发展的空间巨大，因此本文提出通过发展普惠金融促进乡村产业振兴的政策建议。

关键词：乡村产业振兴；普惠金融；TOPSIS 熵权法；变异系数法

2018 年 1 月 2 日印发的《中共中央 国务院关于实施乡村振兴战略的意见》中明确阐释了乡村振兴战略的重要意义："实施乡村振兴战略，是党的十九大做出的重大决策部署，是决胜全面建成小康社会、全面建设社会主义现代化国家的重大历史任务，是新时代'三农'工作的总抓手。"同年 9 月，中共中央、国务院印发的《乡村振兴战略规划（2018—2022 年）》提出，乡村振兴要按照产业兴旺、生态宜居、乡风文明、治理有效、生活富裕的总要求，积极推动乡村产业、文化、人才、组织和生态振兴，同时加大金融支农力度，发展农村普惠金融，深入推进银行业、保险行业等金融机构的专业化机制建设，探索建立具有多样化农村金融服务主体的农村金融体系。

乡村振兴的重点是产业振兴。产业振兴要以农业供给侧结构性改革为主线，构建农业产业体系，提高农业生产能力和效率。随着中国城镇化进程不断加快，农村人才、资金等生产要素也在不断流出，农村产业衰弱、人口流失严重。新农村建设经验表明，金融支持是推动农村经济增长的重要因素。普惠金融以易获得的渠道和可负担的成本为各阶层的群体提供广泛、可持续的金融服务，尤其是为"三农"、小微企业等主体提供服务，推动农业生产体系现代化，包括农业生产效率化、农产品品质化、农业组织化、农业科技化、农业融合化等六个方面的提升。

在以往的研究中，学者们侧重研究乡村振兴的框架，对乡村产业振兴这一维度的研究成果较少。本文通过对中国 31 个省（自治区、直辖市）在普惠金融对乡村产业振兴影响结果的差异，从普惠金融的可得性、使用度、深化度和互联网金融四个维度分析普惠金融发展对乡村产业振兴的影响，并以此提出对策建议，助力乡村产业振兴。

一、文献综述

2005 年，联合国提出了普惠金融的概念。它是以易获得的渠道和可负担的成本为社会各阶层与群体提供广泛、可持续的金融服务，满足他们的金融需求的金融体系。普惠金融包括四方面的内容：一是家庭和企业能够以可负担的成本获取广泛的金融服务和产品；二是金融机构能够稳健运行，实行严密的内控制度，同时接受金融监管机构的审慎监管；三是金融业能够实现可持续发展、能够为居民和企业提供长期的金融服务；四是金融机构可以向居民和企业提供多样化的金融产品。

普惠金融由小额信贷发展而来。20 世纪 70 年代，一种特殊的金融项目出现在部分欠发达的亚非拉地区，并为贫困人群提供小额信贷以满足其开展微型生产经营活动的资金需求。从 20 世纪 90 年代开始，小额信贷不仅仅提供贷款，还提供储蓄、保险和汇款结算等服务，传统的小额信贷与更大的金融体系的边界逐渐模糊（杜晓山，2006）。2005 年，联合国提出普惠金融的概念，得到联合国和世界银行的大力推广和宣传。2005 年后，普惠金融被引入中国，契合我国包容性发展、"和谐发展"理念，发展普惠金融满足我国在发展"三农"、小微企业上的金融需求。王婧、胡国晖（2013）认为，普惠金融是我国金融体系的有机组成部分，能够提供高质量的金融服务，满足大规模群体的金融需求，并降低金融需求方和供给方的成本。2015 年，国务院发布了《推进普惠金融发展规划（2016—2020 年）》。该文件说明中国政府从国家层面推动普惠性金融的发展，为国内的普惠金融研究和发展注入了强劲动力。

国内外不同学者关于普惠金融发展水平的测量都有大量的研究。Sarma

（2012）从渗透性、可得性和使用程度三个维度测量不同国家的普惠金融指数，其中渗透性用拥有银行账户的人口比例来衡量，可得性用银行网点的数量作为衡量指标，使用情况则以私人部门的信贷和存款余额占地区生产总值的比例作为测量指标。2013 年，普惠金融全球合作伙伴组织（global partnership for financial inclusion，GPFI）则从可得性、使用度和深化度三个维度，共计 19 个指标（GPFI，2013）构建了指标体系。2015 年，焦瑾璞（2015）等根据 Sarma 等的维度和 GPFI 的指标体系，使用层次分析法确定指标权重，计算各省（自治区、直辖市）的普惠金融指数，实现对国内普惠金融指标进行定性分析和定量分析。2020 年，北京大学和蚂蚁金服集团合作编制"北京大学数字普惠金融指数"。该指数刻画出中国不同地区的数字普惠金融发展情况，意味着普惠金融发展到数字化普及的阶段。

普惠金融的出现很大程度上源于金融排斥。在广大农村地区，出于成本和收益的考量，大部分金融机构不愿在农村地区开展业务，农户、微型规模生产经营者被排斥在主流金融体系之外，难以获得生产经营需要的融资。在城乡发展二元结构模式下，大量金融资本流向城市，广大农村地区难以获得资金，引致农村经济衰退和产业空心化，要实现乡村产业振兴，就必须克服金融排斥，发展普惠金融。

普惠金融能够影响农村的经济和产业发展。首先，普惠金融发展可以促进农业经济增长。普惠金融通过优化农村产业结构和改善农村消费结构，推动农业经济实现长期可持续发展。其次，普惠金融发展推动土地、劳动、资本等生产要素流转加快。农村土地承包经营权为抵押担保品的农户贷款模式可以有效缓解农村资金不足的问题，普惠金融为农村融资模式提供多样化的金融产品和服务。此外，普惠金融在农村地区发展的过程中，我们发现其结构、规模和效率与农业科技进步呈正相关关系，能够持续提高农村产业的创新贡献度或全要素生产率。最后，普惠金融可以推动农村产业融合。随着我国社会的发展，农业逐渐演变为一项集约化、组织化的生产活动，与第二、第三产业的融合程度逐渐增加。而在广大农村地区，小微企业仍是主流，普惠金融可以为其提供贷款、信托等形式的金融支持。

产业振兴是乡村振兴战略的核心。只有拥有雄厚的产业基础，乡村经济发展和收入增长才能得到根本保障。政府对农村产业的金融支持主要体现在信贷、担保、信托、农业保险、农机租赁、农业产业投资基金、农产品期货等其他金融形式。国外学者通过研究中等收入国家的农业经济与金融发展的关系，发现金融与经济发展呈倒"U"形关系，长期过多的融资可能对中等收入国家的经济增长产生负面影响。国内的学者也越来越关注两者之间的关系。研究结果表明，在我国，经济增长与金融发展同样存在倒"U"形关系，但基于我国农村金融的现状，普惠金融发展对农村经济总体仍具有正面影响。

二、数据与模型

(一) 数据和变量

乡村产业振兴植根于农村，但不局限于农业，主体也不仅仅依托农民。乡村产业振兴是多方面、多层次、多主体，发展可持续、健康的产业体系，调动各生产要素，提高农业生产效率、创新能力和全要素生产率，并开发农业的多重功能，培育农村发展新业态，促进农村产业融合。乡村产业振兴的衡量指标包括以下六个：一是农业效率化，通过人均农林牧渔业产值、有效灌溉耕地面积占比两个指标进行测量，反映农业生产效率水平；二是农产品品质化，使用全国农产品地理标志每年新增数量衡量，反映农产品的受认可度和市场竞争力；三是农业机械化，使用亩均农业机械动力衡量，反映农业生产机械化水平；四是农民组织化，主要通过国家农民专业示范合作社数量和农业产业化国家重点龙头企业数量来反映新型经营主体对农户的组织带动作用；五是农业科技化，使用研发经费占地区生产总值的比重和农业科技人员占第一产业人员人数的比重反映地区对科学研究的投入和农业科技的支持，其中出于数据可得性原因，使用地区研发经费替代农业研发经费；六是农业融合化，通过农产品加工业规模以上企业主营业务收入和中国最美休闲乡村数量分别反映农业与第二、第三产业的融合程度。以上数据来源于2015—2019年中国统计年鉴、中国农村统计年鉴、中国科技统计年鉴、中国工业统计年鉴、中国商品交易市场统计年鉴以及各省（自治区、直辖市）年鉴与农业农村部网站和中国绿色食品发展中心网站等。

借鉴贾晋等人的研究成果，本文建立产业振兴评价指标体系，包含6个一级指标、10个二级指标，并使用熵权TOPSIS法对中国31个省（自治区、直辖市）的乡村产业振兴指数（RURAL）进行定量评价。乡村产业振兴评价指标体系见表1。

表 1　乡村产业振兴评价指标体系

	一级指标	二级指标	单位
产业兴旺	农业效率化	人均农林牧渔业产值	元
		有效灌溉耕地面积占比	%
	农产品品质化	全国农产品地理标志	个
	农业机械化	亩均农业机械动力	千瓦/亩
	农民组织化	国家农民专业示范合作社数量	个
		农业产业化国家重点龙头企业数量	个
	农业科技化	研发经费投入/地区生产总值	%
		农业科技人员/第一产业人员	%
	农业融合化	农产品加工业规模以上企业主营业务收入	亿元
		中国最美休闲乡村数量	个

　　普惠金融发展可以有效地将金融资源配置到乡村产业发展。在农村地区，土地、劳动力、资金等生产要素中，资金是最难获取的要素。在我国的城乡发展二元结构模式中，金融资源更倾向于流向城市而非农村地区。因此，发展普惠金融可以提高金融资源的可得性，让农户、小微企业能以较低的成本获得生产资金。产业振兴是多维度衡量的综合指标。在乡村产业振兴中，主体既包括农户、农产品加工企业，也包括新型农业生产经营主体，如农民专业合作社、产业化龙头企业等。普惠金融为农村特色产业、龙头企业提供金融支持，推动各生产要素的聚集优化，进而推动"三农"发展。

　　为了检验普惠金融能否促进乡村产业发展，本文将乡村产业振兴进行量化，以乡村产业振兴指数作为被解释变量，将普惠金融指数作为解释变量，并考虑其他影响乡村产业发展因素，构建基本回归模型：

$$RURAL_{it} = \beta_0 + \beta_1 IFI_{it} + \beta_2 Control_{it} + \varepsilon_{it}$$

其中，$RURAL_{it}$表示乡村产业振兴指数，它的测量指标体系是基于贾晋、李雪峰、申云（2018）构建的乡村振兴指标体系，选取其中的"产业兴旺"一级指标作为乡村产业振兴指数指标体系，其结果可通过熵权 TOPSIS 法求得；IFI_{it}表示普惠金融指数，它的测量指标体系是借鉴 Sarma（2010）和杜朝运、范丁水（2021）建立的普惠金融发展测度体系，从普惠金融的可得性、深化度、使用情况和数字普惠金融四个维度测度普惠金融，并由变异系数法进行计算得到；$Control_{it}$ 表示控制变量，包括财政资本、经济发展水平、土地、基础设施建设等可能影响乡村产业振兴的因素；ε_{it} 表示随机扰动项。

（二）基于熵权 TOPSIS 法评价乡村产业振兴

熵权 TOPSIS 法在进行有限方案多目标决策分析中较为常用。本文的测算方法如下：

第一，本文中被评价的对象是 2014—2018 年中国 31 个省（自治区、直辖市），每个被评价对象有 1 个指标，因此可得评价矩阵 $X = (x_{ij})_{155×10}$。

第二，对需要测算的原始数据进行无量纲化处理，以避免不同指标的量纲影响最终结果，对各项指标进行标准化处理，本文中选取的指标均为正向指标，因此可得 $Z_{ij} = (x_{ij} - \min x_{ij}) / (\max x_{ij} - \min x_{ij})$，得到规范评价矩阵 $Z = (z_{ij})_{155×10}$。

第三，确定指标权重。计算第 j 个评价指标 x_j 的熵值 $E_j = -\dfrac{1}{\ln 155} \times \sum_{i=1}^{155} f_{ij} \ln f_{ij}$，其中 $f_{ij} = z_{ij} / \sum_{i=1}^{155} z_{ij}$，然后确定权重 $w_{ij} = (1 - E_j) / \sum_{j=1}^{10} (1 - E_j)$。将权重与规范评价矩阵相乘，得到加权评价矩阵 $R = w_j × z_{ij} = (r_{ij})_{155×10}$。

第四，计算乡村产业振兴指数。首先确定乡村产业振兴指数的正负理想解 $S_j^+ = (s_j^+)_{10} = \max (r_{1j,\cdots,r_{155j}})$ 和 $S_j^- = (s_j^-)_{10} = \min (r_{1j,\cdots,r_{155j}})$，并测量两者之间的欧式距离 $D_i^+ = \sqrt{\sum_{j=1}^{10} (s_j^+ - r_{ij})^2}$ 和 $D_i^- = \sqrt{\sum_{j=1}^{10} (s_j^- - r_{ij})^2}$，最终测算出评价对象与理想解之间的接近程度 $C_i = \dfrac{D_i^-}{D_i^+ + D_i^-}$。$C_i$ 取值于 $[0, 1]$，越接近 1，说明乡村产业振兴发展水平越高；反之，说明乡村产业振兴发展水平越低。

表 2 为 2014—2018 年乡村产业振兴指数测算结果。根据测算结果，中国的乡村产业振兴具有两个特点：一是地区间发展不均衡。2014—2018 年的乡村产业振兴指数均值分别为 0.128 6、0.132 2、0.140 7、0.125 9、0.116 1，每年高于均值的地区各有 10 个、7 个、9 个、8 个、11 个，表明乡村产业发展水平高于平均水平的地区仅占 1/3；同时不同区域间的差异也较大。整体而言，东部地区>中部地区>东北地区>西部地区，地区间乡村产业发展呈现出较强的不均衡性。二是乡村产业发展受到区域自然禀赋条件和社会经济条件的双重影响，得分较高的既有传统农业大省，如山东、江苏、湖南、湖南等省份，也包括农业发展追求小而精模式的地区，如北京市等。

表 2   2014—2018 年乡村产业振兴指数测算结果

地区	省（自治区、直辖市）	2014 年	2015 年	2016 年	2017 年	2018 年
东部地区	山东省	0.775 6	0.814 9	0.750 3	0.577 2	0.273 6
	北京市	0.186 8	0.190 5	0.184 6	0.164 8	0.183 7
	上海市	0.129 5	0.129 9	0.136 2	0.153 5	0.156 5
	江苏省	0.288 7	0.276 8	0.349 3	0.254 6	0.153 1
	浙江省	0.102 9	0.099 0	0.111 2	0.102 0	0.117 9
	福建省	0.106 7	0.093 3	0.086 0	0.088 5	0.092 9
	广东省	0.063 2	0.068 0	0.089 4	0.076 7	0.075 8
	河北省	0.085 9	0.131 9	0.138 1	0.072 1	0.064 9
	海南省	0.030 5	0.035 3	0.041 7	0.054 6	0.053 8
	天津市	0.061 3	0.060 7	0.059 6	0.048 5	0.048 6
中部地区	湖南省	0.228 8	0.211 4	0.119 1	0.153 2	0.308 5
	湖北省	0.226 4	0.239 2	0.335 7	0.293 6	0.296 2
	河南省	0.177 8	0.248 3	0.295 7	0.340 3	0.265 2
	安徽省	0.127 8	0.108 9	0.172 3	0.264 9	0.137 2
	江西省	0.045 1	0.047 1	0.044 6	0.057 0	0.046 6
	山西省	0.024 5	0.045 6	0.040 5	0.101 8	0.052 3
西部地区	四川省	0.226 6	0.154 3	0.167 4	0.090 7	0.086 6
	新疆维吾尔自治区	0.096 1	0.116 5	0.156 4	0.092 3	0.092 0
	西藏自治区	0.088 8	0.116 2	0.141 8	0.120 7	0.179 6
	青海省	0.086 4	0.100 0	0.108 1	0.082 2	0.082 4
	陕西省	0.080 4	0.121 7	0.119 9	0.086 9	0.152 6
	内蒙古自治区	0.067 1	0.068 3	0.131 5	0.097 0	0.101 1
	广西壮族自治区	0.066 5	0.063 2	0.067 7	0.044 6	0.069 5
	云南省	0.059 8	0.050 7	0.048 6	0.045 3	0.071 9
	宁夏回族自治区	0.050 6	0.046 4	0.041 0	0.044 1	0.051 3
	重庆市	0.047 5	0.054 1	0.040 6	0.030 3	0.045 1
	甘肃省	0.036 2	0.066 5	0.058 6	0.025 0	0.062 2
	贵州省	0.025 8	0.017 7	0.032 8	0.085 4	0.032 7
东北地区	辽宁省	0.174 9	0.081 7	0.060 5	0.054 3	0.058 7
	黑龙江省	0.132 6	0.131 4	0.122 3	0.119 4	0.109 3
	吉林省	0.083 7	0.109 2	0.109 8	0.082 6	0.076 7

（三）基于变异系数法测度普惠金融指数

根据GPFI普惠金融体系的建议，普惠金融的测度主要从金融服务可得性、使用度和深化度三个维度进行测量。同时，随着中国互联网的发展和电子支付业务的普及，也不应忽视数字普惠金融。本文借鉴杜朝运、范丁水（2021）的研究，在可得性、使用度和深化度的基础上增加数字普惠金融这一维度，构建4个维度、11个指标体系以测算普惠金融指数（IFI），具体见表3。

表3 普惠金融发展测度指标体系

维度	指标	具体内容
金融服务可得性	每万平方千米金融机构网点数	银行业机构网点数/地区面积
	每万人拥有的金融机构网点数	银行业机构网点数/地区人口
	每万平方千米金融机构从业人员数	金融机构从业人员数/地区面积
	每万人拥有的金融机构从业人员数	金融机构从业人员数/地区人口
金融服务使用度	存款余额水平	金融机构存款余额/地区生产总值
	贷款余额水平	金融机构贷款余额/地区生产总值
	人均存款余额	金融机构存款余额/地区人口
	人均贷款余额	金融机构贷款余额/地区人口
金融服务深化度	保险密度	保费收入/地区人口
	保险深度	保费收入/地区生产总值
互联网金融	数字普惠金融指数	数字普惠金融指数值

金融服务可得性衡量的是金融服务的便利性。其指标是金融机构网点密度和金融机构从业人员密度，其密度包括地理密度和人口密度；金融服务使用度衡量的是金融服务的使用情况，它从存贷款余额的总量和人均量指标去测度使用情况；金融服务深化度衡量的是金融的渗透性，本文选取保险密度和保险深度两个指标来衡量；互联网金融考察的是数字普惠金融发展程度，它使用的是北京大学与蚂蚁金融合作编制的数字普惠金融指数作为指标。以上数据来自中国人民银行各地区分行公布的2015—2019年中国区域金融运行报告，其中广东省的数据仅参考2015—2019年广东省金融运行报告。

本文使用客观赋权的方法，即使用变异系数法来对普惠金融指数进行测度，使用变异系数来确定各指标在指数测算中的权重，计算加权后的指标。

第一，确定指标权重。先求出第 i 个指标的标准差 σ_i 和均值 $\bar{x}_i$（$i=1$，2，$\cdots$，11），计算第 i 个指标的变异系数 $v_i=\sigma_i/\bar{x}_i$，得到该指标所占比重 $w_i=V_i/\sum_{i=1}^{11}V_i$。

第二，对各指标进行加权。对原始数据进行无量纲化处理，然后对处理后的数据进行加权，得到 $d_i=w_i\cdot(x_i-\min x_i)/(\max x_i-\min x_i)$，$d_i$ 表示加权后的第 i 个指标。

第三，计算普惠金融指数。计算标准欧式距离 $Z_1=\dfrac{\sqrt{d_1^2+d_1^2+\cdots+d_{11}^2}}{w_1^2+w_2^2+\cdots+w_{11}^2}$ 和 $Z_2=1-\dfrac{\sqrt{(d_1-w_1)^2+(d^2-w_2)^2+\cdots+(d_{11}-w_{11})^2}}{\sqrt{w_1^2+w_2^2+\cdots+w_{11}^2}}$。其中，$Z_1$ 表示普惠金融发展水平接近最低水平的距离，Z_2 表示普惠金融发展水平接近最高水平的距离，而普惠金融指数是由多个维度的指标综合而成的，因此普惠金融指数的值为 IFI $=\dfrac{Z_1+Z_2}{2}$。其取值区间在［0，1］，越接近 1，则说明普惠金融发展水平越高；相反，则说明普惠金融发展水平越低。2014—2018 年中国 31 个省（自治区、直辖市）的普惠金融发展指数见表 4。

表 4　2014—2018 年中国 31 个省（自治区、直辖市）的普惠金融发展指数

地区	省（自治区、直辖市）	2014 年	2015 年	2016 年	2017 年	2018 年
东部地区	上海市	0.738 0	0.746 2	0.776 3	0.796 3	0.800 8
	北京市	0.488 1	0.543 0	0.575 8	0.586 8	0.588 8
	天津市	0.286 3	0.309 0	0.328 6	0.341 1	0.354 2
	浙江省	0.217 6	0.232 1	0.245 0	0.254 8	0.281 3
	江苏省	0.163 8	0.186 3	0.204 6	0.231 9	0.238 5
	广东省	0.156 3	0.180 2	0.195 0	0.215 3	0.228 6
	福建省	0.114 3	0.131 1	0.142 5	0.154 9	0.166 0
	山东省	0.104 3	0.114 7	0.130 8	0.145 8	0.156 6
	海南省	0.099 4	0.128 1	0.142 3	0.154 4	0.156 7
	河北省	0.083 0	0.102 6	0.119 2	0.131 4	0.145 5

地区	省（自治区、直辖市）	2014 年	2015 年	2016 年	2017 年	2018 年
中部地区	山西省	0.105 5	0.128 7	0.147 6	0.153 1	0.153 3
	安徽省	0.076 2	0.094 4	0.105 3	0.121 0	0.132 0
	河南省	0.075 5	0.091 3	0.104 0	0.127 9	0.134 8
	湖北省	0.071 3	0.086 5	0.099 6	0.118 9	0.132 4
	江西省	0.066 3	0.082 2	0.094 9	0.109 1	0.120 0
	湖南省	0.053 7	0.068 1	0.078 6	0.095 6	0.106 2
西部地区	西藏自治区	0.120 8	0.141 6	0.174 4	0.199 8	0.199 9
	重庆市	0.115 6	0.124 3	0.130 3	0.145 7	0.162 6
	宁夏回族自治区	0.105 7	0.128 4	0.135 3	0.150 8	0.114 0
	青海省	0.104 4	0.125 9	0.137 9	0.151 4	0.150 3
	四川省	0.094 5	0.108 2	0.125 1	0.134 8	0.141 6
	甘肃省	0.089 6	0.119 7	0.136 4	0.145 1	0.151 1
	新疆维吾尔自治区	0.088 0	0.106 3	0.118 6	0.132 0	0.135 9
	陕西省	0.085 7	0.105 0	0.116 9	0.128 4	0.138 3
	内蒙古自治区	0.075 8	0.090 3	0.109 6	0.129 3	0.133 3
	云南省	0.068 0	0.082 0	0.090 7	0.099 6	0.106 9
	贵州省	0.065 2	0.081 2	0.095 6	0.106 1	0.115 8
	广西壮族自治区	0.049 0	0.061 8	0.072 6	0.082 8	0.098 2
东北地区	辽宁省	0.131 5	0.151 3	0.183 2	0.191 9	0.192 8
	吉林省	0.079 1	0.097 7	0.115 4	0.130 9	0.131 5
	黑龙江省	0.075 1	0.091 7	0.101 7	0.122 2	0.124 6

从表4可以看出，普惠金融发展具有以下两个特征：一是各省（自治区、直辖市）普惠金融发展水平均在不断提升，发展速度较快；二是不同区域间的普惠金融发展水平差异明显，但差距在不断缩小。总体而言，普惠金融发展水平排序是东部地区>东北地区>西部地区>中部地区，但最高水平和最低水平

的差距从 2014 年的 15 倍缩至 2018 年的 8 倍，由此可见区域间普惠金融发展的差距正在逐步缩小。

（四）控制变量的选择

影响乡村产业振兴的相关因素有很多。为了控制其他因素的影响，本文借鉴刘伦武（2006）和张芳（2020）等人的研究成果，引入财政资金、经济发展水平、土地、基础设施建设作为控制变量，采用在财政中农林水支出（FISCAL，取对数）、人均地区生产总值（PGDP，取对数）、人均耕地面积（PLAND，亩/人）、农村固定资产投资（FD，取对数）。主要变量的描述性统计见表 5。

表 5 主要变量的描述性统计

变量	观测值	均值	标准差	最小值	最大值
RURAL	155	0.272	0.086 7	0.137	0.669
IFI	155	0.169	0.144	0.049	0.801
FISCAL	155	6.212	0.522	4.905	7.178
PGDP	155	10.86	0.404	10.17	11.85
FD	150	5.424	1.14	1.194	6.874
PLAND	155	1.689	1.389	0.12	6.27

三、实证及结果分析

（一）实证检验与回归

表 6 报告了基本回归的结果。根据表 6，普惠金融发展在至少 10% 的显著性水平下对乡村产业振兴呈正向影响，说明普惠金融发展能满足乡村产业振兴中的融资需求。农村产业发展离不开金融支持，普惠金融从可得性、使用情况、深化度和数字化普及四个维度助力乡村产业发展。

表 6 基本回归结果

解释变量	被解释变量：RURAL			
	（1）	（2）	（3）	（4）
IFI	0.058 9 ** （0.023 6）	0.123 6 *** （0.021 8）	0.120 8 * （0.061 5）	0.143 5 * （0.082 8）

表6(续)

解释变量	被解释变量：RURAL			
	（1）	（2）	（3）	（4）
FISCAL		0.085 4 *** (0.011 5)	0.042 7 *** (0.012 3)	0.038 4 ** (0.016 6)
PGDP			0.087 8 *** (0.018 7)	0.088 4 *** (0.018 8)
FD			0.035 8 *** (0.011 1)	0.039 2 *** (0.014 1)
PLAND				0.002 10 (0.003 4)
常数项	0.262 0 *** (0.009 7)	-0.279 3 *** (0.068 1)	-1.164 2 *** (0.229 1)	-1.169 7 *** (0.229 9)
观测值	155	155	150	150
R^2	0.009 60	0.263	0.422	0.423

注：括号内为标准误，* 表示 $P<0.1$、** 表示 $P<0.05$、*** 表示 $P<0.01$，下文同。

由表6的回归结果（4）可知，其他控制变量，包括财政用于农林水支出、人均生产总值、固定资产投资都会对乡村产业振兴产业产生显著的正向影响，而人均耕地对乡村产业振兴的影响不显著。其原因可能是，在现代化乡村产业体系的建设当中，财政对乡村振兴的扶持十分重要，体现在乡村基本生产条件的改善，如水库沟渠等灌溉条件的改善、退耕还林工作的推广等；而人均生产总值反映当地的总体经济发展情况，经济发展可以反哺农村经济的增长，在江苏、北京等地区，城市经济发展带动乡村第一、第二、第三产业的发展，推动产业融合；固定资产投资增长可以促使农村基础设施的完善以及村民生活条件的改善，如农村道路硬质化、村居环境的改造，既能加强农村与外界的交流，也能吸引人才回流，促进乡村产业发展。人均耕地对乡村产业发展的作用不显著，可能因为乡村产业振兴的指标体系具有多维性，农业效率化、机械化、品质化、科技化、组织化、产业融合化更多是考虑农业的深化发展。

（二）区域异质性检验

普惠金融发展对于不同区域乡村产业呈现不同程度的促进作用，本文将全国分为东、中、西三个区域，探究普惠金融对乡村产业振兴的影响的区域异质性。

表7报告了分区域的回归结果。从表7可以发现，不同区域普惠金融对乡

村产业振兴均呈现正向影响，说明普惠金融发展总体上能够助力乡村产业发展，但在不同区域，其影响程度呈现中部地区>西部地区>东部地区，说明普惠金融在中西部能发挥更强的正面作用。其主要原因是东部地区的金融服务无论是广度还是深度均要高于中西部，因此乡村发展所需的金融支持更易以便利、低成本的方式获得；同时，普惠金融之外的其他金融支持形式，如政策性金融、财政资金等能减弱普惠金融对东部地区的影响。因此，中西部地区的普惠金融发展具有更高的效率，加大对中西部普惠金融发展的政策引导力度，拓展中西部地区金融服务的广度和深度，提高金融的支农效率。

表 7　分区域回归结果

解释变量	被解释变量：RURAL		
	东部地区	中部地区	西部地区
IFI	0. 355 6 *** (0. 127 6)	2. 085 3 *** (0. 687 4)	1. 241 7 *** (0. 399 3)
控制变量	YES	YES	YES
常数项	− 1. 165 0 ** (0. 454 2)	− 6. 294 4 *** (0. 500 7)	− 0. 547 7 ** (0. 248 7)
观测值	55	40	55
R^2	0. 226	0. 848	0. 415
年度效应	YES	YES	YES

（三）稳健性检验

为了检验解释变量的稳健性，本文利用上文中提到的熵权 TOPSIS 法重新测算普惠金融指数，在控制年度效应的情况下（下同），对模型进行 OLS 回归，得到回归结果（1）（见表 8）。由回归结果（1）可得出以下结论：在更换了测算方后，在 10% 的显著水平下，普惠金融指数依然对乡村产业振兴指数有较强的解释性。

表 8　稳健性检验回归结果

解释变量	被解释变量：RURAL		
	回归（1）	回归（2）	回归（3）
IFI_TOPSISI	0. 279 3 * (0. 163 9)	2. 185 0 *** (0. 779 3)	4. 171 6 *** (1. 435 5)

表8(续)

解释变量	被解释变量：RURAL		
	回归（1）	回归（2）	回归（3）
IFI2_TOPSISI		$-2.826\,0^{***}$ $(1.076\,3)$	$-3.621\,8^{***}$ $(1.248\,5)$
FISCAL	$0.076\,1^{***}$ $(0.015\,9)$	$0.030\,7$ $(0.019\,3)$	$0.059\,3$ $(0.051\,8)$
PGDP	$0.094\,0^{***}$ $(0.027\,1)$	$0.054\,9^{***}$ $(0.018\,1)$	$0.049\,7$ $(0.030\,2)$
FD	$0.026\,8^{**}$ $(0.013\,3)$	$0.037\,3^{***}$ $(0.012\,0)$	$-0.025\,9$ $(0.020\,6)$
PLAND	$-0.001\,90$ $(0.003\,2)$	$0.002\,70$ $(0.002\,8)$	$0.005\,60$ $(0.009\,9)$
常数项	$-1.490\,8^{***}$ $(0.348\,1)$	$-0.915\,5^{***}$ $(0.236\,1)$	-0.752 $(0.495\,6)$
观测值	150	150	150
R^2	0.346	0.540	0.724
固定效应			YES
年度效应	YES	YES	YES

部分学者的研究发现，经济增长和金融发展的关系可能呈倒"U"形，因此在回归模型（2）中加入解释变量的二次项（IFI2_TOPSISI），得到回归结果（2），同时使用固定效应模型对模型2进行回归分析，得到回归结果（3），二次项的估计系数为负数，且在1%的水平下显著。由此，得出乡村产业发展与普惠金融发展同样存在倒"U"形关系，即普惠金融发展初期对乡村产业发展呈正面影响，但当普惠金融发展到一定程度，对乡村产业发展的影响逐渐减弱乃至出现负面影响。其原因在于，在普惠金融发展初期，乡村产业方兴未艾，投资报酬较高；但随着普惠金融广度和深度的拓展，乡村产业发展同样也达到一定的成熟程度，金融服务的边际作用下降，普惠金融进一步发展会抑制乡村产业发展，金融机构可能会出于成本考量选择减少对乡村地区的投入。但不应忽略的是，在回归结果（2）和（3）中，普惠金融指数的估计系数仍为正数，说明我国当前的乡村产业振兴和普惠金融发展正处于上升阶段，均未到达顶峰，应该引导普惠金融进一步推动乡村产业发展。

四、研究结论与对策建议

本文通过对 2014—2018 年中国 31 个省（自治区、直辖市）进行乡村产业振兴发展和普惠金融发展水平的量化测度，分别得到乡村产业振兴指数和普惠金融指数。实证检验普惠金融发展对乡村产业振兴的影响，得出以下结论：

第一，普惠金融发展可以促进乡村产业振兴，为乡村产业发展提供必要的社会融资，推动农业现代化体系的建设，有效提高乡村产业的"六化"水平。

第二，普惠金融对乡村产业振兴的影响具有区域上的显著差异，其对乡村产业发展的拉动作用在中西部地区要显然大于东部地区。

第三，普惠金融和乡村产业振兴之间存在倒"U"形关系，但我国当前的两者发展水平总体偏低，普惠金融仍在上升阶段。

根据本文的研究，提出以下对策建议：

第一，引导社会资金进入乡村振兴。拓展普惠金融的广度，加大对涉农金融机构的扶持力度，以奖励、补贴、税收优惠等政策工具支持"三农"金融服务；完善普惠金融体系，创新乡村产业信贷、保险、信托等金融产品，为当地有特色、有影响力、有辐射能力的产业项目提供金融支持。拓展普惠金融深度，加强在广大乡村地区的金融服务设备网点建设，提高数字金融水平，尤其是随着我国互联网移动设备的普及，可在数字普惠金融方面加大投入力度，为乡村产业提供合法依规的小微贷款服务。通过构建顶层设计，完善普惠金融基础设施，实现普惠金融体系的多元化、多层次、广覆盖和可持续发展。

第二，重视中西部开发。中西部地区的乡村产业振兴正如火如荼，政府应当引导金融机构在中西部地区加大金融支农力度，向相关的金融机构予以适当的税收和政策上的扶持；金融机构应当紧跟"一带一路"倡议，加强金融基础设施建设，增加服务网点，丰富金融产品形式，为中西部地区的乡村产业发展提供金融支持。

第三，推动产业融合。乡村产业振兴离不开整个经济社会的支持，两者相辅相成，因此要积极引导工业反哺农业、旅游业等第三产业与乡村特色产业深度融合。要推动第三产业形成良性循环，既要加强农村基础设施建设、加大农林水建设的力度，又要通过打造省级产业融合示范基地，发挥典型的带动作用，积极探索乡村产业融合新业态。

参考文献：

［1］贾晋，李雪峰，申云.乡村振兴战略的指标体系构建与实证分析

［J］. 财经科学, 2018（11）: 70-82.

［2］焦瑾璞, 黄亭亭, 汪天都, 等. 中国普惠金融发展进程及实证研究［J］. 上海金融, 2015（4）: 12-22.

［3］杜晓山. 小额信贷的发展与普惠性金融体系框架［J］. 中国农村经济, 2006（8）: 70-73, 78.

［4］王婧, 胡国晖. 中国普惠金融的发展评价及影响因素分析［J］. 金融论坛, 2013, 18（6）: 31-36.

［5］王松奇, 郭江山. 金融支持农村经济增长的实证分析: 基于结构的视角［J］. 金融评论, 2012, 4（6）: 1-10, 121.

［6］肖诗顺, 高锋. 农村金融机构农户贷款模式研究: 基于农村土地产权的视角［J］. 农业经济问题, 2010, 31（4）: 14-18, 110.

［7］肖干, 徐鲲. 农村金融发展对农业科技进步贡献率的影响: 基于省级动态面板数据模型的实证研究［J］. 农业技术经济, 2012（8）: 87-95.

［8］高帆. 乡村振兴战略中的产业兴旺: 提出逻辑与政策选择［J］. 南京社会科学, 2019（2）: 9-18.

［9］刘敏楼, 宗颖. 我国中小企业的产业政策探讨: 兼谈中小企业在我国的地位［J］. 当代财经, 2003（4）: 101-103.

［10］王曙光, 王丹莉. 乡村振兴战略的金融支持［J］. 中国金融, 2018（4）: 69-70.

［11］周明栋. 金融支持乡村产业振兴实证研究: 基于产业融合的视角［J］. 现代金融, 2020（8）: 32-37, 31.

［12］杜朝运, 范丁水. 基于地区数据的四川省普惠金融发展测度［J］. 西南石油大学学报（社会科学版）, 2021, 23（1）: 8-15.

［13］刘伦武. 农业基础设施发展与农村经济增长的动态关系［J］. 财经科学, 2006（10）: 91-98.

［14］张芳, 康芸芸. 乡村产业振兴的金融供给: "政府-市场-社会" 合作模式的探索［J］. 商业研究, 2020（12）: 124-131.

［15］SARMA M. Index of financial inclusion［J］. Jawaharlal Nehru University, Discussion Paper in Economics, 2010（11）: 1-28.

［16］KEMPSON E, WHYLEY. Kept out or opted out? understanding and combating financial exclusion［J］. The Polity Press, 1999（2）: 3.

区块链融入新时代乡村治理的理论分析及实践思考研究①

赵立永

（河北经贸大学马克思主义学院）

摘要： 区块链技术作为新型网络技术的代表，因其技术独特已经越来越广泛地运用到社会生活之中，并开始尝试性地运用到乡村治理之中。乡村治理是实现乡村振兴的重要政治保障。党的十八大以来，党中央多次强调，推进乡村治理要更加充分地发挥科技的引领和支撑作用。区块链与乡村治理具有高度的内在耦合性，可以完全充分地融入乡村治理之中。区块链自身的去中心化特性、共识机制特性、分布式协作特性、智能合约特性，可以进一步扩大乡村治理主体范围、凝聚乡村社会广泛政治共识、建立健全乡村治理制度体系、提升乡村治理实践效能。但是，"河有两岸，事有两面"，我们还要高度警惕区块链技术的风险隐患，注意扬长避短。

关键词： 区块链；新时代；乡村治理；实践反思

从 2019 年 6 月《关于加强和改进乡村治理的指导意见》强调"现代乡村治理的科技支撑"，到 2019 年 10 月中共中央政治局召开的区块链技术发展现状和趋势专题学习会上提出要探索"区块链+"在民生领域的应用，到党的十九届四中全会公报首次构建"科技支撑社会治理体系"的有关表述，再到 2020 年中央一号文件指明农村农业发展要加快区块链等信息技术在农业领域的运用。这是党中央对"区块链技术"的密集表态与正式发声。脱贫攻坚任务完成后召开的首次中央农村工作会议也提出并强调，"十四五"时期全面实施乡村振兴战略，必须要创新乡村治理方式、提高乡村治理水平。可见，区块链在乡村社会治理中的运用已经引起党中央的高度重视和极大关注。从本质上

---

① 本文系 2020 年度河北省社科基金项目（项目编号：HB20MK013）的阶段性成果。

看，作为信息时代技术核心的区块链，本身就是一套治理架构，因其去中心化、分布式存储、不可篡改等特性，可以使得乡村社会治理结构更加呈现扁平化状态，让基层社会服务流程变得更加直观、透明，大大提高基层党组织提供的社会治理数据的可信度，尤其在协调处理人与人互信关系上有着明显的自身优势。区块链的这些独有特点将会为新时代乡村治理现状带来革命性变化。如果我们能把区块链技术较好地融入乡村治理过程中，必将有效改变我们原来乡村治理的思维模式、传统方式和陈旧方法，极大提升新时代乡村治理实效性，有效加强和改进新时代乡村治理，从而为"十四五"时期的乡村振兴打下坚实基础。

通过知网查阅有关文献可知，目前学术界对于区块链的研究成果大多围绕乡村实业发展、脱贫攻坚推进、乡贤作用发挥、乡村金融建设等内容展开，研究呈现碎片化特点，而关于探讨"区块链融入新时代乡村治理"的研究成果明显不足，这显然与加强和改进新时代乡村治理的时代要求不匹配。本文将基于对区块链独特特性进行客观分析的基础上，深入探究乡村治理与区块链之间的高度契合性，阐明将区块链融入乡村治理的可行性路径，以期为加强和改进新时代乡村治理提供决策参考，也为本领域学术同行研究提供参照。

一、区块链与乡村治理

（一）区块链视域下的乡村治理

从信息技术角度看，区块链是用密码学做基础保障的一种全新网络技术。它拥有链式的存储结构，采用共识机制架构，以分布式方式存在，通过点对点传输技术、加密算法、智能合约方式来拓展延伸计算机的应用领域，具有数据存储分布式、主体选择去中心化、信息不可篡改、系统高度开放、数据公开透明、节点网络高度自治等特性。从应用价值上讲，区块链与大数据、5G技术、物联网等智慧科技相结合，能大大拓展现代信息技术的服务领域和使用范围，绝不是一种超然于物外的独立信息技术。另外，它还以其分布式的去中心化特性、时间邮戳的不可篡改性、数字化的智能合约特性等，较为有效地解决人与人之间的公平、信任、价值传递、信息不对称等现实问题，全面重构人与人之间的价值信用体系，较好地实现和保持多个主体之间的协作信任和行动一致，尽可能最大化地降低人际社交成本、增强社会交往实效，推进传统互联网技术由"信息互联"转向"价值互联"，从而更好地服务于乡村经济社会的运行发展，有力提高乡村治理体系和治理能力的现代化水平。具体地说，区块链技术可广泛应用于政府管理与决策、社会治理、农业生产、基层党组织建设、环境监测、诚信体系建设，以及其他社会管理类活动。党的十八大以来，党和政府在乡村治理上出台了不少重大举措，也取得了不错成绩，但是部分地方的工作成效仍然不甚明显。究其原因，一些基层党员干部，面对新时代乡村治理过程中复杂的工作形势时，在工作中极易陷入被动，特别是在他们面对浩如烟海的信息数据时，往往找不到主要矛盾、抓不住工作重点、理不出工作头绪，以致一些非常细小的问题经常因不恰当地处置而影响党的形象，损害党群关系，弱化基层党组织的公信力。从技术角度考虑，这正是由于乡村基层组织对现代信息科技掌握不够、运用也不充分造成的。他们在处理乡村治理中整理出的海量信息数据时，对其缺乏系统性的汇总提炼，深度挖掘也不够，因此整体利用效果比较差。在新时代乡村治理中，基于区块链的自身特性，充分发挥区块链的独特优越性，乡村基层党组织可以精确数据传播过程中的实际归属，保证数据准确传输的唯一性，降低数据因信息传播过程过长和内容太过复杂而产生的高昂成本和带来的不确定性，从而降低传播成本，增强信息数据的可信度，有效提升乡村基层党组织的威望和公信力。

从本质上说，区块链就是一套社会治理架构。其核心是基于多重社会应用场景并融合了多种科学技术手段而形成的新型激励约束机制，它是对提高社会治理水平的专业技术升级。乡村治理是在党的领导下由党的基层组织对乡村社会进行有序引导、全面规范、积极调控的管治施治过程。新时代乡村治理以集中破解乡村治理中的现实问题为导向，以社会主义法治为治理依据，以保障和改善民生、促进农村和谐稳定为根本目的，充分发挥现代科技的有力支撑作用，充分调动多元化社会治理主体的参与积极性，全力打造产业兴旺、乡风文明、生态宜居、治理有效、生活富裕的社会主义新农村。2019 年新修订的《中国共产党农村基层组织工作条例》明确提出，要注重运用现代信息来提高乡村治理的现代化水平。推进新时代乡村治理，就是要全面实现乡村的自治、法治、德治，这可以借助于区块链自身的去中心化、可信任、可追溯、可共享等特性，有效提升乡村"三治"的实际功效；推进新时代乡村治理，就是要进一步理顺个体与集体、城市与乡村、村集体与党的基层组织、农村振兴与农业发展之间的内在关系，这可以充分发挥区块链的智能合约作用、分布式存储功效、数据公开透明特性、共识机制建构特性，更好地处理乡村内部人与人、人与组织、组织与组织之间的多重关系。照此来看，区块链技术融入新时代乡村治理不仅合理合适，而且大有可为。

（二）区块链与乡村治理的耦合性分析

1. 区块链能为更有效地新时代乡村治理提供更强的技术支撑

2016 年 4 月，习近平总书记在全国网络安全和信息化工作座谈会上指出，"要以信息化推进国家治理体系和治理能力现代化，……更好用信息化手段感知社会态势、畅通沟通渠道、辅助科学决策。"实现更加有效的新时代乡村治理更要发挥好信息科技的支持和保障作用，特别是把现代科技有机融入新时代乡村治理之中，以增强乡村治理的针对性和有效性。新时代乡村治理必然要求将区块链等新技术积极融入乡村治理之中，以充分发挥信息数据链的链接纽带作用，做到让信息数据"多跑路"、人民群众"少跑路"，扩大信息数据的共享和使用范围，达到以"智"而"治"的治理目标。区块链有其独有特性和特殊优势，用区块链赋能乡村治理，将更好地提高新时代乡村治理对象的自我管理、自我监督、自我教育、自我服务能力，最大限度地增强人民群众的治理主人翁意识，助力基层乡村治理。区块链在乡村治理中的运用，因其链上数据的不可篡改性、数据信息的可追溯性、技术价值的共享性等特性，使得广大基层人民群众已经不再是只知道单向地被动接受社会服务的一个个体，转而成为社会服务的主动参与者，甚至有时候会成为某种社会服务的专门提供者。2020年，在全民共同抗击新冠肺炎疫情期间，因抗疫的现实需要，中央乃至地方都把大量信息数据上链，使得全国各社区、乡村、人员、街道、政府都能及时获取最新最准的抗疫信息，从而大大减少了跨地区人员流动，便利了政府方针政策的信息传递，提高了抗疫斗争成效，也更广泛地凝聚和团结了全国各民族人民齐心战疫的强大力量。

2. 加强和改进新时代乡村治理极大拓宽了区块链的运用场域

我国古代普遍是"政不下乡"，乡村治理在很大程度上依赖着各地比较有影响力的乡绅富贾来实现。我国古代农村自然化治理的色彩比较浓厚。新中国成立后，我国乡村治理实行社队式的直接管理，使乡村与国家之间的联系更加紧密了。改革开放后，由于最先在我国广袤的农村搞改革，村民自主性显著增强，农村社会原有的村政直接联系渐渐地被打破，政府开始退出乡村，实行村民自治下的间接管理，"乡政村治"的新模式出现，乡村社会开始分化，渐渐衍生出了治理难、管治难的新问题，甚至个别村庄出现了"乡匪""村霸""家族势力横行"的治安难题。党的十八大以来，在我国直接管理与间接管理驱动下的乡村治理确实取得了不小的成绩。不可否认的是，乡村社会的一些深层次问题还是没能解决好，如基层党组织呈现软化弱化边缘化、基层公共服务效能不高、乡村治理的决策科学性不够、村民参与乡村治理的积极性不高等问题。加强新时代乡村治理，必然要坚持以问题为导向着力扭转现存乡村治理新时代困境，全面重塑乡村与政府的良好关系，更有效地凝聚广大人民群众政治共识，推进新时代乡村振兴。而要加强新时代乡村治理，必然要从治理主体（谁来治）、治理客体（治什么）、治理内容（怎么治）三方面入手。对于这些方面，区块链技术都可以提供最佳的技术支持。具体来说包括以下四点：一是要极大调动新时代乡村治理多元主体的参与积极性，可以通过强化区块链技术的去中心化特性来驱动；二是要破解新时代乡村治理突出尖锐的诸多难题，可以通过提升区块链技术的分布式记账特性来突破；三是要更好地凝聚新时代乡村治理主体的政治共识，可以通过扩大区块链技术共识机制的使用范围来带动；四是要有效发挥新时代乡村治理的多中心合力作用，可以通过充分发挥区块链技术智能合约特性来提升。加强新时代乡村治理，进一步扩大了区块链技术在乡村治理中的广泛运用，大大拓展了区块链技术的使用空间，挖掘了现代科技的实际应用价值。

二、区块链融入新时代乡村治理的实践案例分析

加强和改进新时代乡村治理，就是要着力打造人人有责、人人负责、人人尽责、人人参与、人人享有的乡村发展命运共同体。作为新时代信息技术代表的区块链技术，在打造乡村发展命运共同体上有其独特优势和重大促进作用。近年来，区块链与乡村治理已经进行越来越充分的融合与渗透，它在乡村治理中的实践运用也取得了长足发展，并且越来越展现出对新时代乡村治理的巨大推动和科技引领作用。

贵州省清镇市充分发挥区块链对乡村振兴的科技引领作用，全面打造"清镇数屋·诚信人家"，坚持以村庄合作经营主题为运营主体、以市场直接链接农业生产为抓手、以诚信建设与村庄治理为轴心，通过区块链技术生态体系将村庄内及村庄间各种经营活动数字化，通过运用"诚信建设+社会治理""区块链+党支部（村委会）+合作社（村集体）+农户+农业供应链+金融机构"的运行模式，有效提升广大农民在数字化治理中的体验感和获得感。"清镇数屋·诚信人家"成为新时代我国乡村治理的成功典范。

杭州市萧山区戴村镇推出以区块链技术为核心的"映山红"计划。这就是乡村基层组织通过积极构建乡村生产诚信体系，让乡村农业生产各环节都上"区块链"，详细标明农产品信息，规范农产品生产流程。在乡村治理中通过积分方式，引导和弘扬乡村社会正能量，有效增强村民的主体意识，充分调动村民相互监督的积极性，重塑村民与村民、村民与政府、城市和乡村之间的可靠信用体系。

北京市朝阳区基于区块链技术的去中心化、不可篡改、共识机制等特性，将司法机关的调解申请、证据材料、调解卷宗、司法确认裁定书等实现同步上链，坚持把矛盾纠纷化解各环节的可信价值传输、信任体系建立、信息纽带联结起来，推行以一体化、一站式的模式实现矛盾纠纷源头化解。

广州市禅城区为了更好地监督和管理社区矫正人员，将与社区矫正相关的公、检、法、司等部门信息壁垒进行横向打通，畅通部门与部门之间的沟通渠道，建立纵横联动的共享工作机制，让社区矫正管理人员可以通过"社矫链"及"区块链+社区矫正"一张图及时准确了解社区矫正人员的动态轨迹。同时，社区还建成了矫正人员信用评价系统，以此来详细记录社区矫正人员的信用评价分数，从而全面增强社区矫正的实效。

此外，还有江苏省常州市北港街道办事处将区块链思维引入拆迁安置小区管理、苏州市姑苏区上线基于区块链技术的"公益守护联盟"、浙江省杭州市下城区将数据全上链让更多的人参与到城市治理中来，等等。20个全国首批新时代乡村治理典型案例见表1。

表1 20个全国首批新时代乡村治理典型案例

序号	编码	所属行政区	案例名称
1	SYQ	北京市顺义区	"村规民约"推进协同治理
2	BDQ	天津市宝坻区	深化基层民主协商制度
3	FXQ	河北省邯郸市肥乡区	红白喜事规范管理
4	BSQ	上海市宝山区	"社区通"智慧治理
5	HTC	上海市金山区漕泾镇护塘村	村务工作标准化管理
6	TXS	浙江省嘉兴市桐乡市	自治法治德治融合
7	NHX	浙江省宁波市宁海县	小微权力清单"36条"
8	XSX	浙江省宁波市象山县	村民说事
9	TCS	安徽省滁州市天长市	"积分+清单"防治"小微腐败"
10	LXZ	福建省泉州市洛江区罗溪镇	构建党建"同心圆"
11	YJQ	江西省鹰潭市余江区	抓"宅改"促治理
12	YSX	山东省临沂市沂水县	殡葬改革破除丧葬陋习
13	DYS	湖北省黄石市大冶市	党建引领·活力村庄
14	ZGX	湖北省宜昌市秭归县	村落自治

表1(续)

序号	编码	所属行政区	案例名称
15	YXQ	湖南省娄底市新化县吉庆镇油溪桥村	村级事务管理积分制
16	HZS	广东省惠州市	一村一法律顾问
17	NHQ	广东省佛山市南海区	织密三级党建网格
18	ZQC	四川省成都市郫都区唐昌街道战旗村	党建引领社会组织协同治理
19	HYX	陕西省安康市汉阴县	"三线"联系群众工作法
20	HSB	宁夏回族自治区吴忠市红寺堡区	规范村民代表会议制度

很显然，区块链在乡村治理中的运用，都是充分发挥和利用了区块链的自身优势和独有特性，都是通过让形形色色的信息数据及时上链，以去中心化方式来加强和改进乡村治理。新时代乡村治理通过运用区块链的共识特性，形成一种乡村社会的相互监督机制，利用区块链分布式协作特性，做到村务公开透明，争取让每个村民都参与到乡村治理之中，实现乡村治理的共建、共治、共享，基于区块链的不可篡改特性，助力乡村生产发展，建设富裕乡村，推进乡村振兴。

三、区块链融入新时代乡村治理的实践思考

实现有效新时代乡村治理，关键是抓住穿梭在乡村社会的人流、物流、资金流、信息流。在管理人、财、物信息上，区块链是有显著优势的。习近平总书记在中央政治局第十八次集体学习时强调，要抓住区块链技术融合、功能拓展、产业细分的契机，发挥区块链在促进数据共享、优化业务流程、降低运营成本、提升协同效率、建设可信体系等方面的作用。全面将区块链融入新时代乡村治理之中，能够有效降低乡村治理过程中产生的不必要的管理成本，提高乡村治理过程中的信息确定性，提升基层党组织的社会公信力，丰富村民参加乡村治理的参与方式。利用区块链的共识特性，可以进一步凝聚乡村社会共识；发挥区块链的去中心化特性，可以进一步扩大乡村治理主体范围；运用区块链的分布式协作特性，可以建立健全乡村治理制度体系；借助区块链的智能合约机制，可以大大提升乡村治理效能。

（一）利用区块链的去中心化特性，进一步扩大乡村治理主体范围

区块链是一个以点对点方式构建的对等网络体系，其自身的去中心化特性

决定了这个体系是没有一个统一中心的且在内在层次上也不存在传统的上下级关系。实际上，区块链的各个点都进行了一种职能性分工。对于新时代乡村治理而言，就是要努力扩大乡村治理的主体覆盖面，着力打造一种共商、共建、共享的新型乡村治理体系。对此，我们可以充分运用区块链的去中心化特性来加强新时代乡村治理主体建设。

运用区块链去中心化技术特性，可以有效整合基层党组织、各级政府、社会组织、个体精英等乡村治理主要群体，进一步扩大乡村治理主体范围，推进多元化主体参与到乡村治理之中。基层党组织是实现有效乡村治理的核心，要凝聚起乡村治理合力，需要充分发挥农村基层党组织思想引领、政治保障、促成合作、积极协调的治理引擎作用。基层人民政府是实现有效乡村治理的直接推动者，加强新时代乡村治理必然要求基层人民政府进一步加强政府服务职能建设，摒弃以前的单向管控思维变为双向互动协调思维，升级乡村治理传统方式，重点做好主体范围扩大、主体内在关系协调、村民社会参与平台搭建等工作。社会组织是实现有效乡村治理的桥梁和纽带，引入各种社会组织和个体精英参与到乡村治理之中，可以充分发挥各种社会组织自身联系广泛、灵活机动的优势，对新时代乡村治理能起到有益的补充作用。与此同时，也要将乡村振兴过程中涌现出的各种新型经济组织及时纳入乡村治理主体范围内。发挥好区块链的去中心化特性，将有效推进新时代乡村治理，扩大乡村治理主体范围，更好地把乡村政治、乡村经济、乡村文化、乡村社会、乡村生态发展有机统一起来，极大提高乡村治理的实际效果。

（二）利用区块链的共识特性，进一步凝聚乡村社会广泛共识

区块链实际上是一种多元主体的自组织、是一种更高级别的组织形式。这种自组织从根本上说就是激发自组织内所有人的参与积极性，形成一种达成共识、凝聚共识、践行共识的良好运行局面。共识达成是区块链的独特特性。对于区块链而言，若没有形成共识，链上主体就无法确定交易记录的具体方式，链上交易的安全性也将得不到保障。缺失交易记录规则及缺乏公信力的区块链是根本运行不起来的。同样，新时代乡村治理也需要广泛凝聚大家普遍认可接受的治理共识。无共识，则无凝聚力、向心力、战斗力；无共识，则无人民群众认同和支持；无共识，新时代乡村治理也就缺失了坚实有力的群众基础。

立足区块链，可以形成新时代乡村治理的最大共识。一是形成乡村振兴的思想共识。乡村振兴关键在产业振兴。新时代乡村治理是促进乡村振兴的重大政治保障，新时代乡村治理效用将会在产业振兴过程中体现。推进区块链技术融入乡村产业发展之中，可以保证和提高乡村社会生产的质量与效率，助力新

时代乡村产业振兴。区块链助力乡村治理，促进乡村产业发展，推进乡村社会富裕，这能更好地凝聚广大村民形成乡村治理的思想共识。二是形成乡村民主发展共识。加强新时代乡村治理，必然要以保障村民民主权利、扩大基层民主主体范围、丰富基层民主类型、提高基层民主水平为前提，实现更有效的乡村社会自治、自建、自管。在新时代乡村治理中运用好区块链的共识特性，可以更好地增强村民主人翁意识，调动村民参与的积极性，扩大村民对新时代乡村治理的认同，更好地推动乡村民主发展进步。三是形成乡村平等合作共识。新时代乡村治理就是要构建在党的领导下，政府负责、社会协同、公众参与，既有合理分工又有广泛合作的新时代乡村治理机制。这就要求各乡村治理主体要有个体自我独立性和社会地位完全平等性。区块链上的种种"链上主体"是相对独立的，而且地位也是完全平等的，这为他们平等参与乡村治理奠定了基础。把区块链共识特性融入新时代乡村治理，还能有效改善党和政府的工作方式，充分发挥各级党政部门的协调联系作用，形成乡村治理的平等合作共识，促进乡村社会的共建、共治、共享。四是形成乡村社会法治共识。新时代有效乡村治理必然要在国家有关法律法规和大政方针指导下进行，应充分运用好乡村社会的现有村规民约和政策法规体系，以及新时代乡村治理的成功经验。区块链融入乡村治理，基于自身的共识特性，可以通过把乡村治理中的系列规章制度和全部乡规民约实现集体"上链"，以此让广大村民第一时间了解到乡村规章和乡规民约的具体内容，产生情感共鸣，形成群体法治认同，最终汇聚成乡村社会的法治共识，进一步扩大乡村治理中制度规章的影响力，提高对人的约束力。

（三）利用区块链的分布式协作特性，建立健全乡村治理制度体系

区块链是一个分布式存在系统。虽然区块链各个区块都是呈分布式存在的，但是这并不影响各个区块之间的协作共存，这就是区块链的分布式协作特性。在乡村治理过程中，基层党组织可以利用区块链的这一特性，既对乡村治理参与者进行相对分工，又从整体上形成乡村治理的最大合力，尽可能把分散的社会治理元素整合形成高效的协同合作体系，以充分调动乡村治理主体的主观能动性和积极性，从而大幅度降低乡村治理中跨界资源配置的成本。

借助于区块链的分布式协作特性，可以进一步建立健全乡村治理的制度体系。一是可以完善乡村治理民主决策机制。利用区块链的分布式协作特性在完成基层选举民主的同时也可将乡村事务信息及时上传局域区块链，供广大人民群众知晓并监督乡村治理工作，以发挥广泛协商民主的沟通协调作用，充分保障人民群众的民主选举、民主决策、民主管理、民主监督权利，既保障让人民

群众自由选择自己的生活方式，又保证人民群众对集体公共事务行使意见表达权和事务决策权。二是可以建立意见表达机制。有效利用区块链搭建的合作平台，让多元乡村治理主体既能实现分工协作、各抒己见，又能实现充分表达个人意志的目标，尽可能达成乡村治理的最广泛社会共识，实现乡村治理的高效化、民主化。三是可以创新乡村自治形式。乡村治理工作千头万绪，借助于区块链的分布式协作特性，可以创新乡村治理方式，如基于区块链信息共享，形成人民群众参与乡村治理的"一事一议"制度、借助区块链平台倡导社会正能量，形成发挥乡村模范表率作用的"乡贤理事会"、利用区块链分布式协作特性，形成负责乡村事务协调的"村民代表理事会"，等等。

（四）利用区块链的智能合约机制，提升乡村治理效能

智能合约是一连串的数字化承诺、是由承诺参与方提前安装到区块链里的既定履行程序。区块链智能合约一旦开始执行，就不再允许修改，这一特性可有效解决人与人之间交往交际的信用问题。通过区块链智能合约机制可以简化、精细化新时代乡村治理过程，最大限度地实现乡村治理的数字化智能化，轻松找到乡村治理的"痛点"，选准切入点，增强乡村治理主体对周围社会环境的应急反应能力，提高乡村治理水平。区块链智能合约机制在乡村治理中的运用可大大提升新时代乡村治理效能。

通过发挥区块链技术实时互联、资讯共享、政策发布、一体联动的智能合约机制带动作用，可以营造出透明可信、高效务实、低成本廉的社会环境，从而提升新时代乡村治理中村民服务、乡村自治、应急处置、公共管理等方面的治理效能。比如，依托区块链智能合约机制，可将乡村治理中不同部门、不同层级进行有机地连接，让它们彼此之间可以共享数据，实现协同管理，强化有效监管，尽可能将乡村社会中的风险隐患提前消灭在萌芽状态。再比如，通过区块链可以有效提高乡村治理的精细化水平。在数字化时代，诸多社会事实真相往往隐藏在海量的信息数据之中，如果用人力去整理这些庞杂的数据既费时又费力，而且成效还不明显。在这种情况下，区块链可以发挥对社会生活中政治、经济、社会、文化等方面的数据整合优势，通过自身大数据功能实现对社会生活中的众多信息进行深度挖掘和全面分析后做出正确决定。同时，还能将那些看似无关联的社会事件给有机串并起来，并由此做到对一些隐性社会问题的早发现、早处理、早解决，从而增强新时代乡村治理的针对性和实效性。

四、区块链融入新时代乡村治理的风险思考

以上都是对区块链技术的正向使用。但是，作为信息时代的产物、作为一

项新兴网络技术，必然会有隐患和风险伴生。区块链自有的去中心化特性，使得我们对区块链的监管变得非常困难，但是我们必须要把依法治网落实到区块链管理中，这样才能更好地保障区块链安全有序发展。乡村治理是一个重大时代课题。推进新时代乡村治理必然要保障乡村社会的平稳有序健康发展，新时代的先进科学技术确实可以助力新时代乡村治理。但是，先进信息科技融入新时代乡村治理绝不能干扰和影响乡村治理，甚至成为乡村治理的现实障碍。

作为信息时代产生的复合型网络技术，区块链技术从目前来看还处于早期发展阶段，应用和治理还有诸多不成熟的地方，故而它的技术安全性还需进一步巩固提升。比如，区块链技术安全方面存在代码漏洞，这使得区块链的数据层、共识层、合约层和网络层有可能会受到网络病毒攻击；区块链用户有可能面临潜在的使用安全问题，如个人私钥会因管理不善，或是遭遇网上木马病毒攻击被窃取，导致私钥丢失；因区块链的不可篡改特性，一些不法分子有可能借机上传一些非法信息或是文件，从而给信息监管带来潜在安全问题。

与此同时，区块链的运行还存在一些潜在社会风险：因区块链链上数据的不可篡改性，它可能会成为存储、传播违法违规信息，实施网络违法犯罪的工具；因政府政务公开和"去中心特性"要求，它自身的道德风险和可扩展性会带来道德失序及适用领域不可控的一系列问题；因缺乏服务连续性，可能对基本公共服务和公民权利保护出现不足；因市场波动或者重大技术缺陷，可能发生无法界定个体责任的问题；因技术精英主导区块链的监督服务，它不需要任何合法性授权，可直接使用链上信息与数据，从而产生潜在的信息安全风险。

因此，在新时代乡村治理过程中，我们一定要驾驭好区块链技术，加强对区块链技术的管理，避免区块链上数据和行为出现分叉，保证运行在区块链上的各种应用不出现错误，达到既利用和发挥好区块链技术无可替代的独特优势，又注意尽量规避其自身风险。只有这样，才能安全有效，才能助推乡村治理行稳致远。

五、结语

区块链助力新时代乡村治理是打造新时代乡村治理的"升级版"（3.0版），这恰逢其时，大有可为。区块链实质上是一种治理新思维，它与新时代乡村治理是有高度耦合性的。它有其自身技术独特性，推动它有效融入我国新时代乡村治理之中，必将从根本上改变我国传统乡村治理的方式方法、路径思维、战略战术、应对策略，更好地提高新时代乡村治理水平。但是，我们也一定要注意防范区块链技术所带来的潜在风险隐患。

参考文献：

［1］习近平在中央农村工作会议上强调坚持把解决好"三农"问题作为全党工作重中之重促进农业高质高效乡村宜居宜业农民富裕富足［N］.人民日报，2020-12-30（01）.

［2］张国云.区块链，未来已来［J］.杭州金融研修学院学报，2019（12）：49-52.

［3］王欣亮，魏露静，刘飞.大数据驱动新时代乡村治理的路径建构［J］.中国行政管理，2018（11）：51.

［4］肖淙文.张留.萧山戴村镇运用数字技术探索基层共治共享新路 当"区块链"走入乡村［N］.浙江日报，2020-04-10（07）.

［5］杜筱.解决继承纠纷，用上了"区块链"［N］.人民法院报，2019-11-19（06）.

［6］佛山禅城区 上线全国首个"区块链＋社区矫正"应用［J］.计算机与网络，2018（22）：4-5.

［7］中央农办、农业农村部首次发布全国乡村治理典型案例［N］.农民日报，2019-06-06（1-2）.

［8］习近平在中央政治局第十八次集体学习时强调 把区块链作为核心技术自主创新重要突破口 加快推动区块链技术和产业创新发展［J］.中国信息安全，2019（11）：30.

［9］李后强.以"区块链"思维创新乡村治理方式［J］.当代县域经济，2018（6）：15.

［10］习近平在中央政治局第十八次集体学习时强调 把区块链作为核心技术自主创新重要突破口 加快推动区块链技术和产业创新发展［J］.中国信息安全，2019（11）：30.

［11］汤媛媛.区块链风险治理：困境与规制［J］.税务与经济，2020（5）：37-38.

［12］闻骏.梁彬.基于区块链技术的国家治理创新研究［J］.昆明理工大学学报（社会科学版），2017（6）：35.

农村金融发展与机构创新

疫情冲击与农村家庭数字金融行为[①]

——基于江苏农村家庭金融调查数据的实证研究

王晓青

（南京审计大学经济学院）

摘要： 本文深入考察疫情对农村家庭数字金融行为的影响，对疫情期间和后疫情时代农村数字普惠金融创新发展及服务实体经济具有重要意义；基于2021年江苏农村家庭金融调查数据，实证检验疫情冲击对农村家庭数字金融行为的影响及差异。研究结果表明，疫情显著增加了农村家庭数字金融使用的可能性，这一影响对金融素养和数字技术水平较高的家庭更显著，同时疫情对数字金融行为的促进作用也具有区域差异；而随着数字普惠金融的发展，疫情影响对农村家庭数字金融产品使用的正效应逐步增加，由此提出有针对性的提升数字金融服务农村包容性增长能力、推进江苏新农村建设的对策建议。

关键词： 疫情冲击；农村家庭；数字金融行为

一、问题的提出

2020年伊始暴发的新冠肺炎疫情，对全球经济金融产生了巨大冲击。不同于以往的疫情和常见的自然灾害，新冠肺炎病毒的传染性极强、传播速度迅速、传播途径广泛，这使得本次疫情具有全面性、不可预知性和需求-供给双抑制性的特征。在戴口罩、勤洗手、保持安全社交距离等疫情防控措施下，人们通过减少外出消费、劳动时间以及居家办公等来减缓病毒传播，但与之伴随

① 本文系江苏省高校哲学社会科学研究项目"疫情冲击下江苏农村数字普惠金融发展研究：作用机制与路径优化"（项目编号：2020SJA0366）的阶段性研究成果。

感谢第五届中国西南农村金融论坛评论专家、四川农业大学经济学院王玉峰教授对本文的指导和帮助，并据此进行修改和完善，但文责自负。

而来的是对经济活动（如产业、企业、劳动力市场、家庭消费支出等）造成的严重影响，并且在国际和国内表现为高度的同步性。

鉴于金融服务的公共物品属性，传统金融模式下的近距离接触服务为疫情风险提供了传播途径。而近年来依托大数据、云计算、人工智能、区块链等新兴技术的金融数字化融合则有效地缓冲了来自疫情的外生冲击，通过搭建平台整合金融和泛金融场景以满足金融服务的线上化需求，凸显其无接触式业务模式的优势，同时也提升了金融资源配置效率，有助于增强疫情期间以及后疫情时代金融体系服务实体经济的能力，最终推动经济高质量可持续发展。

根据中国互联网络信息中心发布的《中国互联网络发展状况统计报告（2022）》，随着数字农村建设的推进，我国农村互联网普及率从2007年的不足10%增加到2021年6月的59.2%以上，农村网民为2.97亿人，占网民整体的29.4%，与城镇网民相比，其增加量更大、增速更快。尤其是自2020年新冠肺炎疫情暴发以来，严防严控措施、自我隔离和无接触消费模式等促使信息获取、传播的方式发生进一步变革，农村网民规模具有较大的增长空间和潜力。农村家庭对联网计算机、智能手机等信息化设备的拥有量也不断增加，为电子支付、手机银行、网络购物等为主要媒介的数字金融在农村地区推广提供了基础设施条件。疫情冲击下，非接触式应用场景需求增加，农村家庭生产经营活动和平滑生活消费也受到影响，农村劳动力和城镇劳动力之间的不平等竞争程度进一步加剧，这些都对数字金融服务农村经济发展提出新的命题和要求。那么，当前农村家庭数字金融产品使用现状如何？疫情冲击对农村家庭数字金融行为有何影响？不同类型的农村家庭是否存在差异？这些问题暂且缺少微观数据的解答。

二、文献综述

从学术界对农村地区突发事件的研究来看，主要集中于从微观层面分析自然灾害或疫情冲击对家庭个体的影响以及农村社会应对能力、应对策略等方面。首先，突发事件所产生冲击的直接影响是无法正常开展生产活动，面临较大的劳动生产率损失和经济亏损，导致农户收入水平下降，特别是对于重点脆弱群体，极易形成新的致贫或返贫风险。其次，在面对突发事件的冲击时，受影响个体可能因生活成本增加、可支配收入减少等原因而压缩各项消费支出，从而制约家庭长期发展能力和整体效用水平。此外，受到冲击的农村家庭也会采取各种正规或非正规应对措施来缓解负面影响，如向亲友借款或向正规金融机构申请借贷资金，动用预防性储备资产弥补资金缺口，以及向政府、媒体、社会团体等机构寻求补贴或援助。当然，仅依靠政府援助等正规应对机制往往难以恢复受灾前的生产生活水平，还需要正规信贷等市场援助发挥作用。但是，在我国农村信贷市场不完善的情况下，信贷策略的可及性和有效性有待检验。

目前，研究农村数字金融的文献着重分析数字金融的影响效应以及农户数字金融行为的影响因素。在宏观影响方面，数字普惠金融发展能够显著减缓农村贫困，具有减贫效应，显著缩小了城乡收入差距。在微观影响方面，数字金融有助于缓解农户信贷约束、促进农户创业和提高非农收入，也有助于促进农户家庭参与金融市场和风险金融资产配置，促进居民消费增长。在制约数字金融行为响应的因素方面，农户风险偏好水平的提高，有利于提升其数字金融行为的响应概率和响应广度；农户对数字金融的使用也依赖于其对传统金融的使用，并且家庭成员受教育程度越高，数字金融的使用概率也越高；此外，社会互动通过内生互动和情景互动两种作用机制促进家庭使用数字金融产品。然而，面对当前农村家庭数字金融参与度仍然较低这一基本事实，其关键影响因素的研究仍有待微观调查的持续深入。

针对新冠肺炎疫情对农村实体经济造成的供需双向冲击以及微观家庭个体行为方式、支出模式的转变，除了在疫情期间对受影响区域、产业和家庭进行精准施策外，从中长期来看，需要充分考虑数字信息技术与金融供给不断融合的有利条件，创新家庭金融服务体系，满足后疫情时代农村家庭的投融资需求，进一步激发居民消费潜力。目前，数字金融所展示的最大优势是支持普惠金融发展，关键驱动技术主要从规模、速度和准度三个维度提升数据处理能力，通过降低交易成本、增强风控能力和促进竞争实现金融普惠性。这促使原本被排斥在正规金融体系之外的弱势低收入群体能够以较低的成本相对容易地获取金融服务，并且越来越多的原有客户使用手机银行和网上银行等新兴业务替代传统银行业务，使金融服务的可得性大幅提高。然而，目前中国数字金融的业务模式尚未成熟，未来还面临许多机遇和挑战，对于与传统金融、风险金融、监管和商业模式等关系，以及如何影响和改变实体经济的各个方面，已有的研究还远远不够；在新冠肺炎疫情冲击所带来的不确定环境下，农村家庭金融需求发生变化，农村经济发展需要数字普惠金融支持，以及数字金融如何影响农村创新、就业、收入分配、地区发展、消费等的系统性研究，亟待补充和进一步完善。

从理论上来讲，疫情冲击对农村家庭数字金融行为的影响主要通过两个渠道，即数字金融需求效应和数字金融供给效应。在需求效应方面，疫情冲击对农村家庭的生产生活各方面均产生负向影响，使得家庭数字金融需求变化具有先被动后主动和金融需求结构升级异化的转型特质，从而显著地促进农村家庭数字金融行为。从供给效应来看，疫情促使农村传统金融机构加快数字化转型，利用互联网技术提高金融供给效率和风险防范能力，迅速响应疫情后激增的各类金融需求，有助于农村家庭在疫情后中长期平滑消费和复工复产。此外，疫情对不同金融素养和不同数字技术水平的农村家庭所带来的冲击存在较大差异，需要进一步验证讨论。鉴于此，本文利用 2021 年江苏农村家庭金融调查数据，分析疫情下农村家庭数字金融产品的使用现状，实证检验疫情冲击对农村家庭数字金融行为的影响及其异质性。与已有文献相比，本文研究可能产生两个方面的边际贡献：一是针对疫情形势下农村多层面金融需求，探究农村家庭金融需求变化的特殊性及内在机理，为优化农村数字普惠金融创新发展路径提供微观理论基础；二是根据江苏农村家庭金融调查问卷信息，实证考察疫情冲击对农村家庭数字金融选择行为的影响及其差异，对后疫情时代江苏农村"人、科技、金融"的均衡协调发展更具有现实意义。

三、研究设计

（一）模型构建

本文主要采用 Probit 模型来分析农村家庭数字金融行为的影响因素。一般地，Probit 模型的基本形式可表示如下：

$$P(y = 1 \mid x) = F(x, \beta) = \varphi(x'\beta) \equiv \int_{-\infty}^{x'\beta} \varphi(t)\,\mathrm{d}t \tag{1}$$

其中，$\varphi(\cdot)$ 为标准正态的累积分布函数，y 为被解释变量，x 为解释变量。依据式（1），本文用于考察农村家庭数字金融选择行为的 Probit 模型的具体形式如下：

$$P(y = 1 \mid x_i) = \varphi(\beta_0 + \beta_1 \mathrm{ES}_i + \theta_i x_i + \varepsilon) \tag{2}$$

公式（2）中，y 是哑变量，衡量农村家庭数字金融行为，等于 1 表示家庭使用过数字金融产品，等于 0 表示未使用过数字金融产品。ES_i 表示第 i 户受访家庭受到的疫情外生冲击，x_i 为控制变量，包括农村家庭人口特征、经济特征、金融知识、数字技术水平和地区变量。β_0 为回归截距项，β_1、θ_i 表示各解释变量待估系数，ε 为残差。

（二）数据来源

本文实证分析的数据来源于 2021 年 1 月至 8 月本课题组在江苏省开展的农村家庭金融调查。本文采用了随机抽样方法，样本包括苏南、苏中和苏北的农村地区。由于江苏金融科技发展总体程度相对较高，但同时兼具农村金融发展不平衡特征，因此本文选择江苏省省内不同地区进行调研，研究农村家庭数字金融行为特征。调查问卷内容信息涵盖农村家庭基本情况、家庭金融需求、数字金融服务以及疫情影响等方面情况。截至 2021 年 8 月 20 日，共收集到 545 份问卷，剔除无效样本，最终得到 506 户有效样本。样本覆盖江苏 8 个市、25 个县、38 个村。其中，苏南、苏中和苏北分别为 77 户、179 户和 250 户。此外，文中样本地区经济水平的数据来源于江苏各市（县）统计年鉴。

（三）变量设置

（1）被解释变量：数字金融产品使用。根据问卷调查中获得的农村家庭实际使用数字金融产品情况的信息，本文将被解释变量进一步细分为四种类型：数字支付、数字借贷、数字理财和数字保险。如果农村家庭使用过这四类中的任何一种，则认为该样本家庭使用了数字金融产品，并将各类数字金融产品分别代入模型进行检验。类似的研究，如董晓林等用此方法对家庭数字金融行为进行识别和分类。

（2）关键解释变量：疫情冲击。如何准确识别农村家庭受到的疫情冲击，直接关系到本文实证结果的可靠性。在本次调研问卷中，本课题组设计了家庭收入、消费支出、经营投资三个方面的问题，分别询问"是否受到疫情影响"，能够较为全面地反映农村家庭受到疫情冲击的表现特征。如果受访家庭在任何一个方面问题的回答为"是"，即认为该样本户受到新冠肺炎疫情冲击。

（3）控制变量：参考已有相关研究，本文控制了其他可能影响农村家庭数字金融行为的变量，选取家庭人口统计特征（包括年龄、受教育程度、性别）、经济特征（包括收入、资产）、金融知识、风险态度、数字技术水平和地区特征（包括样本家庭所在区域的人均地区生产总值、苏南苏中苏北虚拟变量）作为控制变量。主要变量的定义及描述性统计结果见表 1。

表 1　主要变量的定义及描述性统计结果

变量 类别	变量名称	变量定义与赋值	均值	标准差	最小值	最大值
被 解释 变量	数字金融 产品使用	是否用过下面四类数字金融产品中的任何一种，是＝1，否＝0	0.806	0.292	0	1
	数字支付	是否使用过网银、手机银行、支付宝、微信等产品，是＝1，否＝0	0.772	0.334	0	1
	数字借贷	是否通过网上信用进行借贷，是＝1，否＝0	0.206	0.405	0	1

表1(续)

变量类别	变量名称	变量定义与赋值	均值	标准差	最小值	最大值
被解释变量	数字理财	是否购买过网上理财产品，是=1，否=0	0.071	0.256	0	1
	数字保险	是否购买过网上保险产品，是=1，否=0	0.046	0.210	0	1
核心解释变量	疫情冲击	家庭收入、消费支出、经营投资这三方面的任一个受到疫情影响，是=1，否=0	0.559	0.498	0	1
控制变量	户主年龄	1. ≤35岁　2. 36~45岁　3. 46~55岁　4. 56~65岁　5. ≥66岁	2.884	0.868	1	5
	教育程度	1. 小学及以下　2. 初中　3. 高中、中专　4. 大专及本科以上	2.046	0.936	1	4
	户主性别	男=1，女=0	0.755	0.430	0	1
	家庭收入	家庭年收入的对数	10.452	2.875	0	14.097
	实物资产	家庭实物资产的对数	4.638	2.206	2.303	12.924
	金融素养	结合研究方案设置受访者自我认知和基础金融知识的问答题进行综合衡量	4.195	1.349	2	8
	风险态度	假如参加游戏，希望的奖励方案：①1万元现金；②50%的机会赢取2万元现金的抽奖；③20%的机会赢取5万元现金的抽奖；④1%机会的赢取100万元现金的抽奖	1.718	1.030	1	4
	智能手机	有=1，无=0	0.950	0.218	0	1
	人均地区生产总值	人均地区生产总值的对数	2.225	0.379	1.660	3.140
	苏南地区	是=1，否=0	0.045	0.208	0	1
	苏北地区	是=1，否=0	0.699	0.459	0	1

根据2021年江苏农村家庭金融调查结果，数字金融产品使用率为80.6%，其中，数字支付、数字借贷、数字理财和数字保险使用率分别为77.2%、20.5%、7.1%和4.6%，表明江苏农村家庭参与数字金融比例较高，但主要是

数字支付产品使用较为普及。对农村家庭数字金融选择行为的分析中，本文关注的解释变量是疫情冲击。表 2 的统计结果显示，2020 年样本农村家庭在劳动收入、消费支出、生产经营投资三方面家庭活动中受到疫情影响的比例分别为 60.74%、55.87% 和 14.04%。在劳动收入中，种植业、养殖业和务工创业三项收入受影响的比例分别为 22.06%、15.19% 和 23.50%。分地区来看，苏北农村家庭在消费支出和种植业方面受疫情的影响较大，而苏南地区农村家庭在务工创业和生产经营投资两方面受到疫情影响的比例远高于其他地区。这体现了农村居民的生产经营和收入水平不仅受到农业自然资源禀赋的制约，还取决于各地区生产投资水平、地区经济金融环境等条件，因而在受到突发事件的外生冲击时，农村家庭所受到的影响程度也有差异。

表 2　农村家庭受疫情冲击的基本情况　　　　单位:%

类别	占比	苏南	苏中	苏北
劳动收入	60.74	40.21	51.96	70.93
其中：种植业	22.06	5.65	14.71	26.87
养殖业	15.19	5.65	10.78	18.06
务工创业	23.50	30.11	26.47	25.99
消费支出	55.87	50.21	24.51	70.48
生产经营投资	14.04	15.32	18.63	40.09

注：占比计算公式＝受影响户数/样本总数×100%。

四、实证分析

（一）基准估计结果

基于上述计量模型，本文借助 Stata15.1 统计软件对农村家庭数字金融参与行为进行验证，考察疫情冲击对农村家庭数字金融产品使用的影响。鉴于模型可能存在异方差性而对参数估计产生影响，表 3 列出了采用聚类稳健标准误进行检验的修正回归结果。从表 3 可以看出，疫情冲击对农村家庭数字金融行为以及不同类型数字金融产品使用均呈显著正向影响，说明农村家庭受疫情冲击越大，越能激发其金融服务的线上化需求，从而促使其参与数字金融，并且在这一过程中家庭数字金融需求变化表现出先被动后主动和金融需求结构升级异化的转型特质。具体而言，农村家庭对数字金融服务的选择偏好，是疫情冲击、实际预算约束和传统金融供给受限的"三重约束"下的一种理性选择结果，其行为决策目标是家庭长期效用最大化。分类别来看，疫情下的隔离政策和公共场所人人接触性恐慌，会增加家庭选择非接触性的线上金融服务的可能性，而且这种线上金融服务分为基础型（如必要的存取汇兑）、资产保值增值型（如理财）、保障型（如保险）等金融需求。但同时，大部分农村家庭受到疫情影响无法正常开展生产经营活动，部分从事种植和养殖的农户因交通限制甚至出现较大的经济损失。从整个宏观经济来看，多数产业受挫，失业率有所上升，加上疫情下对人口流动的管控，进一步影响农村家庭成员的外出务工活动。因而，应对疫情冲击，农村家庭对安全稳健的满足基本生存的消费信贷需求大于不确定环境下相对冒险激进的生产借贷需求。而数字借贷，目前主要是个人消费型，个人经营型的相对较少，故对数字借贷也有增幅作用。从供给层面来看，随着农村数字建设基础设施的不断完善，此次疫情在冲击农村传统金融业务模式的同时也会倒逼正规金融机构加快数字化转型，迅速响应疫情中激增的各类金融需求，提高线上金融服务供给效率，支持农村家庭平滑消费和复工复产。

表3　全样本基准回归结果

变量	数字金融产品使用	数字支付	数字借贷	数字理财	数字保险
疫情冲击	0.453*** (0.169)	0.199* (0.151)	0.677*** (0.127)	0.605** (0.191)	0.783*** (0.231)
户主年龄	-0.097 (0.096)	0.127 (0.087)	-0.125* (0.069)	-0.057 (0.100)	0.341** (0.139)
教育程度	0.219*** (0.077)	0.102 (0.076)	0.247*** (0.072)	0.400*** (0.096)	0.202 (0.127)
户主性别	0.707*** (0.163)	0.791*** (0.141)	0.012 (0.127)	0.643** (0.314)	0.630 (0.503)
家庭收入	0.165*** (0.023)	0.189*** (0.023)	0.028* (0.020)	0.053* (0.031)	0.031* (0.040)
实物资产	0.033** (0.029)	0.091*** (0.028)	0.085*** (0.023)	0.162** (0.074)	0.262** (0.107)
金融素养	0.090** (0.062)	0.016** (0.060)	0.026 (0.047)	0.286*** (0.081)	0.302** (0.103)
风险态度	0.091 (0.070)	0.033 (0.062)	0.109* (0.053)	0.122* (0.071)	0.241** (0.084)
智能手机	0.132* (0.334)	0.059* (0.347)	0.716** (0.334)	0.012 (0.411)	0.005 (0.405)

表3(续)

变量	数字金融产品使用	数字支付	数字借贷	数字理财	数字保险
人均GDP	0.705 ** (0.373)	0.654 ** (0.335)	1.212 *** (0.362)	4.233 ** (0.961)	3.485 ** (1.477)
苏南地区	0.464 (0.398)	0.417 (0.368)	0.005 (0.698)	0.805 ** (0.370)	0.546 (0.437)
苏北地区	−0.743 ** (0.326)	−0.654 ** (0.299)	−0.995 ** (0.331)	−4.397 *** (1.529)	−4.103 ** (1.357)
N	506	506	506	469	469
Pseudo R^2	0.268	0.298	0.181	0.393	0.467

注：括号内为稳健标准误，＊、＊＊和＊＊＊分别表示10%、5%和1%的显著性水平。下文同。

在控制变量方面，家庭人口特征中，年龄变量为负向影响，随着家庭决策者年龄增长，家庭使用数字金融产品的可能性会持续降低，但对支付和保险有一定促进作用，主要来自子女教育、修建房屋等方面的日常资金支出，这些都是农村家庭普遍面临的现实需求。教育影响显著为正，文化程度较高的经济个体的人力资本较高，更易于接受和尝试新兴事物。相应地，金融意识和参与能力较高的群体，往往会选择数字化的线上金融服务和产品。性别影响为正，这可能是由于男性户主的风险承受力相对较强，同时在社会网络中与外界交往也较多。家庭收入和实物资产变量显著正向影响数字金融产品的使用，这表明收入水平较高、拥有较多实物资产的农村家庭，无论是用于生产经营的固定投资还是用于生活消费的家庭资产，往往都与较多的家庭财富相对应，从而提高了其参与数字金融的能力和可能性。金融素养变量的影响在5%的水平上显著为正，但对数字借贷则不呈现统计显著性，说明农村家庭金融相关知识越丰富，金融信息的筛选效率也越高，对其使用数字金融产品的影响越大，而数字网络借贷主要取决于个人信用且受到近年P2P平台事件的影响，与专业金融知识关联性不大。风险态度影响为正，通常风险承受能力较强的个体，使用更为便捷、多样化的金融产品的意愿相对较高。智能手机影响显著为正，数字金融产品主要通过互联网移动客户端获取相关信息和进行交易，使用智能手机能有效促进家庭参与数字金融。在地区经济环境变量方面，经济发展水平较高的农村家庭更倾向于使用数字金融产品，说明较发达地区的农村家庭自有资源禀赋条件相对较好，所面对的农村经济金融环境有利于家庭参与数字金融活动。从区域来看，苏南农村家庭相对于其他地区的农村家庭而言，更倾向于使用数字金融产品，反映出苏南地区农村金融数字化发展程度相对较高，数字技术产品能够更为广泛地应用于多种金融或泛金融场景，有助于拓展金融服务的广度和深度，提高普惠金融服务水平。

（二）稳健性检验

为防止只使用疫情冲击作为农村家庭所受外生冲击影响代理变量可能存在的测量误差，而最终导致实证结果的不稳健，本文使用"疫情期间是否封村封路"变量作为农村家庭受疫情影响水平的替代变量，对农村家庭数字金融行为选择的总体情况进行回归，进一步验证结论的稳健性。稳健性检验结果（见表4）显示：关键解释变量的估计值系数符号、显著性的水平与基础回归模型的估计结果基本保持一致，疫情冲击对农村家庭数字金融行为的影响为正，并且统计意义在1%的水平上显著；疫情冲击对家庭数字理财的影响为正却不呈现统计显著性，说明疫情期间的封村封路措施虽然有效阻断了病毒传播，却对家庭增收起到了一定程度的负面作用，因此其对家庭使用数字理财产品实现资产增值的影响不明显。其余解释控制变量的系数与基准回归结果基本一致。因而，进一步表明基准回归检验结果较为稳健。

表4 稳健性检验结果

变量	数字金融产品使用	数字支付	数字借贷	数字理财	数字保险
封村封路	0.476 *** (0.171)	0.750 *** (0.155)	0.530 *** (0.209)	0.598 (0.430)	0.752 * (0.286)
家庭收入	0.144 *** (0.021)	0.162 *** (0.022)	0.014 (0.022)	0.039 (0.031)	0.010 * (0.043)
实物资产	0.076 *** (0.027)	0.135 *** (0.026)	0.081 *** (0.025)	0.147 ** (0.065)	0.276 ** (0.114)
金融素养	0.034 * (0.066)	0.048 (0.065)	0.028 * (0.047)	0.271 *** (0.079)	0.288 *** (0.109)
风险态度	0.140 * (0.065)	0.036 (0.059)	0.148 *** (0.051)	0.151 ** (0.067)	0.252 (0.078)
智能手机	0.039 * (0.341)	0.072 * (0.359)	0.594 * (0.337)	0.392 (0.423)	0.021 ** (0.401)
其他控制变量	控制	控制	控制	控制	控制

变量	数字金融产品使用	数字支付	数字借贷	数字理财	数字保险
N	506	506	506	469	469
Pseudo R^2	0.264	0.323	0.161	0.384	0.451

注：表中估计结果包含了表3包括的其他控制变量。根据研究目标需要，本表仅列出部分变量的估计结果。

（三）异质性分析

由于样本家庭的自身禀赋特征存在差异性，疫情冲击对不同特征农村家庭金融行为的影响也可能有所不同。为进一步探讨其中的原因及影响差异，本文从金融素养和数字技术水平两个维度分别考察疫情冲击对农村家庭数字金融行为的异质性影响。

1. 金融素养异质性

疫情的外生冲击客观上促使农村家庭增加数字金融的参与，降低了金融服务获得的交易成本，但是数字金融服务产品是否能得到合理利用与农村家庭自身的金融素养水平的高低有较强的相关性。拥有一定金融知识、金融素养水平较高的农村家庭，更有意识、更主动运用数字金融渠道，进而影响其金融选择行为，从而提高数字金融的参与度。因此，对金融素养水平不同的农村家庭来说，疫情冲击对其参与数字金融产品使用存在异质性影响。一般情况下，金融素养的内涵包括两个层面：主观金融素养和客观金融素养。借鉴周雨晴等的分组方法，本文的研究方案设置了四个问题：一是对经济、金融方面的信息关注程度，回答很关注得3分、一般得2分、不关注得1分。二是对银行业务和产品的了解程度，回答很了解得3分、一般得2分、不了解得1分。三是假设100元存1年定期，年利率为2%，一年后账户余额为多少？①超过102元；②等于102元；③少于102元；④算不出来。回答正确得1分、错误得0分。四是假设借给别人100元，年利率为20%，利滚利计算，两年后账户余额为多少？①多于140元；②等于140元；③少于140元；④算不出来。回答正确得1分、错误得0分。将以上各项得分相加，即样本家庭的金融素养水平。

为验证疫情冲击是否对较高金融素养农村家庭数字金融行为的影响更显著，本文将样本家庭按照金融素养得分3分以下、3~6分和6分以上进行分类，划分为较低、中等、较高三个层次，进而按照不同金融素养层次分别对家庭样本进行回归，以检验不同金融知识水平家庭受到的疫情冲击对其数字金融参与度的影响差异。由表 5 中的估计结果可知，较高金融素养组的模型系数边际效应最大，农村家庭金融素养水平越高，疫情所带来的外生冲击越有助于其参与数字金融活动。从不同类型数字金融产品的使用情况来看，较高水平组家庭更倾向于参与数字理财进行资产保值增值，并通过参与数字保险来满足家庭保障需求，以实现家庭生命周期效用最大化目标。

表 5　按金融素养分组回归结果

组别	数字金融产品使用	数字支付	数字借贷	数字理财	数字保险
较低	0.197 (0.295)	0.395 (0.277)	0.705 ** (0.309)	−0.223 (0.760)	0.875 (0.455)
中等	0.740 *** (0.279)	0.368 * (0.292)	1.020 *** (0.200)	0.828 ** (0.426)	0.725 * (0.223)
较高	2.107 * (1.283)	2.108 * (1.283)	0.136 (0.608)	0.633 * (0.420)	1.405 * (0.547)
控制变量	控制	控制	控制	控制	控制
N	506	506	506	469	469

注：表中系数均为疫情冲击变量的估计系数。下文同。

2. 数字技术水平异质性

使用智能手机能在一定程度上反映家庭数字信息水平，是其数字金融产品使用的重要基础条件，智能手机数量则可以进一步度量家庭成员整体信息技术水平和数字化普及程度。通过移动端的信息渠道，农村家庭可增加接触和了解金融信息的机会，降低数字金融产品的信息获取成本和交易成本。为进一步验证疫情冲击是否对具有较高数字技术水平的农村家庭数字金融行为的影响更显著，本文将样本家庭按照家庭人均智能手机数 1 部以下和 1 部及以上进行分类，划分为较低、较高两个组别，分别对家庭样本进行回归，以检验不同数字技术水平家庭受到的疫情冲击对其数字金融参与度的异质性影响。从表 6 中的估计结果可以看出，农村家庭使用数字信息技术的能力越高，疫情冲击激发其数字金融参与意愿进而使用数字金融产品的可能性越高。具体到不同类型数字金融产品，较低数字技术水平组家庭显著增加了数字支付产品的使用，而较高数字技术水平组家庭则更倾向于通过使用更为便捷、多样化的数字金融产品来满足疫情后家庭金融需求变化以及金融需求结构升级，以提高家庭整体效用水平。

表 6 按数字技术水平分组回归结果

组别	数字金融产品使用	数字支付	数字借贷	数字理财	数字保险
较低	3. 223 *** (0. 594)	3. 213 *** (0. 590)	0. 421 * (0. 209)	0. 755 (0. 386)	0. 006 (0. 523)
较高	0. 497 ** (0. 281)	0. 524 * (0. 264)	1. 017 *** (0. 218)	1. 120 * (0. 402)	0. 492 * (0. 475)
控制变量	控制	控制	控制	控制	控制
N	506	506	506	469	469

注：表中系数均为疫情冲击变量的估计系数。下文同。

五、研究结论与政策建议

本文利用 2021 年江苏农村家庭金融调查数据，实证检验了疫情冲击对农村家庭数字金融行为的影响及其差异。结果表明，疫情冲击显著增加了农村家庭数字金融使用的可能性，使用替代变量进行稳健性检验，主要结论基本保持一致。进一步分析发现，不同金融素养和数字技术水平的农村家庭，在面临疫情冲击时，对数字支付、数字借贷、数字理财、数字保险等金融产品使用的影响不同，金融素养和数字技术水平较高的家庭所受到的正向影响更显著。

根据以上分析结论，本文所提出的政策建议如下：

（1）加快农村传统金融机构数字化转型。基于互联网技术创新金融产品，金融机构应提高金融供给效率和风险防范能力，迅速响应疫情后激增的各类金融需求，缓解疫情对农村居民家庭的负面影响，帮助其平滑消费和复工复产。

（2）充分考虑农村家庭自身信息技术水平及其潜在、多元化的金融需求。正规金融机构应增强服务意识，并致力于缓解金融排斥、提高多样化正规数字金融产品服务渠道的可得性。这有助于提高疫情期间和后疫情时代农村家庭效用水平。

（3）充分利用数字信息技术的优势。数字金融手段有利于普惠金融高效率发展。针对不同群体尤其是文化水平较低、金融素养不高的农村家庭设计与提供相应的数字金融产品和服务，有利于其缓解负外部冲击、实现包容性增长。

（4）在数字金融下乡服务中，农村金融机构应加大金融宣传力度和基础知识培训，为农村家庭提供必要的金融服务信息，培养农村居民运用数字信息化渠道、手段的现代金融意识和金融参与能力，提高数字金融服务产品在农村地区的认知度和使用率。这是通过数字金融化手段规避不确定性风险、实现金融普惠的关键。

参考文献：

[1] 冯永琦，刘韧. 新冠肺炎疫情冲击下金融治理动向、应对措施及发展趋势 [J]. 金融经济学研究，2020 (5)，35 (3)：51-61.

[2] 薛莹，胡坚. 金融科技助推经济高质量发展：理论逻辑、实践基础与路径选择 [J]. 改革，2020 (3)：53-62.

[3] 陈诗一，郭俊杰. 新冠肺炎疫情的经济影响分析：长期视角与短期应对 [J]. 经济理论与经济管理，2020 (8)：32-44.

[4] 蒋和平，杨东群，郭超然. 新冠肺炎疫情对我国农业发展的影响与应对举措 [J]. 改革，2020 (3)：5-13.

[5] 李少星，高杨，黄少安. 新冠肺炎疫情对脆弱群体收入及全面小康目标的影响测算：以山东省为例 [J]. 山东大学学报（哲学社会科学版），2020 (5)：12-23.

[6] 蒋培. 新冠肺炎疫情对农村地区的影响及其应对 [J]. 世界农业，2020 (9)：110-119.

[7] 张龙耀，徐曼曼，刘俊杰. 自然灾害冲击与农户信贷获得水平：基于 CFPS 数据的实证研究 [J]. 中国农村经济，2019 (3)：36-52.

[8] 刘锦怡，刘纯阳. 数字普惠金融的农村减贫效应：效果与机制 [J]. 财经论丛，2020 (1)：43-53.

[9] 肖端，杨琰军，谷继建. 农村普惠金融能缩小县域城乡收入差距吗 [J]. 宏观经济研究，2020 (1)：20-33.

[10] 何婧，李庆海. 数字金融使用与农户创业行为 [J]. 中国农村经济，2019 (1)：112-126.

[11] 刘丹，方锐，汤颖梅. 数字普惠金融发展对农民非农收入的空间溢出效应 [J]. 金融经济学研究，2019，34 (3)：57-66.

[12] 周雨晴，何广文. 数字普惠金融发展对农户家庭金融资产配置的影响 [J]. 当代经济科学，2020，42 (3)：92-105.

[13] 何宗樾，宋旭光. 数字金融发展如何影响居民消费 [J]. 财贸经济，2020 (8)：65-79.

[14] 张龙耀，李超伟，王睿. 金融知识与农户数字金融行为响应：来自

四省农户调查的微观证据 [J]. 中国农村经济, 2021 (5): 83-101.

[15] 郭峰, 王瑶佩. 传统金融基础、知识门槛与数字金融下乡 [J]. 财经研究, 2020 (1): 19-33.

[16] 董晓林, 姜敏婕, 陈秋月. 信息束带下的社会互动与家庭数字金融产品使用 [J]. 武汉金融, 2020 (3): 72-78.

[17] 易行健. 新冠肺炎疫情对经济金融的冲击研究: 基于国际文献综述及其扩展分析 [J]. 金融经济学研究, 2020 (5): 3-16.

[18] 吴晓求. 互联网金融: 成长的逻辑 [J]. 财贸经济, 2015 (2): 5-15.

[19] 连耀山. 互联网环境下普惠金融发展研究: 以中国邮政储蓄银行金融实践为例 [J]. 中国农业资源与区划, 2015, 36 (3): 86-90, 148.

[20] 齐红倩, 李志创. 中国普惠金融发展水平测度与评价: 基于不同目标群体的微观实证研究 [J]. 数量经济技术经济研究, 2019, 36 (5): 101-117.

[21] 傅秋子, 黄益平. 数字金融对农村金融需求的异质性影响: 来自中国家庭金融调查与北京大学数字普惠金融指数的证据 [J]. 金融研究, 2018 (11): 68-84.

[22] AROURI M, NGUYEN A B. Natural disasters, household welfare, and resilience: evidence from rural vietnam [J]. World Development, 2015 (70): 56.

[23] MOTTALEB K A, MOHANTY S, HOANG H T K, et al. The effects of natural disasters on farm, household income and expenditures: a study on rice farmers in bangladesh [J]. Agricultural Systems, 2013 (121): 3-11.

[24] MAZUMDAR S, MAZUMDAR P G, KANJILAL B, et al. Multiple shocks, coping and welfare consequences: natural disasters and health shocks in the Indian sundarbans [J]. PLoS One, 2014 (8): 1.

[25] SAWADA Y. DISASTERS. Household decisions, and insurance mechanisms: a review of evidence and a case study from a developing country in Asia [J]. Asian Economic Policy Review, 2017 (1): 6-8.

[26] RICHARD D, RICHARD B. Mobile phones and financial services in developing countries: a review of concepts, methods, issues, evidence and future research directions [J]. Third World Quarterly, 2009 (7): 12.

普惠金融发展模式的理论与实践[①]

——基于"增信+"有效性视角

周明栋[1]　陈东平[2]

(1. 宿迁市宿台融合中心　2. 南京农业大学)

摘要： 发展普惠金融，扩大金融服务群体，可以解决贫困问题、促进经济增长。近年来，为扩大中小微企业和贫困农户的金融覆盖面，各地通过加强信用体系建设、组合农户与新型农业经营主体、建立产业链关系，创造了金融普惠各类模式。实证研究表明，农村社会关系影响各类"增信+"模式作用的发挥，具有强连带的社会关系，有助于农户获得增信支持，从而提高银行信贷获得率。案例分析进一步佐证了假说，即不同模式的公司与农户利益联结，既增强了农业企业的影响力，也实现了对普通农户的增信，提高了农户融资获得能力。为此，本文提出健全金融保障机制、加强信用体系建设、增强普惠金融供给能力、改善发展环境等建议。

关键词： 普惠金融；发展模式；"增信+"；信贷可获性

一、引言

发展普惠金融的目标就是消除金融排斥、扩大金融服务范围、扶助弱势群体，减少贫困，因此它一直被视为可以解决贫困问题、促进经济增长、实现包容性社会的一种重要机制。党中央多次强调，金融要回归本源，支持实体经济发展，基层金融机构主要就是服务中小微企业和"三农"，促进地方经济健康发展，践行普惠金融发展要求。近年来，为扩大中小微企业和贫困农户的金融

---

① 本文系国家自然科学基金面上项目"合作社内农户信用合作契约达成及治理结构选择"（项目编号：71673138）、"乡村振兴战略背景下的中国农户信用评级、机制、效应与制度优化"（项目编号：71873065）的阶段性研究成果。

覆盖面，各地通过加强信用体系和征信系统建设、建立产业链关系、组合农户与新型农业经营主体，创造了金融普惠的各类模式。同时，本文研究样本是国务院扶贫办设立的扶贫改革试验区。该试验区及周边的西南岗地区、成子湖周边地区、涟沭结合部片区三大贫困连片区被列为"江苏六大集中连片贫困地区"。因而，立足样本地区，开展普惠金融研究、促进金融扶贫具有很强的现实意义。本文拟通过样本地区调查、典型案例分析、实证检验，以归纳金融普惠实践经验、影响因素，从而为进一步推动普惠金融发展提供相关建议。

二、文献综述

普惠金融（2005）是指能够有效地为全社会所有阶层提供服务的金融体系。其内容包括四个方面：一是客户以合理的成本获取广泛的金融服务；二是金融机构内控健全，接受市场监督；三是金融业可持续发展，能够保持金融服务稳健；四是营造竞争性的市场环境，能够为消费者提供多样化产品和服务。普惠金融涵盖支付清算、存贷款业务、消费者权益保护以及证券、保险和领域，其中最受关注的是信贷可获得性。

国务院印发的《推进普惠金融发展规划（2016—2020年）》指出，普惠金融是指在机会平等要求和商业可持续的原则下，以可负担的成本为社会各群体提供有效的金融服务。《G20数字普惠金融高级原则》（2016）进一步明确了普惠金融的核心内涵：一是获取正规金融服务的可获得性，二是扩大金融服务的覆盖面，三是降低融资成本。当前，我国普惠金融的服务重点是四类群体，即农户、小微企业、农民工、失业人员。本课题研究地区、研究样本普惠金融最关注的问题就是普通农户贷款的可获得性，包括贫困农户贷款的可获得性。目前，与发展中国家相比，我国普惠金融发展成效非常明显，主要表现为农村授信面大幅扩大，农户贷款获得率大幅提升。

由于金融机构提供的融资和服务是有限的，部分弱势群体和企业特别是那些贫困的人群可能受限，这是金融服务不公平的表现和发展普惠金融的根源。金融服务不公平的现象在美国和其他发达国家的早期都经历过。"普惠金融"的概念提出于2005年，但对该问题的研究最早可以追溯到20世纪中叶。Goldsmith（1969）、Mckinnon（1973）、Kapur（1976）和Mathieson（1980）等深入研究了发展中国家的经济和金融问题，提出了要为更多的经济主体提供金融服务的理念，以达到金融深化的目的。李东荣（2014）指出，我国的金融体系仍然存在不平衡性，农户贷款的可获得性与信贷需求存在较大的差距，发展普惠金融有助于扩大农村金融服务的覆盖面。李明贤（2012）强调了小额信贷与普惠金融的差异。何广文（2014）强调要重视普惠金融体系构建的完整性。刘钊（2016）指出，普惠金融的供给侧改革主要是为弱势群体提供适应性的金融服务。邹新阳等（2021）指出，普惠金融业务覆盖范围、涉农贷款、小额贷款公司资金使用效率、农业保险发展水平与普惠金融社会绩效呈正相关。熊正德等（2021）认为，普惠金融的广度和深度均能显著正向影响乡村振兴。学者们虽然定义的普惠金融有所不同，但就普惠金融的包容性达成了共识，即普惠金融是公平、共享和可负担的金融服务。

国内外对普惠金融的研究已积累了丰富的资料，学者们结合各地的实践做了多角度的研究，得到了很多可资借鉴的经验，为本文研究打下了坚实的理论基础。但普惠金融赋能弱势群体的传导机制是什么？不同主体有何差异？这些是本文所要思考之处。本文希望通过逻辑推理、理论分析、实证研究相印证，从而得出科学的研究结论，以期能为农村经济主管部门、金融主管和实务部门提供借鉴。

三、普惠金融发展模式理论分析

（一）普惠金融发展模式

高端群体、大型企业往往不缺乏资金，因此普惠金融需要拓展的服务对象主要是弱势群体，因而扶贫金融成为普惠金融最关注的地方，以金融扶贫为主要目的普惠金融发展模式有以下三种：

（1）理论模式："金融机构+具有创业精神的能人（大户）+农户""金融机构+企业、合作社+农户""金融机构+项目+地区（村、乡、县、片区）+农户""金融机构+政府+企业+农户""金融机构+企业+农户+保险"。

（2）政策模式：一是发展特色产业脱贫——一村一品、专业合作社；二是结合生态保护脱贫——旅游扶贫、光伏扶贫；三是引导劳务输出脱贫——增加就业、转移支付；四是实行农村最低生活保障制度兜底脱贫——低保、扶贫；五是探索资产收益扶贫——两权抵押、农机抵押；六是供应链金融模式，即"供应链核心企业+上下游产业"。

（3）实践模式：一是"评级授信：一村一户定级"的"信用+"① 扶贫模式，主要在江苏、广西、湖南等地区实行。如广西田东县加强对贫困村的银行网点布局，延伸金融服务触角，自2012年开始，在借鉴浙江丽水模式的基础上，大力推动农户信用采集与信用评级工作，结合村组调查，评定信用户，为

---

① "信用+"，本文包括在"增信+"概念之内。

信用户发放免抵押、免担保的小额信用贷款。二是"五位一体"的"增信+"扶贫模式，主要在河北、山西、湖北、新疆、甘肃等地区实行。如河北承德农行引入政府增信机制，联手企业、农户、保险等，开启"政府风险补偿基金+农户融资"新模式。三是"金融机构+供应链核心+客户"模式，如中国工商银行江苏省分行拓展供应链融资业务，以供应链为抓手，探索"苏农担"与"小微创业贷"组合创新，满足"三农"客户不同发展阶段日益增长的融资需求，实现风险控制与贷款收益最佳平衡。

（二）问题的提出

一般认为向客户发放无抵押、无担保贷款是高风险贷款，因为客户违约后没有抵押品可处置或担保人代偿。但上述通过"增信+"模式，实现了对资产不足特别是贫困农户的贷款发放，并且上述案例所反映的农户贷款并没有因为缺乏抵押物而出现较高的不良率，各类模式农户贷款都得到了持续发展，实现了金融扶贫的目标。农商行开展的各类"增信+"贷款有效地解决了农村信贷市场失灵问题，必然是符合信贷市场均衡理论的。因而深层次问题是，多类合作模式如何达到农户"增信+"，有哪些特征影响农户贷款的获得？解决好这些问题，必然有助于我们更好地开辟普惠金融发展路径。

（三）理论分析

1. 农户贷款特征

Berger 和 Udell（2006）从贷款技术层面将银行发放的贷款分为四类，即财务报表贷款、资产抵押贷款、信用评分贷款和关系贷款。银行以其依赖的信息类型为划分标准，可以分为基于硬信息的贷款（包括前三类贷款）和基于软信息的贷款（包括第四类贷款）。基于软信息的贷款决策主要是依据关于借款人的个人信息做出。

2. 农户"增信+"贷款的机制

本文关于各地普惠金融实践中开展了农户信用系统建设、阳光信贷工程，以及个性化的典型模式，如"银行+农户""银行+能人+穷人""银行+项目+地区+穷人""政府+银行+企业+农户+保险""公司+农户""银行+基地+农户""银行+合作社+农户"都是基于合约关系。各种"增信+"本质上都是为农户贷款提供增信服务、为农户与银行之间信贷交易牵线搭桥。农户贷款的特殊性决定其同时具有市场化与社会化属性，从而展示出关系型贷款特征，"增信+"有利于提高其信贷的可获得性。

3. 农户"增信+"贷款实现条件

在中国差序格局的社会背景下，对农户扶贫贷款的各种模式成功治理是与农村社会结构相耦合的。我国农村社会中，正式制度和非正式制度共同发挥作用。在封闭落后的村庄，非正式制度可以发挥更大的作用。差序格局下，不同连带关系对应不同的治理机制，熟人连带的人情法则和需求法则更多地依赖于非正式制度，熟人社会中的个体在长期交往中依赖习俗、人情等非正式制度维系着个体间的稳定社会关系。农村熟人社会治理的本质是农户自组织自治，具有小共同体认同，形成善意的合作关系。由大户、供应链核心成员、合作社核心成员牵头，实现金融连接，形成一个小利益共同体。这在熟人社会机制较为健全的村庄，无疑具有发展的空间。核心成员能够利用熟人社会关系有效激励守信农户或惩罚失信农户，且行使的成本很低，银行也能够通过付出较小成本来激励核心成员发挥监督作用。

贫困农户如果没有担保人和抵押品，也没有银行的信用记录，将难以获得银行的贷款。但信用户推介、村委会提供软信息实现农民的"信用+"，与基地、大户、合作社、供应链核心层合作有利于实现农民的"增信+"。假设农户的声誉资本为 RLA、借贷资金量为 Q、农户违约短期收益为 RSA，则 RSA = Q；如果农户的既定需求资金量 Q 大于其声誉资本 RLA，则农户想依据自己的声望获得核心层推荐，进而获得贷款，但核心层不会推荐。也就是说，低信用度的农户难以依靠核心层的推荐获得所需贷款。而如果农户的既定需求资金量 Q 能够被其信誉覆盖，也就是农户可以成为核心层推荐的高信用度农户，则农户无须依靠担保、抵押就可以获得贷款。如果该农户后期违约不还款，则在其小利益共同体内，包括村庄范围内，其失约的坏声誉将被口口相传，声誉资本 RLA 尽失为零；同时，由于在小利益共同体内，核心层掌握着更多的资源，他们可以在利益分配方面予以制裁，从而使农户的实际损失大于 RLA，这就是小利益共同体内对农户激励惩罚机制的分析。

在关系契约中，核心层能够有效发挥金融联结作用，依靠的是与银行建立的信任关系。从我们调研的情况看，小利益共同体核心层，如村委会的权威、项目负责人、大户、合作社核心成员都与农商行建立了长期信贷关系。核心层推荐优质农户并承担监督责任的长期收益现值定为 RLB，不行使监督责任带来的短期收益 RSB，如果 RLB >RSB，则可以保证核心层作用的发挥。在熟人社会治理下的传统农村社区，人们容易形成共识，遵守共同规范；核心层可以依靠个人权威、社会习俗，以付出很小的成本获得共同体内农户的遵规守约；共同体内农户互相监督。从长期来看，核心层履约可以获得农商行显性或隐性的报酬,长期收益大于违约收益,保证了银行激励手段的有效性。

通过以上分析,本文提出需验证的假说:农村社会关系影响各类"增信+"模式作用的发挥,具有强连带的社会关系有助于农户获得增信支持,从而提高银行信贷获得率。

四、实证检验

(一) 调研的基本情况

针对新型农业经营主体、普通农户及其合作关系,普惠金融研究课题组于2019年年初开展了问卷调查,共发出问卷1 000份,收回有效问卷735份,其中新型农业经营主体(大户)为245户,普通农户(小户)为490户,大、小户按现实比例做调查。为达到调研目的,我们有意多选择了大户,以验证他们与小户的合作关系。

(1) 全部被调查农户包括新型农业经营主体核心成员(大户)和普通农户(小户),数量见图1。

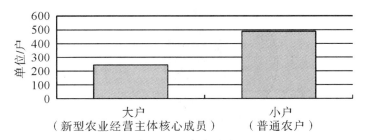

图1 全部被调查农户的数量

(2) 被调查的新型农业经营主体包括农业产业化企业核心成员、家庭农场负责人、专业合作社核心成员、种养殖大户以及其他组织核心成员,分布情况见图2。

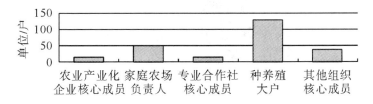

图2 被调查的新型农业经营主体的分布情况

(3) 被调查农户户主主要职业分布情况如图3所示,其中从事种植业占比最高。

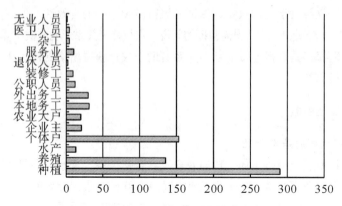

图3　被调查农户户主主要职业分布情况

（4）被调查农户是否与大户建立合作关系。合作与非合作占比见图4。在被调查的全部735户样本中，有211户与大户建立合作关系，需要说明的是，往往是大户选择更大的组织予以合作。

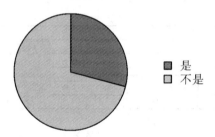

图4　被调查农户与大户合作关系占比

（5）合作大户类型占比见图5。

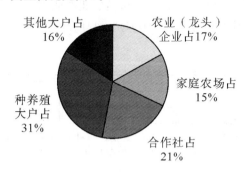

图5　合作大户类型占比

（二）变量选择

根据普惠金融的含义，农户贷款的可获得性是恒量金融普惠的主要指标。本文以农户贷款获得率为解释变量，实证检验有哪些因素影响农户贷款的获得，找出主要影响因素，不仅可以为其他地区提供借鉴，更为重要的是，可以探索加强相关因素的途径，以进一步增强各类贷款模式的有效性。农户贷款治理主要在与其有软信息链接的范围内，可以与农村社会结构相耦合，因此，本文对影响因素进行分析，将是否参加小利益共同体、农户社会关系、农户收支情况作为解释变量。主要变量如下：

（1）农户申请和获得贷款情况。

（2）农户与各类组织之间的关系，包括是否为信用农户，是否为建档立卡农户，是否与合作社、企业、大户、基地、保险、供应链核心企业建立关系。

（3）农户家庭情况，包括户主情况、户主受教育情况、户主是否创业等。

（4）农户社会关系，包括在村中地位、人情支出、邻里关系等。

（5）农户收入情况，包括耕地面积、房屋面积、家庭收入来源等。

（三）数据的描述性统计①

根据前文理论分析，在农村社会关系中，村庄、村委会、农户都存在熟人社会关系，保证了软信息作用的发挥，结合数据的可获性，选择相关变量为理论分析的代理变量。

（1）因变量：农商行贷款获得率。

（2）自变量：农户与各类组织关系变量、农户家庭情况、农户社会关系、农户收入情况。所有变量基本上能涵盖农户基本情况，具体选取情况见变量的描述性统计结果。

（四）农户融资的 Heckman 两阶段模型分析

为全面测算各类组织、农户社会关系、农户家庭情况、农户收支情况与其融资关系，本文进一步建构模型，利用 Heckman 两阶段分析法，分别对农户是否发生借贷行为以及农户信贷的可得性进行分析。第一阶段对农户借贷行为的分析，采用二值的 Probit 模型测算。

$$Y_{j1,\,t} = X_{j1,\,t-1}\,\delta_t + \alpha + \varepsilon_j \tag{1}$$

方程（1）中，Y_{j1} 是由可观测的变量 X_{j1} 和不可观测的变量 α 共同决定的。如果农户有借贷行为发生，则 $Y_{j1} = 1$，否则 $Y_{j1} = 0$。其中，X_{j1} 为第 j 个样本的特征

———————————

① 受篇幅所限，具体数据略。

变量。

根据方程（1）得到估计值 $\hat{\delta}_1$，然后对样本 j 计算逆米尔斯比率：

$$\lambda_j = \frac{\varphi(X_{j1}\hat{\delta}_1)}{\varphi(X_{j1}\hat{\delta}_1)} \tag{2}$$

第二阶段利用选择样本，即 $Y_{j1} = 1$ 的观测数据，做如下回归分析：

$$Y_{j2,\,t} = X_{j2,\,t-1}\,\delta_2 + \lambda j + u_j \tag{3}$$

式（3）中，等式左面 Y_{j2} 是第二阶段回归模型的被解释变量，反映农户融资的可得性，获得贷款与期望贷款比例。等式右面的解释变量 X_{j2} 是第 j 个样本的特征变量。本文利用 Stata 计量工具，得到农户融资 Heckman 两阶段模型结果（如表 1 所示）。

表 1　农户融资 Heckman 两阶段模型结果

类别	变量名	第一阶段是否借款		第二阶段农户融资可获得性	
		系数	T 值	系数	T 值
农户与各类经济组织关系	是否为信用农户	0.044 53*	1.28	0.021 72*	1.23
	是否为建档立卡贫困户	0.017 32	0.25	0.017 12*	1.25
	是否为合作社核心成员	0.066 53*	1.54	0.081 54*	1.62
	是否为合作社成员	0.015 02	0.79	0.015 52	0.95
	是否为农业企业、大户、基地核心成员	0.022 71*	1.32	0.017 12*	1.65
	是否与农业企业、大户、基地建立合作关系	0.016 38*	1.26	0.015 22*	1.12
家庭基本情况	户主受教育年限	0.016 61	0.24	0.083 22	0.69
	户主为技术人员占比			0.054 17	0.61
	户主或其他成员是否为村干部	0.004 13*	1.27	0.022 23*	1.31
	家庭人口总数	0.006 423	0.36	0.042 11	0.21
	户主兄弟姐妹个数			0.016 72*	1.23
	户主是否创业	0.012 34*	1.41	0.016 53*	1.52
	其中就业人口	0.004 23	0.28	0.021 72*	1.23
	家中公职人员占比	0.016 28	0.32	0.017 12**	2.25

类别	变量名	第一阶段是否借款		第二阶段农户融资可获得性	
		系数	T 值	系数	T 值
农户社会关系情况	家庭在村中的地位	0.007 685	0.44	0.081 54*	1.62
	家庭人情支出	0.004 12***	2.46	0.003 15***	2.15
	邻里关系	0.062 41	0.37	0.043 21	0.22
	与村干部的关系	0.045 23*	1.39	0.022 63*	1.25
	您家有无亲戚在农商行、邮储银行、村镇银行或小额贷款公司等机构工作	0.041 36*	1.35	0.022 65*	1.37
	守信情况	0.061 32	0.36	0.039 87	0.17
家庭收入支出情况	耕地面积	0.004 136	0.35	0.002 265	0.77
	房屋总面积	0.005 123	0.62	0.003 251	0.66
	家庭持有的总现金额	0.032 415*	1.35	0.019 872*	1.37
	家庭收入来源主要是工资性收入？	0.000 15	0.13	0.072 63	0.41
	家庭收入来源主要是种植业收入？	0.014 33	0.02	0.130 112	0.33
	家庭收入来源主要是养殖业收入？	2.223 24	0.52	0.353 65	0.93
	家庭收入来源主要是个体经营性收入？	0.324 75*	1.75	0.032 146 2	0.1
	家庭收入	0.001 57***	3.25	0.004 232***	4.2
	家庭支出	0.321 42	0.23	0.037 65	0.23
逆米尔斯比率	λ_j			1.623 54***	9.27
常数项	α	-0.236 79	-0.47	0.842 33***	2.98

注：*、** 和 *** 分别表示在10%、5%和1%的水平下显著。

从表2中的回归结果看，第一阶段是否发生借贷行为方程估计结果显示，从农户与各类经济组织的关系看，是否为信用农户，是否为合作社核心成员，是否为农业企业、大户、基地核心成员，是否与农业企业、大户、基地建立合作关系，都正向显著影响农户贷款需求；从农户家庭情况看，户主或其他成员是否为村干部、户主是否创业显著正向影响农户贷款需求；从农户社会关系看，家庭人情支出多、与村干部关系密切、有无亲戚在银行工作的农户倾向于借款，其中人情支出在1%的统计水平下显著；从家庭收支情况看，家庭持有的总现金额越高、家庭主要收入来源主要为个体工商户、家庭收入越高的农户倾向于借款，其中家庭收入变量在1%的置信水平下显著。分析认为，农户家庭社会接触面越广泛，从事非农经营越会提高资金需求意愿。农户家庭就业人数多、公职占比高以及主要从事种养殖业的农户不倾向于借款。家庭就业人口多、工资性收入来源稳定的农户，不需要生产经营活动，这类农户属于小康安定型，没有资金需求意愿。第二阶段的信贷可得性估计结果显示，从农户与各类经济组织关系看，信用农户、建档立卡贫困户、合作社核心成员、农业企业、大户、基地核心成员、与农业企业、大户、基地建立合作关系的农户信贷可得性高；从农户家庭基本情况看，户主或其他成员是否为村干部、户主兄弟姐妹数、户主是否创业、就业人口数、公职人员占比高的农户信贷可获得性高；从农户的社会关系看，家庭在村中的地位高、家庭人情支出高、与村干部关系紧密、有亲友在银行工作信贷可获得性高；从家庭收支情况看，家庭持有的总现金额越多、家庭收入越高的农户信贷可获得性越高，其中家庭收入都在1%的统计水平下显著，其他因素不显著。

五、案例分析

（一）"农业龙头企业+农户+合作社合作模式"

苏北花卉股份有限公司成立于1994年，2014年在全国中小企业"新三板"挂牌上市，是集花木研发、繁育、销售以及园林绿化设计、施工于一体的国家级农业产业化重点龙头企业。

土地入股分红模式：公司先后在该县庙头镇、耿圩镇、陇集镇、龙庙乡和宿城区王官集镇承包流转农民土地3 000余亩，建立花木种植和"劳模精准扶贫"基地，采取"劳模企业家+投资人+农户"方式，积极引导农户以土地入股，总投资约1 600万元，带动就业1 200余人。

村企共建发展模式：公司积极响应国家以及省市关于脱贫攻坚的号召，以实施村企共建为抓手，充分发挥企业的行业优势，带动全村将4 800亩土地全部种植花木，有100多名花木经纪人、80多户电商常年从事花木销售工作。

电商平台带动模式：公司利用自己在行业内的品牌优势，设立了线上京东商城，建立了"互联网+苗木"的销售平台，以此来扩大苗木绿植销售量；同时，还给村民传授网上开店技巧，通过互联网把沭阳的苗木销往千家万户。

"公司+农户+合作社"模式：公司与周边4个乡镇、27个行政村的8 000

多户花农建立了合作关系，形成了订单种植、保护价收购、分工协作的利益共享机制。亩均产值由 4 000 元提高至 18 000 元。

（二）"龙头企业+家庭农场合作"模式

江苏美阳生态农林有限公司位于泗洪县双沟镇，成立于 2012 年，注册资本为 5 000 万元，是一家以红薯种植及深加工、景观绿化为主的江苏省农业产业化龙头企业。

2014 年，江苏美阳生态农林有限公司在泗洪县双沟镇流转 15 600 亩岗坡地（此后流转土地面积逐步扩大至 3 万亩），种植景观苗木并在林下套种红薯，江苏美阳生态农林有限公司将林下的土地返租给当地村民种植红薯，每户经营至少 100 亩以上，每亩租金为 380 元，公司为村民统一提供种苗、肥料、防疫、技术和销售，并承诺按照每千克 0.7 元的保底价回收（种苗、肥料等费用可在回收时抵扣）。目前，与江苏美阳生态农林有限公司进行合作的家庭农场已达 93 家。

在增信融资方面，一方面以"龙头企业+家庭农场合作"模式降低了江苏美阳生态农林有限公司的资金占用，推动了公司规模的扩大，改善了公司的融资条件，如泗洪农商行与该公司建立了合作关系，贷款余额达 800 万元；另一方面，江苏美阳生态农林有限公司帮助合作的家庭农场解决了融资问题。对于有资金需求的家庭农场，该公司通过提供担保等方式帮助办理银行贷款。如江苏银行泗洪支行向该公司合作的家庭农场经营者卓某某发放一笔 30 万元贷款，期限为 1 年，由江苏汇隆投资担保集团有限公司提供担保。反担保方式是借款人返租江苏美阳生态农林有限公司的 250 亩土地承包经营权抵押以及江苏美阳生态农林有限公司的担保。目前，该类贷款余额为 105 万元。

目前，江苏美阳生态农林有限公司生产经营状况良好，每个合作的家庭农场年收入可达 10 万元左右，带动了周边 2 000 余名农民就业，取得了较好的经济效益和社会效益。

六、研究结论与政策建议

（一）研究结论

本文实证部分，通过建立农户融资的 Heckman 两阶段模型，从第一阶段是否发生借贷行为方程进行估计以及第二阶段信贷可得性进行估计。结果显示，农户如果是小利益共同体，如合作社、大户、农业企业核心成员，或是与小利益共同体建立关系，获得"增信+"，则有利于促进借贷行为的发生；如果农户具有较好的社会信用关系、人际关系，则有利于借贷行为的发生。从第二阶段的信贷可得性来看，获得信用户推荐、小利益共同体核心成员或与之有合作关系有利于提高信贷可获得性，而农户在村中的社会地位高、人情支出大、与村干部关系密切、有银行亲友，家庭收入高、资产多则有利于提高信贷可获得性。研究结论证明了前文提出的假设，即农村社会关系影响各类扶贫"增信+"模式作用的发挥，强连带的社会关系有助于贫困农户获得增信支持，从而提高银行信贷获得率。

本文案例部分进一步验证"公司+农户"有着多种衍生模式，不同模式中的公司与农户的利益联结方式不一。本文案例部分即选择两类典型做分析，分别是国家级农业产业化"龙头企业+农户+合作社"模式和省级农业产业化"龙头企业+家庭农场合作"模式。不同模式中的公司与农户的利益联结方式不一。如案例一苏北花卉，通过订单种植、土地入股、吸收农民就业等形式，与花农建立了合作关系，实现合作共赢。"公司+农户"合作，一定程度上提升了农业龙头企业的影响力，实现了对农户的增信。

（二）政策建议

（1）加强普惠金融发展环境建设。聚焦完善普惠金融的发展环境，为普惠金融发展提供好的生态。增加银行、证券、保险等金融机构，进一步拓宽服务半径，为普惠金融发展创造新高地、新领域。

（2）加强农村信用体系建设。形成由政府主导、多方参与、共同受益的农村信用体系建设工作模式，发挥金融、农委、公安、财税、工商等职能部门的优势，构建地方农户信用信息系统，建立对信誉良好的农户激励机制，加大对违约农户的惩罚力度。要充分利用非正规制度因素，发挥声誉资本的抵押物替代作用。

（3）增强普惠金融供给能力。建立健全财政和金融合作的支农机制，支持发展特色农业产业，实现产业带动就业。推进农村产权制度改革，探索建立公允、权威的农村资产分类分级定价评估机制，搭建交易平台，构建"新型经营主体+基地+农户"模式。

（4）健全普惠金融保障机制。设立普惠金融风险补偿基金和担保基金，有效发挥财政资金在信用增进、风险分散和降低成本等方面的作用。充分利用农户信用信息库开展信用户、信用村的创建评定、评级工作，引导农户树立信用意识，用诚实守信规范农户的贷款行为。

（5）加强普惠金融教育。要加大对普惠金融的宣传、教育，加强消费者权益保护，通过纸质或电子媒体、传统媒体或新媒体，向广大群众宣传普及普惠金融知识。

参考文献:

［1］付琼，郭嘉禹. 金融科技助力农村普惠金融发展的内在机理与现实困境［J］. 管理学刊，2021，34（3）：54-67.

［2］邹新阳，温涛. 普惠金融、社会绩效与乡村振兴：基于30省（区、市）的面板数据［J］. 改革，2021（4）：95-106.

［3］李明贤，叶慧敏. 普惠金融与小额信贷的比较研究［J］. 农业经济问题，2012（9）：44-49，111.

［4］熊正德，顾晓青，魏唯. 普惠金融发展对中国乡村振兴的影响研究：基于C-D生产函数的实证分析［J］. 湖南社会科学，2021（1）：63-71.

［5］温涛，何茜. 中国农村金融改革的历史方位与现实选择［J］. 财经问题研究，2020（5）：3-12.

［6］何广文，刘甜. 基于乡村振兴视角的农村金融困境与创新选择［J］. 学术界，2018（10）：46-55.

［7］杜晓山. 建立普惠金融体系［J］. 中国金融家，2009（1）：140-142.

［8］郭兴平. 构建普惠型农村金融政策支持体系的思考［J］. 农村经济，2011（1）：63-66.

［9］焦瑾璞. 构建普惠金融体系的重要性［J］. 中国金融，2010（10）：12-13.

［10］葛和平，钱宇. 数字普惠金融服务乡村振兴的影响机理及实证检验［J］. 现代经济探讨，2021（5）：118-126.

［11］周孟亮，张国政. 基于普惠金融视角的我国农村金融改革新方法［J］. 中央财经大学学报，2009（6）：37-42.

［12］ALEEM I. Imperfect information，screening and the cost of informal lending：a study of rural credit markets in pakistan［J］. The World Bank Economics View，1990，3：329-349.

［13］GOLDSMITH R W. Financial structure and development［M］. New Haven：Yale University Press，1969.

［14］MCKINNON R I. The value-added tax and the liberalization of foreign trade in developing economies：a comment［J］. Journal of Economic Literature，1973，11（2）：520-524.

推动绿色金融创新，
促进生态文明建设高质量发展

摘要： 我们要实现生态文明建设发展，就要努力探索怎样把绿水青山转换成金山银山的各种方法，还可以在一些地方实行试点先行，把社会各界的积极性都调动起来，让社会各界包括政府、企业、民间、民众都参与进来一起搞生态文明建设。如何进一步搞好生态文明建设，把绿水青山转换成金山银山，实现生态文明建设的社会和经济价值，这也是有一个过程的，是需要各类产业转型才能实现，而产业转型以及各类生态建设活动都需要大量的资金扶持，都离不开绿色金融政策的支持。因此，只有积极发展绿色金融，才能更好地推动生态文明建设的发展实现。本文从政策设计层面、法律支撑层面、金融创新层面等提出推动绿色金融创新发展的建议和对策。

关键词： 绿色金融；生态文明建设

一、创新发展绿色金融对于我国推动生态文明建设高质量发展的意义

绿色金融是指专门针对节能环保以及生态文明建设产业这些绿色产业的金融支持。在此之前，我们的金融机构也有针对环保绿色项目专门做一些资金扶持。我们可以通过对整体的绿水青山进行经济测量和核算，在此基础上设立一整套的生态经济价值测量核算体系，然后针对这些具有经济价值的绿色生态资产给予特有的金融上的政策和资金扶持。实际上，从 2007 年开始，我国就建立了一系列的绿色金融扶持政策体系，从贷款、融资层面给予绿色产业和项目专门的政策与资金扶持。也只有有了这一系列完整的测算核算体系以及专门的政策扶持，才可以更好地实现生态文明建设的价值。有了绿色金融的政策和资

金扶持，可以重点发展绿色生态产业和项目，包括生态林产品产业、生态旅游业、生态高新技术产业等。完善的绿色金融体系不但可以给绿色生态产业提供政策扶持与引领，还有助于建立一个完整的生态资源核查测算核算体系。只有完整了解整个国家和地区自然资产的具体价值，才能有完整的加速绿色生态产业发展的具体措施，进而促进生态文明建设的价值实现。绿色金融可以通过扶持重点绿色生态产业，进而影响社会生产生活中的整体产业构成，调整整个社会的生产产业结构；也可以通过向新能源建设、环保产业等绿色产业项目倾斜的资金政策扶持，促进绿色新能源产业和环保产业等生态产业的发展；还可以重点优先扶持一批中小型生态企业，给予资金和政策的各种扶持，从而壮大整个绿色生态产业。总之，发展绿色金融，有助于有目的、有针对性地服务和扶持绿色生态企业、促进绿色生态产业的发展，对于绿色生态文明建设的价值实现大有裨益。

二、我国绿色金融创新发展存在的问题

近几年，我们大力创新发展绿色金融，为生态文明建设产业保驾护航，给生态文明建设的实际活动中提供了很多有力的支持，取得了非常大的成绩和进步。当然，也存在很多不足之处：

（1）我们的绿色金融的规模太小。这主要是因为我们的绿色金融才刚刚起步，我们才刚刚开始重视到绿色金融对生态产业建设、生态文明建设发展的重要作用。所以，我们现在虽然已经开始逐渐意识到这个问题，逐渐开始加强绿色金融对绿色产业的扶持，但是与国外先进地区相比，我们的发展水平相比之下仍然还是落后的。

（2）我们的绿色金融能提供的整体的服务和产品不够丰富，无法满足市场的需要。从事生态产业的企业对于绿色金融的要求具有多样性，这就要求绿色金融根据各企业不同的需要提供具有适应性的多种产品和服务。特别是从事生态产业的企业有很多是小微企业或者高新技术企业，这些企业要求能给予灵活多样的金融政策扶持和资金支持，也需要绿色金融能给予更多的、更灵活的融资政策支助。这些都是目前我们的绿色金融需要进一步加强的部分。

（3）我们的绿色金融支持的产业方向相对单一，不够丰富和多元化。目前，我们的绿色金融支持的项目和产业都相对比较集中和单一，主要集中于节能减排这些方面的产业和项目，而对于一些新兴绿色产业比如开发新能源、绿色新交通工具等这些高技术生态产业的支持力度不够。所以，需要大力拓展绿色金融政策和资金扶持的产业范围。只有这样，才能真正促进绿色产业发展。

三、推动我国绿色金融创新发展的对策思考

要推动绿色金融创新发展，就要结合实际、有的放矢地解决一系列问题。对此，本文从法律、政策以及金融创新、人才培育与吸纳等方面提出一些建议和对策思考。

（1）要建立健全法律体系。要建立专门针对绿色金融的法律体系。只有建立健全的法律体系，才能给绿色金融保驾护航。有了相应的完善的法律制度，才能更有利于推动绿色金融的进一步发展。有了完备的法律制度，才能让各金融机构合理、合法地开展各项扶持绿色生态产业企业的金融活动，做到有法可依。

（2）要制定相应的支持绿色金融发展的有关政策，从政策层面上给予绿色金融长远发展的扶持和支持。有了相应的金融政策支持，绿色金融发展就有了长远的发展纲领和行动指南。

（3）绿色金融要发展，离不开金融改革。只有采取一些新措施、新手段、新方式，才能真正推动绿色金融的创新发展，才能结合实际给予绿色生态产业和企业实实在在的金融支持。

（4）绿色金融发展需要组织结构的调整。可以采取一些相应的措施来调整金融组织结构，加强银行之间、银企之间的协作合作，也可以考虑设立一个协作机构来专门负责银企之间绿色金融对接的事宜等。

（5）鼓励绿色金融大力向绿色生态产业、项目倾斜，通过绿色项目和绿色产业发展带动绿色金融的长远发展。金融和产业发展是一个相辅相成的过程，可以互相促进、一起发展。只有有了坚实的产业支撑，才会有金融的长足发展。可以鼓励绿色金融向生态林产业、新能源节能环保产业、生态高新技术产业、生态服务业等绿色产业倾斜，扶持这些绿色生态产业发展，夯实这些绿色生态产业，进而为绿色金融打下坚实的实体经济基础。

（6）明晰自然资源产权，建立自然资源产权交易市场。首先，明晰自然资源的产权，进行确权登记和两权分离，并且在此基础上进行进一步的测算和核算，明确了解自然资源的经济价值；其次，在此基础上开展产权交易，可以借助绿色金融的手段和方式，利用市场盘活自然资源价值，在一级市场和二级市场上积极探索自然资源产权转移转换新方式。

（7）加强人才吸纳和培育，促进绿色金融发展。现代社会，人才是最根本的发展动力，因此要多多吸纳优秀人才进入绿色金融行业工作。只有不断吸纳优秀人才进入绿色金融行业工作，该行业才会有长足的发展。同时，也要不

断培育本行业人才。只有对本行业人才不断进行专业再教育和培训，才能不断提高整体行业人才素质，行业业务水平才会有提升。此外，要积极采取各种措施留住人才，让优秀人才安心工作、积极工作。总之，要采用各种措施，不断培育和吸引人才。只有这样，该行业才会更有创造力和发展力。

（8）绿色金融要尽量向中小微绿色生态企业进行政策性倾斜，扶持这些中小微企业的发展。只有整个绿色金融产业的中小微企业能够得到足够的资金和政策扶持，整个绿色金融产业才会有充足的发展，反过来又会促进整个绿色金融的创新发展。

参考文献：

[1] 刘思华. 生态文明与绿色低碳经济发展总论 [M]. 北京：中国财政经济出版社，2011.

[2] 沈满洪. 生态文明制度的构建和优化选择 [J]. 环境经济，2012（12）：18-22.

[3] 王伟. 执行力与适应性导向下我国环境规划改革的探讨 [J]. 环境保护，2015（Z1）：27-30.

金融科技与投融资创新

农地抵押贷款能否缩小农户内部收入差距?

唐琴雅　王童　吴平　蒋远胜

（四川农业大学经济学院）

摘要：改革开放以来，我国城镇和农村居民的家庭收入都得到了快增长，农村地区经济水平提高与农村贫困人口相对收入下降并存的现象减缓了农村低收入人口收入水平提高的速度，导致农村家庭之间的收入差距可能会进一步扩大。农村土地承包经营权抵押贷款在全国大范围展开，对农户的生产经营和收入提高都带来了较大的助力。本文利用 2017 年浙江大学中国农村家庭追踪调查（CRHPS）数据，借助分位数回归和核密度函数分析方法，研究了农地经营权抵押贷款对农户收入差距的影响。进一步地，本文通过夏普里回归分解发现农地抵押贷款能够解释人均收入差距的 6.21%，解释人均农业收入差距的 6.09%，解释人均非农收入的 4.99%。结果表明，农地经营权抵押贷款对家庭农业收入带来的正向影响最大，而人均收入和非农收入次之。农地贷款可以缩小低收入和中等收入农村家庭与高收入家庭的人均收入，以及缩小中等收入的农村家庭与高收入家庭之间的农业收入和非农收入差距。但农地抵押贷款对三种收入差距的贡献值不同，对人均农业收入的贡献最大，而对人均非农收入的贡献最小。根据研究结果和农地贷款实践的实际情况，本文提出政府和金融机构应进一步做好农地经营权抵押贷款各项工作，普及和宣传农地经营权抵押贷款，采取多措施惠农、助农和扶农，以提升资金使用效率等。

关键词：土地承包经营权抵押贷款；分位数回归；核密度函数；农村收入差距

一、引言

随着农业经营的集约化、规模化和新型农业主体的日益发展，资金积累能力有限的农户对生产和经营资金的需求日益旺盛。但是，农村金融一直是金融体系的薄弱环节，资金短缺已经成为制约农村经济社会发展的主要瓶颈之一。农户缺少正规金融机构所要求的有效抵押物，这一制约条件成为农户融资难的重要原因。农地三权分置改革和农地确权在全国范围内的基本完成，不仅为农地的价值发现和提升奠定了基础，也促进了农村金融市场发展。而农村金融的普及与发展将会给农民的生活和农业生产经营带来积极的影响，确权颁证的完成降低了经济条件较差、资信较差的农户的信贷准入门槛。随着农村土地产权经济价值的逐渐提高，如何发挥农地的资产属性，"唤醒"这笔庞大可观的"沉睡"财富便成为我国农村金融创新的重头戏。基于这一背景，中国人民银行于 2016 年 3 月颁布了《农民土地承包经营权抵押贷款试点暂行办法》。这意味着农村土地承包经营权抵押贷款试点在全国大范围的正式开始，成为我国农村金融改革中极为重要的一部分。

改革开放以来，我国城镇居民的家庭收入得到了快速增长，城乡居民的经济条件和生活水平有了较大提高。近年来，随着大力开展攻坚扶贫以及"三农"事业的发展，农村家庭的经济条件得到了极大改善。经济快速增长与农村贫困人口相对收入下降并存的现象减缓了农村贫困人口经济水平提高的速度，导致农村家庭之间的收入差距可能会进一步扩大（罗楚亮，2012；陈飞等，2014；万广华等，2006）。在我国已经基本消除绝对贫困后，随着农村经济发展和乡村振兴战略的实施，需要重点关注收入来源较为单一和收入较低的农户，将金融发展带来的收入效应传导到这部分较为弱势的农户中。在实践以及相关学术研究中，农地抵押贷款对农民收入能带来正向的影响是共同的观点。但是，农地抵押贷款带来的收入效应对于不同的农村家庭所能带来的影响是具有异质性的，农地抵押贷款在帮助农户增产增收的同时又能否为经济水平较低的农村家庭寻找到增加家庭收入的有效路径，缓解农村地区的家庭收入不均。这是本文的核心研究问题。

二、文献综述

目前，大多数学者认为，获得信贷能够满足农户维持或扩大生产所需的资金，可以有效地提高农户收入和福利水平。农户的信贷需求不高，但是信贷在促进农业发展以及提高农民收入方面所起的作用是明显的（Kochar，1997；Swain，2002）。Binswanger（1995）、Pitt 等（1998）利用印度和孟加拉国的农户数据估计了正规农村信贷的收入效应，发现显著提高了农户的劳动生产率和收入水平。我国学者也针对农村信贷对农民收入的影响进行了大量研究，形成了两种观点：一是认为借贷对农户收入起到显著的促进作用。一部分学者如李锐（2004）、许崇正（2005）和褚保金（2009）等学者运用农户微观层面数据分析发现信贷带来农民人均资本增量的增加，从而引起人均收入水平提高；另一部分学者如周小斌（2003）和钱水土（2011）等学者运用宏观层面的年鉴数据也表明我国农村贷款规模扩大对农民收入具有显著的正面影响。二是认为借贷并不能促进农户收入的增加或者由于贷款期限和类型的不同将会带来差异化的影响。温涛（2005）和余新平（2010）等学者通过研究发现，农村贷款与农民收入增长呈负向关系，农业贷款促进农民增收存在一定的滞后期。长期农业贷款对于农民收入增长有促进作用，短期农业贷款对农民增收并无明显影响（赵继鸿等，2010），且农户的生产性贷款对于农户的收入有促进作用，但消费性贷款并不能促进农户收入的增加（尹学群，2011），而借贷对农民收入的促进作用从中部、西部到东部依次递减（苏静，2013）。

在农村信贷与收入差距的研究中，大部分相关文献均认为正规金融信贷对于较低收入的农户能带来更大的收入效应，从而可以缩小农村地区的收入差距。朱喜等（2006）的研究发现，借贷从整体上显著促进了农户经营收入的增加，但对不同收入层次的农户的产出影响具有明显的异质性。借款对最贫困和最富有的农户的收入作用不明显，但是显著促进了中低收入农户产出的增加。王文成（2012）等学者借助分位数模型发现，借贷资金并不能促进高收入水平的农户和低收入水平的农户增收，仅对中等收入水平的农户有明显的收入促进作用。

在农地抵押贷款的收入效应的相关研究中，主要聚焦农地抵押贷款和家庭收入，大多数学者对于两者的正向促进关系都持肯定的态度。但已有文献中较为缺失关于农地抵押贷款和农村收入差距的内容。曹瓅等（2019）利用宁夏和陕西地区的农户数据，借助 PSM-DID 模型分析农地经营权抵押贷款对农户收入的影响，农地经营权抵押贷款能显著促进农民总收入和农业收入增加。梁虎等（2017）发现，参与农地抵押贷款提高了农户户均收入 18 228.8 元，相较于其他贷款，农地抵押贷款对农户户均收入的促进作用并无优势，但对农户农业收入的促进作用显著。惠献波（2019）和张珩等（2018）对不同模式的农地抵押贷款对收入的影响进行了研究，运用倾向得分匹配法（PSM）和固定效应模型实证检验了农村土地经营权抵押贷款对农民的正向收入效应，发现农地经营权抵押贷款能使农户农业收入平均提高 7.99%，且该正向影响具有持续效应。与政府主导型农村土地经营权抵押贷款相比，市场主导型农村土地经营权抵押贷款促进农户收入增长的效果更好。也有学者对农户收入的类型进行了划分，如张欣等（2017）基于辽宁省农户数据，借助 OLS 回归和倾向得分匹配法发现农地抵押贷款对农户总收入和农业收入具有显著正向影响，且农地抵押贷款对农户总收入增长的促进作用大于农业收入，但差异较小。

通过对已有文献的回顾，我们可以发现农村信贷对于农户收入和农村收入差距均起到了正向作用。部分学者通过研究农地抵押贷款的收入效应，发现农地抵押贷款对农户收入有着持续的正向影响，并且对不同类型的农户收入也有着不同的影响。然而，现有文献较少有针对性地研究农地抵押贷款与农村地区收入差距的关系，忽略了农户内部的异质性，并且对于各类家庭收入的分类研究还较少。基于以上背景，本文拟借助分位数回归和核密度函数，研究农地抵押贷款对农村收入差距的影响，并且将农村家庭划分为家庭人均收入、农业收入和非农收入三个部分有针对性地进行分析。

三、理论分析

农地抵押贷款可以通过促进农业长期投资、增加农业生产要素投入、促进生产规模扩大和提高生产效率等方面来影响农民家庭收入，并且影响到农村地区的家庭收入差距。由于农户生产经营活动的收益具有季节性，信贷的获得有助于农户平滑生活消费和生产经营支出。我国小农生产模式下的农户往往属于风险厌恶型，而正规信贷的还本付息是其必然面临的刚性约束，特别是在信贷金额较大的农地抵押贷款中，其融资需求必然是大部分用于正常生产经营，以此来获得增收及完成还本付息。在家庭预算约束限制下，理性农户会在资本满足正常消费的同时对生产经营的规模和方式进行优化。在生产函数理论的一般情况下，我们假设农户短期内的家庭可用劳动力不发生明显改变，农地抵押贷款将从以下途径影响农村地区的内部家庭收入差距。

（1）土地抵押贷款资金的获得在短期内可促使农户做出扩大生产规模的决策，提高家庭农业收入，并且可能会缩小农村地区的农业收入差距。理性农户扩大生产规模的一个前提条件是根据往年的生产经营状况进行判断，其主要的生产方式不会带来亏损。即使生产效率等其他因素不变，固定单位收益也会因为更大的生产规模为获得农地抵押贷款的农村家庭带来经济效益的提高。而由于农业收益具有一定的滞后性，所以一般在年后的收获期中农户将会获得相较于前一年更高的农业收入。由于农村地区的土地资源分配比较公平，同地区有一定收入差距的以务农为主的家庭之间存在的土地资源禀赋差距远小于资金禀赋差距，而参与了农地流入的种植大户等收入较高的新型农业主体也无法使用流转土地进行抵押贷款。所以，就土地抵押贷款的资金总额来说，收入较高的农户在农地抵押贷款上获得的信贷资金虽然会带来生产经营活动上的帮助，但是由于土地资源的有限性，生产规模和资金需求本就较大的高收入农户通过农地贷款获得的生产助力会低于较低收入的农村家庭。因此，农地抵押贷款可以通过扩大生产规模来缩小农村地区的收入差距。

（2）正规信贷可以帮助农户优化生计策略、提高收入，并缩小农村地区的收入差距。在我国农村产业得到较好发展的背景下，农地抵押贷款资金的获得使得农户可根据实际情况选择经济作物的种植以及开展主要面向市场的小规模养殖业，甚至部分农户可以在农业生产的基础上开展创业活动，金融资源为农户生产经营方式的选择和改变提供了较大的资金帮助。理性农户生产方式的转变，从生产理论上来说源于更高的边际收益，而我国农业生产经营的实际收益情况也印证了这一点。高收入农户的农业收入本就更多地来源于已经做出决策并且获得收益的经济作物、养殖业以及自主创业的选择等。这部分收益更大的农业和农业经营活动有赖于远高于传统农业作物所需的资金成本。对于收入较低的农户来说，生计策略往往相对单一，主要来源于传统的作物种植以及养殖业，农地贷款的获得更能为其种植经济作物、扩大养殖业规模以及开展农业经营和自主创业提供资金，所以农地贷款的获得能为低收入农户家庭带来更高的边际效益，有可能会缩小农村地区的收入差距。

（3）农地贷款可以增加农业长期投资，优化劳动力配置，提高农户收入，并且可能会缩小农村地区的收入差距。农地贷款资金的注入使得农户有了获得更多和更高质量生产资料的机会，如化肥、薄膜和大棚等。特别是在生产工具的购买方面，这些生产资料和设备的购买会直接提高农户的生产技术水平，进而提高生产效率和产出。在劳动力资源短期不变的情况下将会带来两个影响：一是提高农业产出；二是节约了农业生产上的劳动投入，释放剩余劳动力到当地或者外部的劳动市场，使得农户获得更多的工资性收入，实现劳动力边际产出的更大化，促使家庭收入增长。因此，对于储蓄水平低的低收入农户而言，农地抵押贷款能够使其获得更加紧缺的生产经营和生活资金，用以平滑生活和生产经营的资金需求。相对于生产资料和生产机械更多的高收入农户家庭来说，农地贷款的获得使得低收入水平的农村家庭在农忙季节能投入更加充足的生产资料，促使低收入农户更可能采用节约劳动力的技术并提高农户的劳动生产率，并优化其劳动力配置增加工资性收入。所以，农地抵押贷款可能会缩小农村地区的收入差距。

四、模型构建及变量统计

（一）数据来源

本文所用数据来源于 2017 年浙江大学中国农村家庭调查数据库。问卷内容涵盖了农户家庭经济状况、户主个人特征、是否使用产权进行抵押贷款等相关问题，并且其中很多调研内容属于国内诸多数据库里比较独有的针对农村产权的问题，对农村经济问题的研究具有较高的适用性。2017年的数据覆盖中国29个省（自治区、直辖市），通过匹配CRHPS2017年的农户家庭、社区和个人数据，剔除核心解释变量和被解释变量缺失的数据后，得到有效农户家庭数据1 728份。

从表1和表2可以发现，主要受访农户的年龄近一半在60岁以上，平均为57.8岁；受教育程度主要集中在小学和初中阶段，由于受访户主的偏老龄化，受教育程度也较低；家庭人均土地均值为12.84亩，但大部分家庭的人均土地面积在5亩以内。

表1　农户基本特征统计

调查内容	分类指标	比例/%
性别	男	86.46
	女	13.54
年龄	20~29岁	0.93
	30~39岁	6.19
	40~49岁	19.68
	50~59岁	24.59
	60岁及以上	48.61
教育水平	没上过学	14.93
	小学	39.99
	初中	33.51
	高中	8.51
	中专/职高	1.45
	大专/高职	0.93
	大学本科	0.64
	硕士研究生	0.06
人均土地面积	5亩以下	66.67
	5~10亩	10.24
	10~15亩	3.70
	15~20亩	1.79
	20亩以上	17.59

表 2 变量说明及描述性统计

变量类别	变量	含义及赋值	均值	方差
被解释变量	家庭人均收入水平	连续变量（单位：元）	22 382.80	45 274.23
	家庭人均农业收入水平	连续变量（单位：元）	6 435.19	32 059.52
	家庭人均非农收入水平	连续变量（单位：元）	15 947.61	48 608.64
核心自变量	土地承包经营权抵押贷款	农户是否获得土地承包经营权抵押贷款，是＝1；否＝0	0.04	0.19
控制变量	受教育程度	没上过学＝1；小学＝2；初中＝5；高中＝4；中专/职高＝5；大专/高职＝6；大学本科＝7；硕士研究生＝8；博士研究生＝9	2.47	1.03
	性别	男＝1；女＝2	1.14	0.34
	婚姻状况	未婚＝1；已婚＝2；同居＝3；分居＝4；离婚＝5；丧偶＝6；再婚＝7	2.54	1.39
	年龄	连续变量	57.81	13.17
	身体状况	与同龄人相比身体状况非常好＝1；身体状况好＝2；身体状况一般＝3；身体状况不好＝4；身体状况非常不好＝5	2.85	1.08
	中共党员	是＝1；否＝2	1.89	0.32
	手机类型	智能手机＝1；非智能手机＝2；没有手机＝3	1.66	0.60
	人均耕地面积	连续变量（单位：亩）	12.84	118.14
	家庭人口	连续变量（单位：人）	2.22	1.72
	人情支出	连续变量（单位：元）	2 388.00	5 073.36
	务农人数	连续变量（单位：人）	1.88	0.86
	村公共事务工作公开评价	非常满意＝1；比较满意＝2；一般＝3；不太满意＝4；很不满意＝5	3.25	1.83
	村人均可支配收入	连续变量（单位：元）	8 449.74	6 410.10
	是否有特色产业	是＝1；否＝2	1.53	0.50
	到最近的农贸市场的距离	连续变量（单位：千米）	6.53	15.56

（二）变量选择及描述性分析

1. 被解释变量

本文对家庭收入进行了分类讨论，分为家庭人均收入、家庭人均非农收入和家庭人均农业收入三个类型进行对比研究。其中，非农收入相较于农业收入明显更高，说明样本中的农村家庭的兼业普遍存在，工资性收入、经营性收入、财产性收入和转移性收入是现今农村家庭的主要收入来源。

2. 核心自变量

根据 CRHPS2017 年问卷的设计，由于只有家庭获得信贷总额而没有农地贷款的获得金额，所以本文对于农地抵押贷款这一核心自变量的衡量选取来自农户对于"是否成功申请到农村土地承包经营权抵押贷款？"这一问题的回答。

3. 控制变量

第一类为户主个人特征变量，包括受教育程度、性别、婚姻状况、身体状况、中共党员、手机类型；第二类为家庭特征变量，包括人均耕地面积、家庭人数、家庭务农人数和人情支出；第三类为村庄特征变量，包括村公共事务公开评价、村人均可支配收入、是否有特色产业和到最近的农贸市场的距离，其中到最近的农贸市场距离由于 CRHPS2017 数据库中只有村庄问卷中有提及，所以将该变量归于村庄特征。

为了更加直观地了解获得和未获得农地承包经营权抵押贷款的两类家庭收入水平的分布情况，使用核密度函数模型（kernel density estimation，KDE）来估计两类家庭在三种收入类型上的密度函数，具体窗宽与分布如图 1 至图 3 所示。收入分别有家庭人均收入、家庭人均农业收入和家庭人均非农收入并做对数处理。

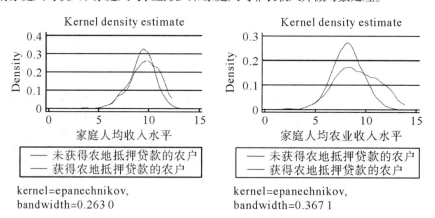

kernel=epanechnikov,
bandwidth=0.263 0

图 1　家庭人均收入

kernel=epanechnikov,
bandwidth=0.367 1

图 2　家庭人均农业收入

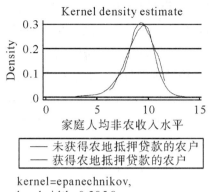

kernel=epanechnikov,
bandwidth=0.295 9

图3　家庭人均非农收入

从图1我们可以看出，获得农地抵押贷款的家庭的收入分布峰值较低，并且在低收入和高收入段的拖尾较短。我们可以初步得出，相较于其他96%的农户而言，获得农地贷款的家庭在低收入和高收入中的分布较少，更多分布在从低到高排序中的20%～90%收入段，说明在整个农村地区中，最低收入和最高收入的少部分农户在农地抵押贷款需求上是相对较低的。换言之，就现状而言，农地抵押贷款对于有着一定生产资料和普通生产经营需求的农户有着更高的适用性。最低收入的农村家庭的资金需求用小额信用贷款也可满足，或者说这部分低收入家庭并没有扩大生产和改变生计方式的需求；最高收入的这部分农户的储蓄率较高，其主要资金来源可能并不是来自农业，并且由于资金需求过大并不会选择受土地资源限制的农地抵押贷款。

从图2我们可以看出，两类家庭在农业收入上的分布与家庭人均收入有着高度的相似性。而最大的区别在于，参与农地贷款的更多的是依赖于农业生产经营的家庭。所以，农地抵押贷款相较于其他农村信贷来说，可以更多地将信贷资金直接运用到农业生产上，促进农业产出增加，对农业收入和农业收入差距带来更大的影响，而这一点也与后文分位数回归的结果一致。

从图3我们可以看出，获得农地抵押贷款的农村家庭除了同前两张图一致的左右拖尾较短外，与未获得农地抵押贷款的农村家庭在非农收入上的分布曲线并未有明显的差别。

（三）模型构建

一般情况下，收入函数的回归方程为：$y=F$（x，μ）。由于农户收入变量符合正态分布，选择半对数模型可以使得常数项转化为常数乘积项，规避常数项对收入差距造成的影响，所以农户收入决定方程可以设定为

$$\text{Ln}\ (y) = x\beta + \varepsilon$$

式中，x 表示影响收入的农地抵押贷款，β 表示回归系数，ε 为残差。由于选用的数据为 2017 年浙江大学中国农村家庭调查的截面数据，分位数回归模型能够揭示不同分位点上的家庭收入差异，分位数回归方法已经在分析财富差距和收入差距等研究方向中得到了较好利用，所以本文也借助这一方法来考察农村家庭收入差距。具体收入决定方程模型为

$$\text{Log1}_{qi} = c + \beta_{qloan}\text{loan}_{qi} + \beta_{qx}x_{qi} + \varepsilon_q$$

$$\text{Log2}_{qi} = c + \gamma_{qloan}\text{loan}_{qi} + \gamma_{qx}x_{qi} + \varepsilon_q$$

$$\text{Log3}_{qi} = c + \delta_{qloan}\text{loan}_{qi} + \delta_{qx}x_{qi} + \varepsilon_q$$

其中，Log1_{qi} 至 Log3_{qi} 分别表示农村家庭人均收入、农村家庭人均农业收入、农村家庭人均非农收入的对数。c 是常数。q 是分位数，q 分位数分别为 25%、50% 和 75%，分别代表低收入组、中等收入组和高收入组。i 代表了 i 家庭。loan_{qi} 表示农地承包经营权抵押贷款。β，γ，δ 分别是不同变量对不同收入类型的回归系数，x_i 为控制变量。

五、实证结果与分析

（一）农地承包经营权抵押贷款对收入和收入差距的影响

在农地承包经营权抵押贷款对收入和收入差距的影响的实证研究中，共分为三个部分。首先，农地承包经营权抵押贷款对农村家庭收入的三点位分位数回归结果具体如表 3 所示。我们采用三点位分位数回归而非五点位分位数回归的原因：一是农村家庭收入相较于城市家庭收入极差更小，且农村家庭收入在极端值处理中采用了 1% 的缩尾，也进一步减少了农村家庭的收入极差；二是农村家庭在生计策略和就业等方式上的多元性较弱，其家庭与家庭之间的收入分化并没有城镇地区明显，为了利用分位点解释其合理的经济含义，所以采用三总位的划分方式。表 3 中的自变量系数为在其他自变量不变的情况下，自变量增加某一单位，各类型的收入增加相应系数个单位。例如，每当增加 1 个单位的受教育程度，位于 25% 分位点上的将增加 0.165 个单位的家庭人均收入，而 50% 分位点上的的农村家庭将增加 0.116 个单位的家庭人均收入，同样的解释变量能为较低收入的农村家庭带来更多的收入，所以我们可以初步判定该变

量在一定程度上可以缩小两类家庭的收入差距；反之，则会扩大两类家庭之间的收入差距。而其他变量的分析也以此类推。其次，通过对表3的回归结果进行进一步处理来得出表4中的判定结果。如果我们要得出两个不同收入点位的农村家庭收入差距缩小的结论，则需要较低收入家庭组在该变量中呈现显著的结果；反之，如果我们要得出两个不同收入点位的农村家庭收入差距扩大的结论，则需要较高家庭组在该变量呈现显著的结果。最后，使用bootstrap方法进行200次的计算，形成全点位的分位数回归图示（如图4至图6所示）。我们通过将波状响应图与初始回归结果进行比较，并将比较结果作为再一次判定农地抵押贷款影响收入差距的依据。

从表3可以看出，农地抵押贷款对不同分位数点的家庭人均收入、家庭人均非农收入、家庭人均农业收入均为正向影响。农地抵押贷款对家庭人均收入的影响按边际值从高到低排序，分别为低收入家庭、中等收入家庭以及高收入家庭，系数分别为0.561、0.478和0.155。25%分位和50%分位均得到了显著的结果，而这样的正向显著影响在低收入家庭和中等收入家庭表现更明显，我们可以从这个结果初步判断农地抵押贷款会缩小农民内部的收入差距。农地抵押贷款对家庭人均农业收入的影响均为正向并且对中等收入家庭影响最大且显著，所以可以初步判断农地抵押贷款会缩小中等收入家庭与高收入家庭的收入差距。农地抵押贷款对家庭人均非农收入的影响均为正，边际值分别为0.639、0.622和0.600，仅在中等收入家庭中呈现显著的结果，所以农地抵押贷款同样可以缩小中等收入农村家庭与高收入农村家庭的收入差距。

就表3和表4中的控制变量而言，在户主特征变量中，教育对家庭收入和家庭非农收入的影响是正向且显著的，并且对低收入家庭的边际影响最大，所以教育对于贫困家庭脱贫、缩小收入不平等方面都有显著的效果，与现实情况相符。但教育对家庭农业收入的影响并不显著。身体状况越差的农户给家庭收入增长将会带来负面的影响，给中等收入家庭带来的负面效应最大，其次是低收入家庭，最后才是高收入家庭。再结合变量对家庭人均非农收入的边际值，说明在中等收入和低收入家庭中，主要的经济来源更来自依靠体力的工作，所以会扩大家庭之间的非农收入差距。表4中的结果表明，身体状况越差，越会扩大家庭之间的农业收入差距，说明样本中不论是高收入家庭还是低收入家庭，农业生产中都可能倾向于效率更低的生产方式，机械化水平等可能也是相对较低的，都有着较高的体力依赖性，而高收入家庭农业产值较大，身体状况较差带来的边际影响也更大。户主年龄对家庭人均农业收入带来负向的显著的

表 3 农地抵押贷款对农民收入影响的分位数回归结果

被解释变量	家庭人均收入			家庭人均农业收入			家庭人均非农收入		
	Q25	Q50	Q75	Q25	Q50	Q75	Q25	Q50	Q75
农地抵押贷款	0.561**	0.478**	0.155	0.639	0.622**	0.600*	0.526	0.490*	0.388
受教育程度	0.165**	0.116**	0.150***	0.043	0.104	0.074	0.161**	0.154**	0.136***
婚姻状况	-0.089	-0.001	0.004	-0.120	0.097	0.004	-0.049	-0.041	0.028
性别	-0.060	0.012	-0.003	-0.378	-0.011	-0.273	0.032	0.275	0.227
年龄	0.022***	0.007	-0.001	-0.005	-0.018*	-0.023***	0.029***	0.014*	0.006
身体状况	-0.118***	-0.185***	-0.096***	-0.057	-0.109	-0.157**	-0.176***	-0.163**	0.120***
中共党员	-0.119	-0.234	-0.277*	-0.398*	-0.301	-0.373*	0.054	-0.024	-0.044
手机类型	-0.610***	-0.455***	-0.341***	-0.249	-0.145	-0.282*	-0.493***	-0.501***	-0.284***
人均耕地面积	0.003	0.002	0.005	0.013	0.023	0.024	0.003	0.002	0.000
家庭人数	-0.082*	-0.089***	-0.080***	-0.330***	-0.314	-0.281***	-0.022	0.004	-0.067**
村公共事务评价	-0.019	-0.013	-0.007	-0.018	0.055*	-0.001	0.010	-0.019**	-0.022
村人均可支配收入	0.444***	0.200**	0.303***	0.183	0.362***	0.473***	0.458***	0.301**	0.214***
人情支出	0.000***	0.000***	0.000***	0.000	0.000	0.000	0.000***	0.000***	0.000***
务农人数	-0.059	-0.141**	-0.090	0.155	0.197**	0.105	-0.126	-0.231**	-0.143**
村特色产业	0.08	0.009	0.005	0.194	-0.073	-0.267*	0.050	0.036	0.046
到农贸市场的距离	-0.002	-0.009	-0.005	-0.013	-0.017	-0.001	0.003	0.000	0.002
常数项	5.220***	8.897***	8.655***	8.159***	7.070***	8.740***	3.444**	6.627***	8.120

注：***、**、* 分别表示在 1%、5% 和 10% 的水平下显著。下同。

表 4　各变量对农民收入差距的影响

被解释变量	家庭人均收入			家庭人均农业收入			家庭人均非农收入		
	Q50~Q25	Q75~Q50	Q75~Q25	Q50~Q25	Q75~Q50	Q75~Q25	Q50~Q25	Q75~Q50	Q75~Q25
农地抵押贷款	缩小	缩小	缩小		缩小			缩小	
受教育程度	缩小	缩小	缩小				扩大	缩小	缩小
婚姻状况									
性别	缩小		缩小		缩小		缩小	缩小	缩小
年龄	扩大	缩小	缩小	扩大	扩大	扩大	缩小	缩小	缩小
身体状况	缩小	扩大	扩大	扩大	扩大	缩小	扩大	缩小	
中共党员									
手机类型	缩小	缩小	缩小	扩大	扩大	扩大		缩小	缩小
人均耕地面积									
家庭人数	缩小	扩大	扩大	扩大	扩大	扩大	扩大		
村公共事务评价									
村可支配收入	缩小	扩大	缩小	扩大	扩大		缩小	缩小	缩小
人情支出				扩大	缩小			扩大	
务农人数				扩大	扩大	扩大			
村特色产业									
到农贸市场的距离									

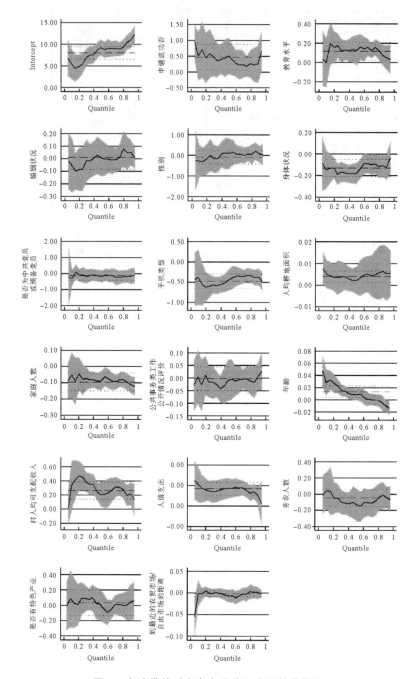

图4　农地贷款对家庭人均收入分位数线状图

乡村数字化与农村金融创新

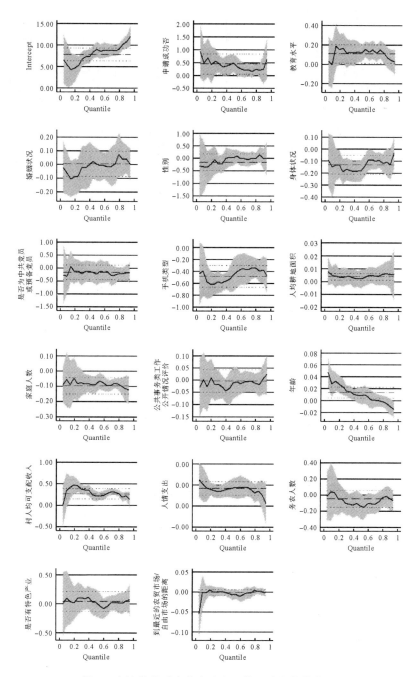

图 5　农地贷款对家庭人均农业收入分位数线状图

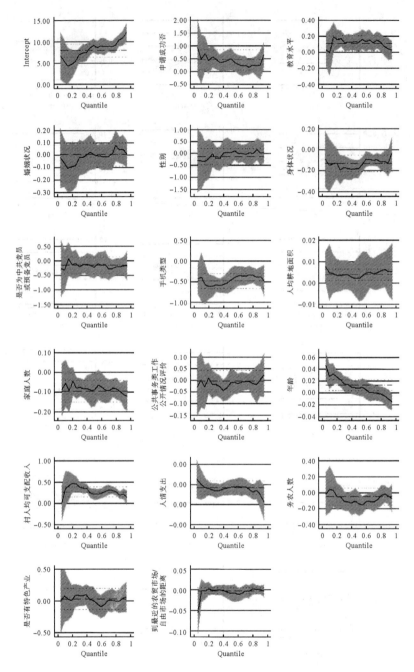

图 6 农地贷款对家庭人均非农收入分位数线状图

乡村数字化与农村金融创新

影响并且对高收入家庭带来的边际效应最大，所以户主年龄会缩小农业收入差距。本文关于年龄变量所得的结论与尹志超等学者（2017）利用 CHFS 的城乡混合数据所得的结果相同。中共党员对所有收入水平家庭增收均有促进作用，而中共党员身份对于较高收入水平家庭的家庭增收带来的影响是正向且显著的，并且党员身份在较高收入家庭中呈现的边际值更高。手机类型对家庭人均收入带来正向的显著的影响并且对低收入家庭带来的边际效应最大。智能手机的应用通过提供更多的信息，能为低收入家庭带来更大的经济效应，缩小不同家庭间的收入差距。

在家庭特征变量中，家庭人数的增加对家庭人均收入水平带来负向的显著的影响，说明农村家庭成员中可能更多的是缺乏劳动能力的老人和未成年人，这一部分人数增加反而会降低家庭人均收入水平。在社区特征变量中，村可支配收入的增加对各类收入带来正向的显著的影响，但是在不同类型收入中对不同收入水平家庭的边际影响的大小排序是不同的。村可支配收入的增加能够扩大家庭农业收入差距，但会缩小家庭非农收入差距。务农人数的增加对农业收入带来的是正向的影响，且对 50% 分位的农户家庭的影响是显著的，对非农收入带来的则是负向的影响。总体而言，务农人数的增加对农户增收的作用是负面的，可能是农民务农人数增加，务工人数就会减少，而农户工资性收入总体来说高于农业收入。

为了实证结果的稳健性，本文将农户的组间均值差缩小，将分位数回归模型重新确定为五分位点后再次进行回归并分析。本文仅选取农村家庭人均收入结果进行汇报，总体上稳健性检验得到的结果与表 3、表 4 中的显著变量一致，所以我们可以判定基于收入决定方程的分位数回归模型结果具有一定稳健性。在土地确权对家庭财富的不同分位点影响中，我们同样可以发现在 10% 分位、25% 分位和 50% 分位的农户组中产生了更高的边际效应，并且 25% 分位和 50% 分位呈现正向显著的结果。土地确权对于最高收入水平的农户并没有产生显著的影响，说明土地确权可以缩小中等收入水平家庭和较高收入水平家庭与较低收入水平家庭的收入差距。

（二）夏普里分解和农村居民收入分解

1. 夏普里分解

有关收入不平等的早期分解始于线性回归的 Blinder-Oaxaca 分解法。该方法将导致个体收入差距的因素分为两类：第一类是由个体特征等可观测因素造成的收入差距，第二类则是由不可观测因素引致的收入差距。但将两类因素的回归系数作为分解收入不平等的系数时存在多重指数基准的风险。在对不平等问题的研究中，方差是除基尼系数外的另一个被广泛使用的指标。Fields 等学者均使用方差来测度不平等问题，而在之后也逐渐增加了采用联合国开发的 JAVA 程序来进行夏普利值分解等方法，但由于 CRHPS 数据库的管理封闭性，无法导入任何程序和外部命令，所以本文采用较为传统的不平等分解方法来进行计算。

2. 农村居民收入分解

我们利用回归分解测度了各因素对农村家庭人均收入差距、农村家庭人均农业收入差距和农村家庭人均非农收入差距的影响。由表5、表6和表7可知，农地抵押贷款对农村家庭人均收入不平等的贡献度为6.20%，农地抵押贷款对农村家庭人均农业收入不平等的贡献度为6.09%，农地抵押贷款对农村家庭人均非农收入不平等的贡献度为0.86%。可见，农地抵押贷款不是造成家庭人均非农收入不平等的主要原因，但是在解释家庭人均收入不平等和家庭人均农业收入不平等上有一定程度的解释力。此外，家庭特征变量是造成收入不平等的主要因素，它们在人均收入、人均农业收入和人均非农收入中导致的不平等（R^2）分别为 0.075 41、0.139 86 和 0.073 06，贡献值分别为 37.64%、54.01% 和 43.10%（见表8、表9）。

表5　农地抵押贷款对农村家庭人均收入影响的分位数回归结果

被解释变量	Q10	Q25	Q50	Q75	Q90
土地抵押贷款	0.469	0.561 **	0.478 **	0.155	0.236
受教育程度	−0.011	0.165 **	0.116 **	0.150 ***	0.039
婚姻状况	−0.066	−0.089	−0.001	0.004	0.042
性别	−0.348	−0.06	0.012	−0.003	−0.009
年龄	0.027 **	0.022 ***	0.007	−0.001	−0.011
身体状况	−0.151	−0.118 ***	−0.185 ***	−0.096 ***	−0.132 **
中共党员	−0.334	−0.119	−0.234	−0.277 *	−0.184
手机类型	−0.396	−0.610 ***	−0.455 ***	−0.341 ***	−0.378 ***
人均耕地面积	0.005	0.003	0.002	0.005	0.005
家庭人数	−0.056	−0.082 *	−0.089 ***	−0.080 ***	−0.115 ***
村公共事务评价	0.001	−0.019	−0.013	−0.007	0.001
村人均可支配收入	0.331	0.444 ***	0.200 **	0.303 ***	0.211 ***

表5(续)

被解释变量	Q10	Q25	Q50	Q75	Q90
人情支出	0 ***	0.000 ***	0.000 ***	0.000 ***	0
务农人数	0.037	−0.059	−0.141 **	−0.09	−0.047
村特色产业	0.08	0.08	0.009	0.005	0.032
到农贸市场的距离	0	−0.002	−0.009	−0.005	−0.001
常数项	5.202 **	5.220 ***	8.897 ***	8.655 ***	10.689 ***

表6　各变量对农村人均家庭收入差距的影响

被解释变量	Q75～Q25	Q75～Q10	Q90～Q25	Q90～Q10	Q90～Q50
土地抵押贷款	缩小		缩小		缩小
受教育程度	缩小	扩大	缩小		缩小
婚姻状况					
性别					
年龄	缩小	缩小	缩小	缩小	
身体状况	缩小		扩大		缩小
中共党员					
手机类型	缩小		缩小		缩小
人均耕地面积					
家庭人数	扩大		缩小		缩小
村公共事务评价					
村人均可支配收入	缩小		缩小		扩大
人情支出					
务农人数					
村特色产业					
到农贸市场的距离					

表 7 农村家庭人均收入差距的分解

变量	夏普里 R^2	分解 $R^2/\%$
农地抵押贷款	0.012 42	6.20
户主个人特征	0.068 22	34.05
家庭特征	0.075 41	37.64
村庄特征	0.044 27	22.10
合计	0.200 33	100.00

表 8 农村家庭人均农业收入差距的分解

变量	夏普里 R^2	分解 $R^2/\%$
农地抵押贷款	0.015 77	6.09
户主个人特征	0.086 09	33.24
家庭特征	0.139 86	54.01
村庄特征	0.017 24	6.66
合计	0.258 97	100.00

表 9 农村家庭人均非农业收入差距的分解

变量	夏普里 R^2	分解 $R^2/\%$
农地抵押贷款	0.008 46	4.99
户主个人特征	0.052 33	30.87
家庭特征	0.073 06	43.10
村庄特征	0.035 65	21.03
合计	0.169 50	100.00

六、研究结论与政策启示

本文使用 2017 年浙江大学中国农村家庭调查数据，借助分位数回归、核密度函数和 bootstrap 等方法分析农户参与农地承包经营权抵押贷款对农户收入差距的影响，得到如下结论：农地经营权抵押贷款对家庭农业收入带来的正向影响最大，而人均收入和非农收入次之。农地贷款可以缩小低收入和中等收入农村家庭与高收入家庭的人均收入，以及缩小中等收入农村家庭与高收入农村家庭之间的农业收入和非农收入差距。但农地抵押贷款对三种收入差距的贡献值不同，对人均农业收入的贡献最高、对人均非农收入的贡献最低。同时，受教育程度、身体状况、中共党员、手机类型、人均耕地面积、家庭人数、年龄、村人均可支配收入、务农人数等变量也对农村家庭三种收入差距有一定影响，其中家庭特征变量是造成收入不平等的主要因素。基于以上结论，得出相应的政策启示：

（1）各级政府及相关金融机构应进一步完善农地抵押贷款的制度化设计，特别是完善价值评估机制和风险分担机制等。这不仅关系到农户的切身利益，也在很大程度上影响农户参与农地抵押贷款的决策意愿。为了更好地发挥农地的金融功能，需要更好地构建包括银行、评估公司和地方产权中心等机构的多方合作机制，银行也应考虑农村的实际情况提高抵押率，为农地价值的合理实现保驾护航。在构建了合理的制度与机构合作机制后，组织也需要根据各地农产品的特色以及农地使用的不同创新交易机制和管理机制，通过信息流的获取和违约农户土地流通的实现来降低交易成本。制度化设计的不断完善，有利于促进农地贷款的推广，发挥缓解农户担保难、贷款难的切实作用，促进农民收入增加，进一步改善农村地区的收入不平等状况。

（2）农地的金融功能实现的前提之一是农户的参与意愿，这受到农户自身认知和金融业务参与能力的影响。相对来说，农民普遍缺乏相关的金融知识，对金融业务的不认同、参与能力低和资金管理能力差都会成为制约有农业资金需求的农户参与农地抵押贷款的问题。所以在持续促进金融资源下沉到农村地区、促进商业银行等金融机构进驻更多的农村地区开展农地抵押贷款的同时，地方政府、基层自治组织、行业协会和金融机构等应合作开展金融知识的宣传与普及，提高农民参与信贷业务的能力，促使农户在信任和可行的金融环境中实现其信贷权利。

（3）为了更好地促进不同收入水平农民的收入增长，特别是低收入农民的收入增加，金融机构应该正视农户间的异质性，对不同收入水平的农户进行分类，瞄准不同收入水平的农户在生产经营活动上的特点，从贷款期限、贷款额大小、利率等与贷款内容设计有关方面差异化地区内的农地抵押贷款产品，使各类农户能尽可能地参与到更适合自身情况的贷款方式中来，促使农户抵押贷款高效且可持续发展。

（4）在信贷资源下沉的同时对于农地贷款资金的利用效率问题也需要给予重视。地方政府和基层自治组织应加强对农户的专业化培训，提升农户的劳动生产技能，搭建和利用好综合服务平台，促使农户可以将贷款资金用来切实提高生产力。

（5）农村高收入农户可能会存在流转土地较多但使用流转土地抵押贷款难的问题。相关机构应保障抵押物权的稳定性，稳定土地经营大户和普通农户间的租赁关系，完善流转合同，从而发展土地流转经营权抵押贷款，进而使土地经营大户可以获得满足生产经营需要的抵押贷款额度。

参考文献：

［1］曹瓅，陈璇，罗剑朝.农地经营权抵押贷款对农户收入影响的实证检验［J］.农林经济管理学报，2019，18（6）：785-794.

［2］陈飞，卢建词.收入增长与分配结构扭曲的农村减贫效应研究［J］.经济研究，2014（2）：101-114.

［3］褚保金，卢亚娟，张龙耀.信贷配给下农户借贷的福利效果分析［J］.中国农村经济，2009（6）：51-61.

［4］惠献波，农村土地经营权抵押贷款：收入效应及模式差异［J］.中国流通经济，2019，33（1）：112-118.

［5］李锐，李宁辉.农户借贷行为及其福利效果分析［J］.经济研究，2004（12）：96-104.

［6］梁虎，罗剑朝，张珩.农地抵押贷款借贷行为对农户收入的影响：基于 PSM 模型的计量分析［J］.农业技术经济，2017（10）：106-118.

［7］罗楚亮.经济增长、收入差距与农村贫困［J］.经济研究，2012（2）：15-27.

［8］钱水土，许嘉扬.中国农村金融发展的收入效应：基于省级面板数据的实证分析［J］.经济理论与经济管理，2011，3（3）：104-112.

［9］苏静，胡宗义，朱强.中国农村非正规金融发展的收入效应：基于东、中、西部地区面板数据的实证［J］.经济经纬，2013（3）：37-41.

［10］万广华，张茵.收入增长与不平等对我国贫困的影响［J］.经济研究，2006（6）：112-123.

［11］王文成，周津宇.农村不同收入群体借贷的收入效应分析：基于农村东北地区的农户调查数据［J］.中国农村经济，2012（5）：77-84.

［12］温涛，冉光和，熊德平.中国金融发展与农民收入增长［J］.经济研究，2005（9）：30-43.

［13］许崇正，高希武.农村金融对增加农民收入支持状况的实证分析［J］.金融研究，2005（9）：173-185.

［14］尹学群，李心丹，陈庭强.农户信贷对农村经济增长和农村居民消费的影响［J］.农业经济问题，2011，32（5）：21-27.

［15］余新平，熊晶白，熊德平.中国农村金融发展与农民收入增长［J］.中国农村经济，2010（6）：79-88，98.

［16］张欣，于丽红，兰庆高.农户农地经营权抵押贷款收入效应实证检验：基于辽宁省昌图县的调查［J］.中国土地科学，2017，31（12）：42-50.

［17］张欣，农地经营权抵押贷款对农户收入的影响研究［D］.沈阳：沈阳农业大学，2018.

［18］张珩，罗剑朝，王磊玲.农地经营权抵押贷款对农户收入的影响及模式差异：实证与解释［J］.中国农村经济，2018（9）：79-93.

［19］赵继鸿.中国农业贷款对农民收入影响的实证分析：基于 ECM 模型［J］.金融理论与实践，2010（5）：67-69.

［20］周小斌，李秉龙.中国农业信贷对农业产出绩效的实证分析［J］.中国农村经济，2003（6）：32-36.

［21］朱喜，李子奈.我国农村正式金融机构对农户的信贷配给：一个联立离散选择模型的实证分析［J］.数量经济技术经济研究，2006（3）：37-49.

［22］GARY A，FIELDS G S，EAOB. The meaning and measurement of income mobility［J］. Journal of Economic Theory，1996，71（2）：349-377.

［23］BINSWANGER H P，KHANDKER S R. The impact of formal finance on the rural economy of India［J］. The Journal of Development Studies，1995，32（2）：234-262.

［24］FIELDS G S. Does income mobility equalize longer-term incomes? new measures of an old concept［J］. Journal of Economic Inequality，2010（1）.

［25］FIELDS G S，OK E A. The measurement of income mobility：an introduction to the literature［J］. Working Papers，1996，71（5）：557-598.

［26］KOCHAR A. An empirical investigation of rationing constraints in rural credit markets in India［J］. Journal of Development Economics，1997，53（2）：339-371.

［27］PITT M M，KHANDKER S R. The impact of group-based credit programs on poor households in bangladesh：does the gender of participants matter?［J］. Journal of political economy，1998，106（5）：958-996.

［28］SWAIN R B. Credit rationing in rural India［J］. Journal of Economic Development，2002，27（2）：1-20.

公益林收益权质押贷款
对农户创业行为影响研究

陈仑松　石道金

（浙江农林大学经济管理学院）

摘要：乡村振兴的前提在于产业振兴，鼓励农户创业是实现乡村产业振兴的重要方式，而农户创业的关键在于资金支持。公益林收益权质押贷款以可持续的收益权作为质押物，具有良好的质押担保功能，对农户创业有重要的意义。本文基于丽水市的调研数据，采用 Logistic 和 Tobit 模型，运用成本-收益理论，探讨公益林收益权质押贷款对农户创业行为的影响，并进行内生性和稳健性检验。结果表明：一是农户创业行为依赖于金融机构的资金支持及利率设置；二是农户人力资本、社会资本及经济资本对农户创业行为有显著的正向影响；三是公益林收益权质押贷款对农户创业行为有积极作用，但地方金融机构参与意愿不高；四是参与公益林收益权质押贷款农户的创业机会增加了 0.794倍。基于研究结果，本文提出：一是正规金融机构应对农户创业行为进行窗口指导，实施优惠利率；二是正规金融机构可以依据农户特征，提供差异化金融服务；三是提高公益林收益权质押贷款额度以及地方金融机构的参与意愿；四是引导民间贷款规范发展，为农户产业资金需求提供支持。

关键词：农户创业；公益林收益权质押贷款；成本-收益理论

乡村振兴是新时代"三农"工作的总抓手，产业兴旺是解决农村一切问题的前提。依据《国家乡村战略振兴规划（2018—2022）》和《中共中央 国务院关于实施乡村振兴战略的意见》，促进农民乡村创新创业是实现产业兴旺的重要途径。农户在创新创业时不仅增加了自身收入，也推动了乡村传统农业产业升级、非农产业发展，从而推动了乡村经济发展，成为推动产业升级的重要动力。

农户创新创业行为依赖于金融市场的资金支持，金融支持是关键环节、直接激励农户创业行为（Reynolds et al., 1995；Hurst et al., 2004；Ahlin et al., 2005；Sarkar et al., 2018；何广文等，2019；李国正等，2020；黄宇虹等，2021）。其中，正规金融支持是农户创业资金的重要来源。而公益林收益权质押贷款对生态资源资产进行金融化、证券化，以可持续的收益权作为质押物，具备良好质押担保功能，对提高农户在正规金融机构的信用评估地位具有积极的意义。然而，公益林收益权质押贷款在农户创业行为中的影响机理尚未得到实证检验。因此，本文利用浙江省公益林补偿收益权质押贷款试点地区丽水市调研数据，从正规金融支持角度，探讨公益林收益权质押贷款对农户创业行为的影响，以期为完善农村金融改革、产业振兴提供参考意见。

一、文献综述

目前，学术界关于农户创业研究相对丰富，Naman 等（1993）与薛永基等（2015）使用农户创业绩效研究农户创业行为；刘新智等（2017）使用农户创业决策研究农户创业行为，农户创业决策为传统农业、新产业、专业生产和新业务；彭艳玲等（2016）使用农户的创业选择来衡量农户差异性创业选择，农户创业选择为不创业、计划创业、继续创业、停止创业和重新创业；苏岚岚等（2018）以农户的创业方式研究其创业决策，农户的创业方式为非农创业、农业创业和混合创业。除此之外，已有研究认同农户的经济资本、社会资本、家庭资本和金融支持对农户创业行为存在正向的影响（Hurst et al., 2004；Lazear，2005；周广肃等，2017；王修华等，2020；黄宇虹等，2021）。

国内外学者普遍认同农户缺乏资金是影响其创业的主要制约因素（Holtz et al., 1994；Karaivanov，2012；Weber et al., 2015；Yoseph，2016；王西玉等，2003；项质略等，2019），而土地作为农户最重要的财富，农地抵押释放了土地流动性约束，对农户创业行为有积极作用（Weber et al., 2015；Yoseph，2016）。Michael 等（2003）指出，金融机构增加资金支持能够强化资本的投资作用，土地是农户家庭最重要的资产，而土地产权改革能有效盘活土地资源、缓解农户信贷约束，使农户资金更多流向投资领域。彭艳玲等（2016）和刘胜科等（2018）采用多元有序 Logistic 模型，探究发现土地抵押放宽了农户创业选择中的流动性约束、金融机构抵押担保行为，激发了农户创业意愿，提高了农户创业积极性。项质略等（2019）和胡珊珊等（2020）从土地流转角度出发，使用二值 Logistic 模型，发现正规信贷通过土地流转促进了农户创业行为，使土地得到流转，资产流动性得到释放，农户更加倾向于创业活动。

近年来，关于公益林收益权质押贷款的研究集中于理论意义、证券化以及林农融资行为（徐秀英等，2011；应国虎等，2016；王晓丽等，2018；陈仑松等，2021），但其对农户的创业行为研究较为缺乏。

现有文献以土地抵押贷款为视角对农户创业行为做了大量研究，为本文提供了理论和方法上的参考。但对于农户创业行为研究，学者们更多关注农户创业选择异质性，而农户创业质量决定了农户创业的长效性。本文将农户创业收入纳入农户创业行为中。同时，公益林收益权质押贷款是林业金融的重要创新，学者们集中讨论其市场化、可得性。本文希冀从林业金融改革角度出发，以期为政府和正规金融机构对农户创业进行窗口指导提出相应的理论支持和政策建议。

二、理论分析与研究假设

首先，本文借鉴高鸿业（2014）完全竞争市场中厂商利润最大化模型构建农户创业模型，运用成本-收益理论，探讨公益林收益权质押贷款对农户创业行为的影响机制；其次，本文分析公益林收益权质押贷款对农户创业行为的影响机制并提出相关假设。

（一）数理分析

农户创业模型有三个基本假设，即农户创业市场是完全市场、农户风险偏好中性和农户收益-成本函数一阶可导。本文将农户创业行为在比较静态模型中进行分析。

首先，假设农户的初始资本为 k_0，金融支持资本为 k_1，初始劳动力为 l_0，创业成功概率为 π，失败概率为 $1-\pi$，那么农户创业决策依赖于函数：

$$M = F - C$$

$$= \frac{1}{n} \Big[\sum_{i=1}^{n} \pi f_{1i}(k_0 + k_1, l_0) + \sum_{i=1}^{n} (1 - \pi_i) f_{2i}(k_0 + k_1, l_0) \Big] -$$

$$C[\delta(k_0 + k_1) + rk_1, l_0] \tag{1}$$

其中，M 为农户创业行为函数，F 为农户创业决策收益函数，C 为农户成本函数，i 为农户不同创业决策，f_{1i} 为农户 i 创业决策成功收益函数，f_{2i} 为农户 i 创业决策失败收益函数，δ 为资本折旧率，r 为金融资本价格即利率。

农户原始资本包含了土地、资金和劳动资本，在创业初期是定值；原始资本折旧率在一定时间内固定不变，利率由银行决定，变化浮动较小；技术效益虽然能改变农户收益和成本，但在短期内无法发生较大变革；农户机会成本包含了成本函数，一般认为是农户未进行创业的收益。因此，农户是否创业依赖于农户创业期望收益是否大于其成本；农户期望创业收益高于成本，则农户偏向于创业；当创业收益低于成本，农户拒绝创业。

其次，在农户创业行为下，农户如何取得极大收益。本文对函数（1）求偏导，结果如下：

$$\frac{\alpha M}{\alpha \pi_i} = \frac{1}{n} \Big[\sum_{i=1}^{n} f_{1i}(k_0 + k_1, \ l_0) - \sum_{i=1}^{n} f_{2i}(k_0 + k_1, \ l_0) \Big] = 0 \tag{2}$$

对函数（2）求 k_1 偏导，在完全竞争市场中，农户的平均收益应当为 0，得到函数（3）。

$$\frac{\alpha^2 M}{\alpha \pi_i \alpha k_1} = \frac{1}{n} \Big[\sum_{i=1}^{n} f'_{1i}(k_0 + k_1, \ l_0) - \sum_{i=1}^{n} f'_{2i}(k_0 + k_1, \ l_0) \Big] = 0 \tag{3}$$

将公式（3）代入公式（4）中得到公式（5）。

$$\frac{\alpha M}{\alpha k_1} = \frac{1}{n} \Big[\sum_{i=1}^{n} \pi_i f'_{1i}(k_0 + k_1, \ l_0) + \sum_{i=1}^{n} (1 - \pi_i) f'_{2i}(k_0 + k_1, \ l_0) \Big] -$$
$$(r + \delta) C' [\delta(k_0 + k_1) + rk_1, \ l_0] = 0 \tag{4}$$

$$r = \frac{1}{n} \Big[\sum_{i=1}^{n} f'_{2i}(k_0 + k_1, \ l_0) \Big] / C' [\delta(k_0 + k_1) + rk_1, \ l_0] - \delta \tag{5}$$

由公式（3）可知，当市场处于完全竞争市场时，农户平均边际创业成功收益等于农户平均边际创业失败收益。

将公式（6）代入公式（5）中，此时得到公式（7）。

$$\sum_{i=1}^{n} f'_{1i}(k_0 + k_1, \ l_0) = \sum_{i=1}^{n} f'_{2i}(k_0 + k_1, \ l_0) \tag{6}$$

$$r = \frac{1}{n} \Big[\sum_{i=1}^{n} f'_{1i}(k_0 + k_1, \ l_0) \Big] / C' [\delta(k_0 + k_1) + rk_1, \ l_0] - \delta \tag{7}$$

因此，当农户创业取得极大收入时，金融资本的价格（金融支持的利率）等于农户创业收入溢价，农户创业可以取得在资本约束下的最大创业收益，这个研究结果与 Markowitz（1952）投资理论的结论类似。由公式（7）可知，当资本价格一定时，农户创业收益依赖于资本金融支持。

通过农户创业模型，本文发现金融资本的介入引起了农户创业行为的变化，但是变化的方向需要进一步探讨。农户创业行为数理分析如图 1 所示。

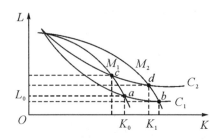

图 1　农户创业行为数理分析

由图 1 可知，在初始劳动与资本约束下，农户初始创业等产量曲线为 M_1，等成本曲线为 C_1，相交于 a 点；随着正规金融机构为创业农户逐步提供金融支持时，农户的资本变为 k_1，等产量曲线变为 M_2，在初始劳动力和现有资本的约束下相交于 b 点。农户在相同的成本下，产量得到提高，收益增加。正规金融机构的支持促进了农户创业行为的正向变化。

（二）理论分析

本文通过成本-收益理论，得出农户创业行为依赖于金融支持。公益林收益权质押贷款以可持续的收益权作为质押物，为创业农户提供了资金支持，并依据成本-收益理论，进一步分析了公益林收益权质押贷款对农户创业行为影响的理论机制并提出相应假设。

发展中国家，农户普遍面临严重的信贷抑制（Carter，1988；Duflo et al.，2006），而这种信贷抑制导致农户资本不足成为农户前期创业面临的关键性难题（Silvia et al.，2011）。产权制度改革对农户投资有着重要意义（Michael et al.，2003），公益林收益权质押贷款是集体林权制度改革下的重大金融创新，对破解农户融资困境具有积极意义（朱楠等，2020；王菊红等，2020；齐联等，2020）。首先，公益林收益权质押贷款为农户提供了更多的融资渠道，也为农户创业提供了资金支持。农户在获得公益林收益权质押贷款后，可以利用获得的资金开展相应的投资活动。其次，公益林收益权质押贷款对农户创业行为起到了激励作用。正规金融机构在为农户提供一定的金融支持时，也具备一定的约束性和激励性。创业农户要获取公益林收益权质押贷款需要主动提高自身努力程度。同时，农户必须遵循正规金融机构对贷款的相关规定，配合机构贷后跟踪管理，将资金投入发展项目中。最后，公益林收益权质押贷款对农户创业行为有一定引导作用，农户囿于自身知识水平在创业项目上具有一定的盲目性（马小龙等，2020），而正规金融机构通过根据农户贷款申请决定是否发放贷款，淘汰了发展潜力低、绩效差及成长性不强的项目，对农户创业行为具有一定引导性，促使农户创业项目与地方资源优势结合。同时，促进了农户创业收入提高，对农户创业行为具有一定引导性。综上所述，本文提出假设1至假设3。

假设1：公益林收益权质押贷款促进了农户创业，并提高了农户创业收入。

假设2：公益林收益权质押贷款促进了农户创业，但未提高农户创业收入。

假设3：公益林收益权质押贷款未促进农户创业，也未提高农户创业收入。

三、农户创业行为分析

本文采用调研数据，详细介绍了数据搜集状况。在此基础上，本文对农户创业行为进行分析。

（一）数据来源

考虑到研究公益林收益权质押贷款对农户创业行为的影响，本文选取公益林收益权质押贷款业务开展较早、公益林资源丰富且经济发展水平较高的浙江省开展调研。浙江省于2016年开展公益林收益权质押贷款试点工作，在2020年全面推行公益林收益权质押贷款工作，累计发放贷款4.67亿元，获贷林农近千户。其中，丽水市是浙江农村金融改革试点地区，公益林面积达85.8万公顷，利用公益林资源优势率先开展了公益林收益权质押贷款试点工作。本文选取丽水市公益林收益权质押贷款业务发展较好的龙泉市、云和县、庆元县和遂昌县开展研究。项目组在每个样本区选择2~3个试点乡，每个乡抽取2~3个村，共调研10个乡镇、24个行政村，调查了348名农户，合格问卷为308份，问卷有效率为88.51%。调研状况分析见表1。

表1 调研状况分析

类别	样本地区				总计
	云和县	庆元县	遂昌县	龙泉县	
问卷数/份	59	97	68	84	308
占比/%	19.16	31.50	22.07	27.27	100

注：数据来源于项目组调研数据。

（二）农户创业行为分析

本文研究公益林收益权质押贷款对农户创业行为影响，在借鉴前人研究的基础上，选择农户是否创业与农户创业收入作为衡量农户创业行为指标。

由表 2 可知，创业农户占总样本的 19.48%，创业农户的平均收入提高了 13.84 万元，中位数提高了 5.3 万元。从样本整体来看，创业提高了农户收入水平，但也表现出农村地区收入差距逐渐拉大的事实。

表 2 农户创业行为

类别	平均值/万元	中位数/万元	人数/人
未创业农户	5.79	4.65	248
创业农户	19.63	9.95	60
全部农户	8.49	4.96	308

注：数据来源于问卷整理。

为进一步分析公益林收益权质押贷款在实践中对农户创业行为的影响，本文借鉴苏岚岚等（2018）的做法，使用农户对公益林收益权质押贷款是否认知来衡量农户参与行为。若是用"是否获得公益林收益权质押贷款"来衡量农户是否参与，可能存在反向因果关系，导致过高估计公益林收益权质押贷款对农户创业行为的影响。因此，本文将"农户是否了解公益林收益权质押款"作为衡量农户的参与指标；再对农户是否了解公益林收益权质押贷款与农户创业行为进行交叉统计分析，结果见表 3。

表 3 公益林收益权质押贷款与农户创业行为交叉分析

类别	全部样本		创业农户		未创业农户	
	频数	频率/%	频数	频率/%	频数	频率/%
未参与	104	33.77	12	20.00	92	37.10
参与	204	66.23	48	80.00	156	62.90
总体	308	100.00	60	100.00	248	100.00

注：数据来源于问卷整理。

在公益林收益权质押贷款试点地区，农户对公益林收益权质押贷款整体了解状况较好，但仍存在 33.77% 的农户不了解公益林收益权质押贷款。在农户参与公益林收益权质押贷款中，创业农户参与程度相对于未创业农户参与程度高出 17.1%。进一步观察发现，创业农户参与公益林收益权质押贷款程度虽然高于未创业农户，但获贷比例不高，仅为 23.33%，而未创业农户获得公益林收益权质押贷款比例为 15.73%，略高 7.6 个百分点。这表明，有关部门在通过林权三定方式积极推广公益林收益权质押贷款，而地方金融机构的参与意愿不高，使得公益林收益权质押贷款未能在地方得到深入推广。值得一提的是，此结果与戴琳等（2020）、朱楠等（2021）的研究结论相类似。

四、实证结果与检验

本文通过成本-收益理论得出公益林收益权质押贷款对农户创业行为有积极影响，随后统计分析验证了这一观点。本文选择 Logistic 和 Tobit 模型，并进行相应的统计检验来验证模型估计结果是否合理。

（一）模型及方法选择

农户创业行为应包括两个部分，即农户是否创业和农户创业收入。若忽略农户创业收入，只考虑农户是否创业，则存在农户创业绩效不高的情况下主动退出创业活动，农户创业对乡村产业振兴发展不起长效作用。

农户是否创业是一个二值变量，若是采用简单的 LPM 模型，估计结果可能会出现反事实状况，故选择二值 Logistic 模型。由于存在大量农户创业收入为 0 的潜变量，即未进行创业，若是采用 OLS 估计，则可能导致估计结果有偏误，故本文采用 Tobit 模型对农户创业收入进行估计。

第一步，研究公益林收益权质押贷款对农户创业选择影响，以此估计公益林收益权质押贷款对农户创业选择影响程度。

$$Y_1 = \text{Logit}(p \mid y = 1) = ln\left[\frac{p}{1-p}\right] = \alpha_{10} + \alpha_{11}X_{11} = \sum_{i=1}^{8} \beta_{1i}h_{1i} + \sigma_{10} \qquad (8)$$

其中，Y_1 表示被解释变量，Logit 表示 Logistic 模型，$p \mid y = 1$ 表示农户选择创业的概率；$ln\left[\frac{p}{1-p}\right]$ 表示农户创业相对于未创业的概率；δ_{10} 为常数，δ_{11} 为农户参与公益林收益权质押贷款的待估计系数，X_{11} 为核心解释变量；h_{1i} 为影响农户创业选择的因素，β_{1i} 为待估计系数；σ_{10} 为扰动项。

第二步，研究公益林收益权质押贷款对农户创业收入的影响，以此估计公益林收益权质押贷款对创业农户收入的影响程度。

$$Y_2 = \begin{cases} 0, & y^* \leq 0 \\ y^*, & y^* > 0 \end{cases} \qquad (9)$$

$$y^* = \alpha_{21}X_{21} + \sum_{i=1}^{8} \beta_{2i}h_{2i} + \sigma_{20} \qquad (10)$$

其中，Y_1 为被解释变量，y^* 为潜变量；∂_{21} 为农户参与公益林收益权质押贷款的待估计系数，x_{21} 为核心解释变量；h_{2i} 为影响农户创业收入的因素，β_{2i} 为待估计系数；σ_{20} 为扰动项。

（二）变量确定

（1）因变量：依据数理推断、理论分析和前人研究，本文选择农户是否创业和创业收入作为被解释变量。

（2）核心解释变量：借鉴苏岚岚等（2018）的做法，选择农户是否了解公益林收益权质押贷款作为核心解释变量。

（3）控制变量：依据前人研究和数理推断，农户所拥有的初始资本是农户创业行为的重要影响因素，本文对农户的人力资本、社会资本及经济资本进行控制，从而尽可能得到无偏一致估计结果。借鉴 Lazear 等（2005）和周广肃等（2017）的做法，本文选择农户的年龄、健康程度和家庭人口作为农户的人力资本，农户创业需求和收入随着农户年龄的增加而增加，但随着年龄的持续增长创业需求和收入也会减少，农户年龄与其创业行为是呈倒"U"形变化；农户身体健康水平越高，农户的创业选择越多，同时越容易从社会中获取相应的创业资源，如贷款，农户健康程度与农户创业行为呈正向变化；当农户的家庭人口越多，意味着农户的经济需求越多、可使用的劳动力越多，农户的家庭人口与农户的创业行为呈正向变化。本文选择农户亲朋好友在政府工作的人数、亲朋好友在银行工作的人数与对村里人的信任度作为社会资本。当农户在银行和政府工作的亲朋好友越多，农户在创业中能得到的相应帮助越多，得到的产业信息越多，农户认识在银行或政府工作的亲朋好友与农户的创业行为呈正向变化；当农户对村里人的信任度越高，农户在进行创业活动时，意味着可以从村民中得到更多的信息，农户对村里人信任度与农户创业行为呈正向变化。借鉴 Hurst 等（2004）的研究，农户所拥有的经济资本越多，农户在创业时可以使用的资本越丰富。本文选取农户的住宅总面积来衡量农户的经济资本，当农户的住宅总面积越大，说明农户可以调动的经济资源越丰富，农户创业受到的金融约束越小，农户住宅面积与农户创业行为呈正向变化。此外，考虑到农户有大规模支出时，农户的资金需求会变高，那么对农户创业资金就会有挤压作用，农户大规模支出对农户创业行为就会有负向影响。具体的变量描述见表4。

表 4　变量描述

变量	符号	说明	均值	标准误
被解释变量	Y_1	农户是否创业	0.195	0.397
	Y_2	农户创业收入	3.834	15.461
核心解释变量	X_1	农户是否参与贷款	0.662	0.474

表4(续)

变量	符号	说明	均值	标准误
控制变量	h1	农户年龄	55.831	10.945
	h2	农户健康程度	4.357	1.012
	h3	农户家庭人口	3.354	1.302
	h4	农户亲朋好友在政府工作的人数	0.812	2.057
	h5	农户亲朋好友在银行工作的人数	0.416	0.939
	h6	农户对村里人的信任程度	1.873	0.787
	h7	农户住宅面积	147.186	116.746
	h8	农户是否有大规模支出	0.450	0.780

注：由于未创业农户的创业行为的创业收入无法观测，本文用0替代。

从表4可以看出，农户平均年龄为55.831岁，标准误为10.945，表明农户的年龄结构在趋于老龄化，这符合我国的国情；农户家庭人口均值为3.354，标准误为1.012，表明当前农户的家庭劳动力较少；农户住宅面积为147.186平方米，标准误为116.746，表明我国农村收入差距较大的事实与前文的结论一致。

（三）估计结果

基于前文的数理推断、理论分析，本文将调研数据运用Stata15.0软件代入方程（8）和方程（10）中进行估计。方程变量膨胀因子的均值为1.13，最大值为1.43，不存在多重共线性。

首先，本文对农户创业选择进行估计。方程（8）的联合显著性为0，表明方程（8）对农户创业选择有一定的解释能力，且伪 R^2 为0.323。具体估计结果见表5。

表5 公益林收益权质押贷款对农户创业选择所产生影响的估计结果

变量	系数	标准误	T 值	P 值	95% Conf
X_1	0.794*	0.435	1.83	0.068	-0.058
h_1	-0.026	0.018	-1.49	0.137	-0.061
h_2	-0.154	0.184	-0.84	0.401	-0.514
h_3	0.323**	0.145	2.23	0.026	0.039
h_4	-0.127	0.112	-1.14	0.255	-0.347

表5(续)

变量	系数	标准误	T值	P值	95% Conf
h_5	0.691***	0.211	3.28	0.001	0.278
h_6	-0.17	0.251	-0.68	0.497	-0.661
h_7	0.014***	0.002	5.76	0.000	0.009
h_8	0.201	0.287	0.70	0.485	-0.362
Constant	-3.337**	1.615	-2.07	0.039	-6.502

注：***、**、*分别表示在1%、5%、10%的统计水平下显著。

其次，本文对农户创业收入进行估计。方程（10）的联合显著性为0，表明方程（10）对农户创业收入具有一定解释能力，且伪R^2为0.090。具体估计结果见表6。

表6 公益林收益权质押贷款对农户创业收入所产生影响的估计结果

变量	系数	标准误	T值	P值	95% Conf
X_1	7.806	7.616	1.02	0.306	-7.182
$h1$	-0.635*	0.342	-1.86	0.064	-1.309
$h2$	-1.505	3.555	-0.42	0.672	-8.501
$h3$	5.148**	2.526	2.04	0.042	0.177
$h4$	-3.419	2.209	-1.55	0.123	-7.768
$h5$	8.004**	3.672	2.18	0.030	0.777
$h6$	-2.993	4.399	-0.68	0.497	-11.651
$h7$	0.139***	0.024	5.85	0.000	0.092
$h8$	-2.714	6.158	-0.44	0.660	-14.833
Constant	-35.725	30.69	-1.16	0.245	-96.122

注：***、**、*分别表示在1%、5%、10%的统计水平下显著。

当农户参与公益林收益权质押贷款（X_1）其选择创业概率相对于未创业概率提高了79.4%，在10%的统计水平上接受假设，而参与公益林收益权质押贷款的农户创业收入能提高7万元，但未通过统计检验，可能是公益林收益权质押贷款缓解了农户融资约束，使得更多农户选择创业。虽然公益林收益权质押贷款对农户创业收入有一定的提高作用，但由于农户自身知识和能力的匮乏，无法对资本进行高效利用。

农户年龄（h_1）对其选择创业的概率相对于其未创业的概率下降 2.6%，未通过统计检验，对其创业收入下降 0.635 万元，在 10% 的统计水平上通过统计检验，可能的原因是农户的年龄结构趋于老龄化，致使大部分农户的创业动力减弱。农户的家庭人口（h_3）每增加一人选择创业的概率相对于未创业的概率提高了 32.3%，在 5% 的统计水平上通过统计检验，农户创业收入提高5.148 万元，在 5% 的统计水平上通过统计检验，可能的原因是农户的家庭人口越多，可以进行创业的劳动力越多，同时人口多的家庭也催生了农户创业意愿。农户在银行工作的亲朋好友（h_5）每增加一人，农户选择创业概率相对于未创业概率提高了 69.1%，在 1% 的统计水平上通过统计检验，创业收入提高 8 万元，在 5% 的统计水平上通过统计检验，可能的原因是农户认识的银行人员越多，农户的投资信心和投资知识越多。农户住宅（h_7）每增加 1 平方米，农户选择创业概率相对于未创业的概率提高了 1.4%，在 1% 的统计水平上通过统计检验，创业收入增加 0.139 万元，在 1% 的统计水平上通过统计检验，可能的原因是农户拥有的经济资本越雄厚，农户在创业可以使用的初始资本越丰富且获取贷款的途径越多，从而使其更容易达到农户自身的溢价点。

（四）内生性与稳健性检验

研究公益林收益权质押贷款对农户创业行为的影响，存在农户创业行为导致农户主动去了解公益林收益权质押贷款的相关知识，从而形成互为因果关系的情况。本文选择农户拥有的公益林面积为工具变量，采用线性概率模型，估计公益林收益权质押贷款对农户创业行为的影响。

农户所拥有的公益林无法进行交易，很难在市场进行流通，农户无法将公益林资源转化为资本。同时，政府每年给予农户的补贴相对较低，对农户的收入水平影响较小，符合外生变量要求。本文使用二阶段最小二乘法估计进行 Hausman 检验，检验结果为 0.682，拒绝了方程存在内生性问题而无法得到一致估计。

由于只能观测到创业农户的创业收入，而无法观测到未创业农户的创业收入，模型可能存在主观选择偏误问题。本文采用 Heckman 两阶段法重新估计公益林收益权质押贷款对农户创业行为的影响，逆 mills 系数为 0.165、拒绝了方程存在主观选择偏误问题。

本文使用 Probit 模型对 Logistic 模型进行重新估计，估计结果见表7，表明原模型具有稳健性。

表 7　稳健性检验

变量	系数	标准误	T 值	P 值	95% Conf
X_1	0.378*	0.227	1.67	0.095	-0.066
控制变量	控制	控制	控制	控制	控制
Constant	-1.818**	0.881	-2.06	0.039	-3.545

注：***、**、*分别表示在1%、5%、10%的统计水平下显著。

五、研究结论和政策建议

乡村振兴背景下，农户创业对乡村产业振兴，以及第一、第二、第三产业融合具有重要意义。本文基于成本-收益理论，通过数理推断、理论分析、实证分析，探讨公益林收益权质押贷款对农户创业行为的影响，得出以下结论，并提出相应建议。

（一）研究结论

依据前文数理推断、理论分析及实证分析，探究公益林收益权质押贷款对农户创业行为的影响，结果发现：

（1）农户创业行为依赖于金融机构的资金支持及利率设置。在完全市场、投资者风险偏好中性时，在农户的初始资本一定、技术水平短期内无法改变的约束下，农户创业行为取决于 r 和 k_1。

（2）农户的人力资本、社会资本及经济资本对农户创业行为都有显著的正向影响。农户年龄、家庭规模、在银行工作的亲朋好友和农户住宅面积对农户创业行为产生了积极的影响。

（3）公益林收益权质押贷款对农户创业行为有积极作用，但地方金融机构的参与意愿不高。创业农户相较于未创业农户的公益林收益权质押贷款参与率高出17.1%，但获得率仅高出7.6%。

（4）在控制农户的人力资本、社会资本和经济资本的情况下，参与公益林收益权质押贷款农户的创业机会增加了79.4%，收入也得到了一定的提高。

（二）政策建议

基于公益林收益权质押贷款对农户创业行为的研究结论，本文提出以下四点建议：

（1）正规金融机构对农户创业行为进行窗口指导，实施优惠利率。金融机构依据农户的条件合理设置利率，给予资金支持，从而促使农户在创业中取得更高的创业收入。同时，金融机构对农户的创业行为进行理性甄别引导其与当地产业相结合。

（2）正规金融机构依据农户特征，提供差异化金融服务。

（3）提高公益林收益权质押贷款额度和地方金融机构的参与意愿。

（4）引导民间贷款规范发展，为农户创业资金需求提供支持。非正规信贷由于其自身运作便利、交易成本低等优势，可以引入更多的民间贷款对正规贷款进行补充，从而促使农户创业行为健康发展。

参考文献：

［1］AHLIN C, JIANG N. Can micro-credit bring development？［J］. Journal of Development Economics，2005，86（1）：1-21.

［2］CARTER R. Equilibrium credit rationing of small farm agriculture ［J］. Journal of Development Economics，1988，28（1）：83-103.

［3］DUFLO E, GALE W, JEFFREY L, et al. Saving Incentives for Low- and middle-income families：evidencefrom a field experiment with H&amp；R Block ［J］. The Quarterly Journal of Economics，2006，121（4）：1311-1346.

［4］HOLTZ E D, DAVID JOULFAIAN, HARVEY S ROSEN. Entrepreneurial Decisions and liquidity constraints ［J］. The RAND Journal of Economics，1994，25（2）：80-101.

［5］HURST E, LUSARDI A. Liquidity constraints household wealth, and entrepreneurship ［J］. Social Science Electronic Publishing，2004，112（2）：117-124.

［6］KARAIVANOV A. Financial constraints and occupational choice in Thai villages ［J］. Journal of Development Economics，2012，97（2）：201-220.

［7］LAZEAR E P. Balanced skills and entrepreneurship ［J］. American Economic Review，2004，94（2）：208-211.

［8］MARKOWITZ H. Portfolio selection ［J］. Journal of Finance，1952（7）：77-91.

［9］MICHAEL R C, PEDRO O. Getting institutions "Right" for whom？credit constraints and the impact of property rights on the quantity and composition of investment ［J］. American Journal of Agricultural Economics，2003，85（1）：173-186.

［10］NAMAN J L, DENNIS P. Slevin. Entrepreneurship and the concept of fit：a model and empirical tests ［J］. Strategic Management Journal，1993，14（2）：64-95.

［11］REYNOLDS P D, MAKI M. Explaining regional variation in business births and deaths：U.S. 1976—1988 ［J］. Small Business Economics, 1995, 7 (5)：389-407.

［12］SARKAR S, RUFíN C, HAUGHTON J. Inequality and entrepreneurial thresholds ［J］. Journal of Business Venturing, 2018, 33 (3)：278-295.

［13］SILVIA A, ANNAMARIA L. Heterogeneity in the effect of regulation on entrepreneurship and Entry Size ［J］. Journal of the European Economic Association, 2011 (2-3)：594-605.

［14］WEBER J, KEY N. Leveraging wealth from farmland appreciation：borrowing, land ownership, and farm expansion ［J］. Land Economics, 2015, 91 (2)：211-232.

［15］YOSEPH Y G. Credit constraints, growth and inequality dynamics ［J］. Economic Modelling, 2016 (54)：364-376.

［16］陈仑松，石道金. 社会资本对林农公益林收益权质押贷款行为影响研究［J］. 林业经济, 2021 (5)：5-16.

［17］高鸿业. 西方经济学（微观部分）［M］. 6 版. 北京：中国人民大学出版社, 2015.

［18］何广文，刘甜. 乡村振兴背景下农户创业的金融支持研究［J］. 改革, 2019 (9)：73-82.

［19］胡珊珊，晁娜. 农地抵押政策、资产流动性释放与农户农业创业决策：基于粤西地区 1876 户农户的调研数据［J］. 哈尔滨商业大学学报（社会科学版）, 2020 (5)：97-110.

［20］黄宇虹，樊纲治. 土地经营权出租对农户非农创业质量的影响：基于劳动力迁移和信贷约束的视角［J］. 宏观质量研究, 2021, 9 (2)：114-128.

［21］黄宇虹，樊纲治. 土地确权对农民非农就业的影响：基于农村土地制度与农村金融环境的分析［J］. 农业技术经济, 2020 (5)：93-106.

［22］李国正，王浩宇，查紫振，等. 可资本化下宅基地禀赋对农户异地创业影响研究［J］. 中国人口·资源与环境, 2020, 30 (9)：146-155.

［23］刘胜科，孔荣. 异质性农户创业意愿及其影响因素研究：基于收入质量视角［J］. 调研世界, 2018 (12)：23-29.

［24］刘新智，刘雨姗，刘雨松. 金融支持对农户创业的影响及其空间差异分析：基于 CFPS2014 数据的研究［J］. 宏观经济研究, 2017 (11)：139-149.

［25］马小龙. 乡村振兴背景下金融支持农户创业的现实困境与路径破解［J］. 西南金融, 2020 (10)：36-46.

［26］彭艳玲，孔荣，TURVEY G G. 农村土地经营权抵押、流动性约束与农户差异性创业选择研究：基于陕、甘、豫、鲁1465份入户调查数据［J］.农业技术经济，2016（5）：50-59.

［27］齐联，叶家义，韦幸力，等. 生态扶资视角下公益林预期收益权质押贷款机制的探索与实践：以广西河池为例［J］. 林业资源管理，2020（3）：1-5，10.

［28］苏岚岚，孔荣. 农地抵押贷款促进农户创业决策了吗？农地抵押贷款政策预期与执行效果的偏差检验［J］. 中国软科学，2018（12）：140-156.

［29］王菊红，魏冬. 金融创新在服务林业发展中的应用：评《林业金融工具创新与应用案例》［J］. 世界林业研究，2020，33（3）：120.

［30］王西玉，崔传义，赵阳. 打工与回乡：就业转变和农村发展：关于部分进城民工回乡创业的研究［J］. 管理世界，2003（7）：99-109，155.

［31］王晓丽，石道金. 基于信用增级及定价视角下的公益林收益权质押贷款研究：以浙江省为例［J］. 林业经济，2018，40（9）：40-45.

［32］王修华，陈琳，傅扬. 金融多样性、创业选择与农户贫困脆弱性［J］. 农业技术经济，2020（9）：63-78.

［33］习近平. 把乡村振兴战略作为新时代"三农"工作总抓手［J］. 当代党员，2019（13）：4-6.

［34］项质略，张德元. 金融可得性与异质性农户创业［J］. 华南农业大学学报（社会科学版），2019，18（4）：80-90.

［35］徐秀英，李朝柱，崔雨晴，等. 集体林区生态公益林产权市场化探讨［J］. 生态经济，2011（9）：130-132，140.

［36］薛永基，卢雪麟. 社会资本影响林区农户创业绩效的实证研究：知识溢出的中介效应［J］. 农业技术经济，2015（12）：69-77.

［37］应国虎. 绿色金融创新的信用增级与定价：以生态公益林收益权融资产品为例［J］. 浙江金融，2016（11）：68-73.

［38］周广肃，谭华清，李力行. 外出务工经历有益于返乡农民工创业吗？［J］. 经济学（季刊），2017，16（2）：793-814.

［39］朱楠，张媛，王晓丽，等. 林农公益林补偿收益权质押贷款可得性研究［J］. 林业经济问题，2020，40（2）：165-172.

金融支持乡村振兴
要处理好四个关系

董峰　周继耀　吴涛　赵健兵　张露瑶

（中国人民银行资阳市中心支行）

内容摘要： 党的十八大以来，在全面推进乡村振兴、发挥金融支持实体经济作用等领域习近平总书记提出了一系列新的论述和论断，为金融支持农业农村现代化、走中国特色社会主义乡村振兴道路提供了科学指南和根本遵循。本文从基层人民银行视角解读习近平总书记关于乡村振兴的重要论述，综合分析我国金融支持"三农"发展历程、现状和问题，进一步厘清金融支持乡村振兴中金融服务的广度和深度、业务发展和金融风险防范、经济利益和社会责任、政府引导和市场运作"四种关系"，提出做好工作衔接、拓宽融资渠道、凝聚部门合力、突出支持重点和健全服务体系五个方面的政策举措，提高金融服务水平和能力、助力乡村振兴。

关键词： 金融；融资；乡村振兴

基层人民银行作为金融支持乡村振兴政策的执行者和落实者，要深入学习贯彻习近平总书记关于乡村振兴的重要论述，发挥好金融这一重要资本要素的作用，贯彻执行好货币信贷政策，不断夯实农村金融基础设施，优化金融生态环境，助推农业产业发展和美丽乡村建设，在巩固拓展脱贫攻坚成果的基础上，做好乡村振兴这篇大文章。

一、客观认识金融支持乡村振兴的现状

（一）改革开放后金融支持"三农"的历程

解决好"三农"问题，既是我们党工作的重中之重，也是健全现代金融服务体系的题中之义。按照我国农村金融改革的历程，可将金融支持"三农"

分为四个阶段。

第一个阶段（1978—1992年）。党的十一届三中全会后，国务院决定恢复中国农业银行统一管理支农资金、集中办理农村信贷，明确农村信用社合作金融组织性质，并在农业银行代管下独立自主开展存贷业务。这一阶段，农村信用合作社作为农业银行的基层机构，其合作金融作用发挥不明显，农村金融服务产品、组织体系较为单一。

第二个阶段（1993—2003年）。在这个阶段，农村金融服务体系的改革主要围绕1992年党的十四大提出的建立社会主义市场经济体制进行。1994年，农业发展银行成立，商业银行政策性业务和商业性业务分离。1996年，农村信用合作社与农业银行正式脱离隶属关系，被称为"行社分门"，并实行了二级法人体制。我国初步形成了商业性金融、政策性金融、合作性金融功能互补的农村金融服务体系。

第三个阶段（2004—2012年）。在这个阶段，农村信用合作社启动了新一轮产权制度和管理体制改革，建立了股份制、股份合作制、合作制等产权模式，并组建了省级农村信用合作社联合社。2006年，村镇银行、农村资金互助社、贷款公司等其他涉农金融组织相继成立，农村金融服务体系得到进一步完善。

第四个阶段（2013年至今）。在这个阶段，农村金融服务迈入数字普惠金融快车道，农村金融服务模式更多元化，更多金融资源流向"三农"领域，金融服务的覆盖面扩大，便利性进一步提升。特别是实施乡村振兴战略以来，农村金融服务水平和能力不断提高。

（二）金融服务乡村振兴取得的成效

乡村振兴是党的十九大做出的重大决策部署，是实现中华民族伟大复兴的一项重大任务。2018年以来，金融支持乡村振兴效果逐步显现。一是金融扶贫筑牢基础。扶贫小额信贷累计发放7 100多亿元，扶贫再贷款累计发放6 688亿元，金融精准扶贫贷款发放9.2万亿元。这夯实了农业现代化发展的产业基础和配套设施。二是涉农贷款实现连续增长。截至2021年第一季度末，全国涉农贷款余额达到40.7万亿元，"十三五"期间连续5年增长。其中，普惠型涉农贷款余额达到8.1万亿元，同比增长19.9%，高于各项贷款增速7.4个百分点。三是农业风险保障水平不断提高。2020年农业保险保额为4.1万亿元、同比增长8.6%，支付赔款616.6亿元、同比增长10.1%。四是农村基础金融服务不断完善。据《中国普惠金融指标分析报告2019》，我国农村地区手机银行、网上银行开通数分别为8.16亿户和7.12亿户，同比分别增长21.87%和

16.37%，移动支付 100.58 亿笔，网上支付 126.60 亿笔，同比分别增长 7.15%、24.02%。全国银行网点乡镇覆盖率达到 96.61%，银行卡助农取款服务点达到 87.35 万个，覆盖村级行政区 52.33 万个，覆盖率达 99.21%。

（三）金融支持乡村振兴存在的问题

一是涉农融资渠道狭窄。直接融资相较于间接融资普遍具有期限长、利率低等优势。但由于涉农企业实力普遍较弱，涉农项目周期普遍较长，难以达到直接融资条件，涉农融资仍以银行贷款间接融资为主，直接融资严重滞后。截至 2021 年 5 月底，全国各类主体仅发行乡村振兴债 60 多只，规模仅为 500 亿元。其中，信用债为 48 只，规模为 425 亿元；地方政府乡村振兴专项债为 6 只，规模为 87 亿元。二是涉农贷款管理成本较高。国家第三次农业普查结果显示，我国共有农业经营户 20 743 万户，其中规模农业经营户仅有 398 万户、规模经营占比为 1.9%。我国农业生产主要还是以农户分散经营为主，规模化经营水较低，涉农信贷分散度高，导致涉农贷款成本高、风险管控难、收益相对低。三是农村金融生态环境相对较差。由于农村金融基础设施发展滞后，仍存在"数字鸿沟""信息孤岛"，信息不对称现象较突出，一定程度上阻碍了数字普惠金融发展，也抑制了农户信贷可得性。同时，农村地区空心化叠加老龄化，整体金融素养相对较差，对新的金融产品和服务认知度与接受度普遍较低。四是金融供给和需求错位。基于风险防控，金融机构将传统的固定资产抵押和担保公司担保作为发放贷款的前提条件，在涉农领域仍侧重担保抵押、小额短期类贷款发放，信用贷款一般是 1 年期，中长期贷款则需抵押担保。而农业主体信贷需求主要是信用贷款和中长期贷款，虽然农村承包土地权经营贷款和农民住房财产权抵押贷款在推广中，但进度缓慢，涉农融资受制于担保抵押的现象仍突出。

二、金融支持乡村振兴应处理好四个关系

（一）处理好金融服务广度和深度的关系

2020 年，我国现行标准下农村贫困人口全部实现脱贫、贫困县全部摘帽、区域性整体贫困得到解决。脱贫摘帽后要做好乡村振兴这篇大文章，不是简单的加快乡村发展，还承载着保障国家粮食安全、筑牢生态屏障、提升乡村善治等功能。金融支持乡村振兴，不仅要面对已脱贫人口还要面对边缘易致贫人口和富裕农户，不仅要面对已脱贫村还要面对富裕村，不仅要支持农业产业发展还要提升服务能力。若只注重金融服务覆盖面，而忽视乡村振兴的金融创新和服务重心下沉，工作上蜻蜓点水，则难以达到预期目标。若只注重某一领域或

某一环节的创新，则难以实现对乡村振兴的全面支持。为此，要加强顶层设计，通过解决涉农融资中抵押物缺乏、风控难度大、信用环境差等突出问题，兼顾广度和深度，以点带面，推动金融支持乡村振兴增量扩面、创新发展。

（二）处理好业务发展和风险防范的关系

乡村振兴为金融机构提供了巨大的业务发展空间，同时对风控管理提出了更高的要求。金融机构是经营风险的机构，业务发展和风险防控是金融业健康持续发展必须要处理好的一对矛盾。在农业供应链融资中，金融机构面临核心企业信用风险、抵质押资产风险。比如，在银政合作业务中，金融机构面临地方政府债务风险、道德风险；在金融市场业务中，金融机构面临市场风险。信用风险、市场风险、操作风险、政策风险交叉存在。若盲目展业、弱化风险防控，势必会增加风险；单纯强调风险防控，又必定会影响业务发展，甚至在竞争中失去农村市场。因此，金融机构要平衡好风险防控和市场份额的关系，通过在发展中防控和化解风险，夯实风险防控的微观基础；通过回归本源、规范发展业务避免金融脱实向虚滋生扩散风险；通过做强资本、拓宽资本补充渠道，增强风险抵御能力。

（三）处理好经济利益和社会责任的关系

金融机构作为特殊的经营企业，既要保证社会大众资金的安全，实现利润；又要用好资金支持经济社会发展，兼顾好经济利益和社会责任。一方面，金融机构实现经济利益离不开政府的支持、社会认可和自身包容性发展；另一方面，金融机构承担社会责任的前提是经营目标的实现和商业可持续。从长远角度看，承担社会责任有利于经济利益的实现。金融机构必须将经济利益和社会责任纳入发展战略之中统筹规划。全面推进乡村振兴是国家的重大战略部署，关系到新发展格局的构建。因此，金融机构要勇于承担乡村振兴的社会责任，利用社会主义制度优势，坚持商业可持续化原则，创新商业运作模式，更好地平衡自身效益和社会效益，在乡村振兴的伟大实践中履行好社会职责，实现自身效益提升。

（四）处理好政府引导和市场运行的关系

实施乡村振兴战略，是新时代"三农"工作的总抓手。地方政府在产业规划、项目推进等方面处于主导地位，通过优化营商环境、匹配财政资金互动政策引导金融机构参与。若不正确认识和处理政府与市场运作的关系，导致金融机构大包大揽，则不利于激发市场活力，甚至扰乱金融市场秩序。比如，有些金融机构借乡村振兴基础设施建设的名义，违规向地方政府融资平台融资；有些地方政府部门违规出具担保函、承诺函，增加地方政府隐性债务，违背了国家信贷政策，脱离了金融发展规律，增加了区域性金融风险和债务风险。因此，要坚持行政推动与市场运行有机结合。金融机构要执行好货币信贷政策，通过发挥好金融杠杆功能为乡村振兴"引资、引智"，既防止企业和个人违规套利，又引导更多金融资源流向农业农村。地方政府要遵循金融运行规律，积极营造良好的货币信贷政策执行环境。

三、金融支持乡村振兴五大策略

（一）做好工作衔接，加大金融支持力度

金融机构要将巩固拓展脱贫攻坚成果同乡村振兴有效衔接，做好"三个衔接"，让脱贫基础更加稳固、成效更可持续。一是工作机制衔接。在领导机制上，持续加强党对金融工作的领导，将金融支持乡村振兴转化为增强"四个意识"、坚定"四个自信"、做到"两个维护"的实际行动，将党史学习教育成果转化为金融支持乡村振兴的强大内生动力，"要我参与"自觉向"我要参与"转变。在组织机制上，将金融扶贫中形成的"几家抬"合作机制，"单设部门、单列贷款计划、单列考核指标、单独研发产品"考核机制，"分片包干整村推进""农民金融夜校"宣传机制等有效做法运用到乡村振兴中，提高工作质效。二是优惠政策衔接。持续加大对在建扶贫项目的金融支持力度，做好贷款管理和服务，不盲目抽贷、断贷，避免造成"半吊子"工程。继续做好脱贫人口动态监测，给予脱贫人口小额信贷政策扶持，防止脱贫不稳定户、边缘易致贫户返贫，确保金融优惠政策平稳过渡。三是保障措施衔接。继续实施金融对口支援、定点帮扶工作，选优配强乡村振兴工作队员，防止出现工作断档、力量弱化。对国家乡村振兴重点帮扶县在继续给予资金支持、援建项目的基础上，进一步加强产业支持、人才支援，推进脱贫地区产业梯度转移。

（二）拓宽融资渠道，扩大金融支持规模

乡村振兴面多线广，项目建设资金需求量大。据测算，投资需求将在7万亿元以上。要完善投融资模式，推动银政保协同配合，间接融资和直接融资并举，政府资金和社会资本同向发力。一是提高直接融资比例。一方面，加强对乡村振兴中优质企业、项目直接融资的培育和辅导，支持有条件的涉农企业在主板、中小板、创业板、科创板、新三板和区域性股权交易中心挂牌融资。积极引导风投资金投早、投小，加大对初创期涉农企业的支持力度。另一方面，通过发行一般债券，支持农村人居环境整治、高标准农田建设，通过发行专项债券，支持收益能够覆盖融资本息的乡村振兴项目建设。同时，落实好"绿色通道"政策，推动符合条件的企业发行绿色债、乡村振兴债，为乡村振兴

集聚更多金融资源。二是创新投融资模式。用足、用活政策性资金，发挥政府引导基金的作用，撬动更多金融和社会资本支持乡村振兴。加快组建市、县农业投融资平台公司，通过投资、贷款、基金等方式，快速提高农业农村发展投融资能力，满足农业农村重大项目、基础设施、农业园区的资金需求。在严控地方政府隐性债务的条件下，开展投贷结合，鼓励收益较好、市场化运作的农村基础设施项目开展股权融资、PPP 融资。运用好专项债政策，开展债贷投结合融资。三是发挥保险、期货风险分散功能。创新证券期货基金机构的金融支农模式，推广"保险+期货"风控模式，发挥期货市场价格发现功能，稳定农产品价格、保障农户收入。开发费率低、服务优的保险产品或产品组合，发挥好保险机构农业风险分担的功能。

（三）凝聚部门合力，增强政策联动协同

乡村振兴是一项系统工程，必须加强财政政策、金融政策、产业政策聚合协同，提升政策实施的一致性、协调性和统筹性。一是产业规划主导。乡村振兴产业规划要以空间规划为统领，协调土地利用、生态环境保护、产业布局等规划，将山、水、林、田、湖、草相关产业纳入"一盘棋"、画入"一张图"，因地制宜、高位谋划、超前布局、统筹推进，突出生态、环保、绿色和地方优势，对农村三大产业融合发展、集体经济壮大和新型农业经营主体发展重点支持，构建乡村现代产业体系，促进农业产业链延伸、价值链提升、增收链拓宽。二是财政支持引导。整合涉农资金，改变财政资金单一奖补方式，将财政补助改为股份、基金、购买服务、农业担保、贴息分险，提高财政资金使用效率。完善乡村振兴农业产业发展和脱贫人口小额信贷贷款风险补偿金动态调整和补充机制，根据放贷规模及时补足贷款风险补偿金，降低农业新型经营主体融资成本，提高风险补偿金比例。同时，建立健全涉乡村振兴项目转贷应急机制，合理安排续贷过桥资金规模，优化资金使用流程，对银行贷款到期暂时存在资金周转困难且银行同意续贷的重点企业和项目，给予过桥资金支持，切实降低企业转贷成本。三是金融政策传导。金融支持乡村振兴的主体是金融机构，通过金融政策的疏浚畅通，将金融优惠政策传导到乡村振兴中的各类市场主体。一方面，基层人民银行用好用优再贷款再贴现政策，指导金融机构严审快贷多投，提高资金使用率，防止"跑冒滴漏"。加强金融支持乡村振兴考核评估结果运用，将评估结果与监管评级、央行评级挂钩。另一方面，选派金融人才入村进企业挂职交流，专项推动金融服务乡村振兴工作，当好项目融资对接的"智囊团""宣讲团"角色，畅通金融服务"最后一公里"。

（四）突出支持重点，促进三产融合发展

金融机构要瞄准农业农村现代化，突出对乡村振兴全产业链的支持。一是发展供应链金融。加大对农业与旅游、养老、健康等产业融合发展的信贷支持力度，依托"公司+基地+农户""公司+合作社+农户"等模式，强化利益联结机制，提高小农户和新型农业经营主体融资可得性。加大新型农业经营主体综合金融服务力度，支持新型农业经营主体通过土地流转、土地入股、生产性托管服务等多种形式实现规模化经营。盘活农业供应链上下游资源，围绕对现代农村生产场景的金融支持，推动农产品和食品仓储保鲜、冷链物流设施建设和农业科技研发、高端农机装备制造、智慧农业产品技术研发推广。二是扩大抵押物范围。持续推广农村承包土地经营权和林权抵押贷款、厂房和大型农机具抵押、圈舍和活体畜禽抵押、农业知识产权质押、仓单和应收账款质押、农业保单融资等信贷业务，创新基于农村集体资产收益权、股权的新型抵质押担保产品。三是突出低碳绿色发展。围绕碳达峰、碳中和目标，积极创新绿色信贷产品，发展林业碳汇，探索降低低碳农业贷款成本，通过农业低碳绿色发展，筑牢我国绿色生态屏障。

（五）健全服务体系，改善金融生态环境

一是完善农村金融服务体系。推动农业政策性银行、农村商业银行、农村信用合作社等涉农金融机构坚守定位下沉服务重心，发展新型村镇银行，加快构建多层次、广覆盖、可持续、竞争适度、鼓励创新、风险可控的现代农村金融体系，引导农村资金回流。推动金融党组织与乡村党组织联建共治，将金融服务、金融生态环境打造、金融素养培育嵌入基层治理，运用金融综合服务协助配合基层自治，促进乡村治理能力提升。二是优化内部管理。推动金融机构在信贷资源配置、审批授权、产品创新等方面对乡村振兴领域予以倾斜。下放信贷审批权限、简化信贷审批流程，增强基层网点乡村振兴业务自主性。严格落实尽职免责考核机制，营造"敢贷、会贷、能贷、愿贷"氛围。三是强化金融科技赋能。运用互联网、大数据、云计算等金融科技手段，改进金融机构风险定价和管控模式。建立乡村振兴数据库，发挥区块链、大数据在乡村客户精准画像、风险识别的作用，提高授信覆盖率。统筹"线上+线下"普惠金融业务发展，协调推进实体和数字两种方式下沉服务，通过物理网点多元化、便捷化金融服务弥补"数字鸿沟"短板，推动乡村金融服务和乡村金融基础设施的数字化转型。四是加强农村金融生态建设。加快推进农户、新型农业经营主体电子信用档案建设，通过"农贷通""天府信用通"多渠道整合社会信用信息，解决信息"孤岛问题"，加强社会诚信教育，持续优化农村金融生态。

乡村振兴背景下绿色金融助力
生态产品价值实现的路径研究

祝瑗穗　　吴平

（四川农业大学经济学院）

摘要： 乡村振兴，生态宜居是关键。良好生态环境是农村最大优势和宝贵财富。生态资源如何转变为具有多元价值的生态产品，并最终实现其价值，事关国家乡村振兴战略全局。本文立足于生态产品价值实现的背景意义、内涵与模式，探讨生态产品价值实现过程中，绿色金融推进生态环境保护与治理、促进新兴生态产业发展、加快传统产业绿色转型的作用机制。本文以重庆、浙江丽水、广州花都生态产品价值实现过程中的绿色金融助力的三种模式为例，结合国外实践，分析我国实践过程中面临的主要问题，进一步从绿色金融产品、激励与约束机制、市场环境、资金流向四个方面提出政策建议。

关键词： 绿色金融；乡村振兴；生态产品；价值实现

一、背景意义

（一）推进生态文明建设的重要任务

生态文明建设是中国特色社会主义事业的重要内容，是实现我国高质量发展的内在要求，是实现民族复兴的必由之路。2030 年前实现碳达峰、2060 年前实现碳中和，是党中央经过深思熟虑做出的重大战略决策，是中国向国际社会做出的郑重承诺，是推进生态文明建设的首要目标。

生态文明建设是一项长期任务，全球气候变化是最大的挑战之一。应对气候变化，关键在于实现碳中和，即做到"减排""增汇"，而这恰恰是生态产品的价值所在。

（二）"两山"理论指导实践的现实路径

纵观人类社会发展的历程，人与自然的关系经历了畏惧自然、改造自然、征服自然到可持续发展四个阶段。1972 年，联合国发布了《人类环境宣言》，标志着人类开始探索环境与人类社会协调发展的路径，致力于人类与自然的可持续发展。

2005 年 8 月，时任浙江省委书记习近平同志在浙江省安吉的余村考察时，首次提出"绿水青山就是金山银山"（以下简称"两山"理论）的，强调人与自然的和谐发展。

在实现人与环境可持续发展问题上，"两山"理论深刻阐述了马克思主义生态观，是经济社会朝着绿色化转型的重要指导。"两山"理论强调自然资源的潜在经济价值，将生态资源作为生产要素进行生产加工，形成具有多元价值的生态产品，通过市场交换、政府补偿等方式，推动生态产品价值的实现，使区域的生态优势成为促进区域经济发展的新动能。所以，生态产品价值实现就是贯彻落实"两山"理论的实践路径。

（三）培育绿色发展新动能的客观要求

绿色发展是一种以效率、和谐、可持续为目标的经济增长和社会发展方式，是一个包含了经济、政治、文化、社会发展等多方面内容的有机系统。

优良的生态环境是良好的生产生活环境的必要条件，是实现人民对美好生活的向往需要的自然基础。党的十九大报告指出，中国特色社会主义进入新时代，我国社会主要矛盾已经转化为人民日益增长的美好生活需要和不平衡不充分的发展之间的矛盾。适应我国社会主要矛盾的变化，客观上要求社会生产和提供优质的生态产品。

生态产品价值实现是人类社会向绿色、低碳可持续发展的新动能。推动经济社会发展的绿色转型，关键是促进生态产品价值的实现，其实质是对生产力和生产关系的重构。原本无价值的自然资源，如废弃荒地、可生态净化的林木、可调节生态环境平衡的生物、可提供情绪价值的生态环境等，通过不同途径、不同形式的价值实现，把自然资源的价值转移到具有经济社会价值、可交换消费的生态产品中，使生态产品转化为生产力要素，融入市场经济体系。因此，生态产品价值的实现能够优化自然资源的资源配置、提高自然资源的利用效率，是实现生态资源资产与经济发展双增长、双富裕的有效途径。探索生态产品价值实现的不同途径，是提高全社会创造能力和激发绿色要素市场活力的内在要求。

（四）实现乡村振兴的重要抓手

作为农村最丰富的物质资源，生态产品是其优势所在。实现生态产品的价值就是要充分发挥农村生态优势，促进乡村全面振兴。

首先，生态产品价值实现有利于农村产业结构转型升级，促进农民增收。在乡村振兴中，产业兴旺是重点，坚持走"生态产业化"与"产业生态化"协同发展道路，遵循生态规律和产业化规律，因地制宜发展生态林业、生态旅游、生态农业等乡村绿色产业，建立区域生态产业园，有助于实现农村经济、社会、生态效益的有机统一。发挥政府和市场的双重作用，把农村生态优势转化为经济优势，变"绿水青山"为"金山银山"，带动村民增收致富。

其次，生态产品价值实现是生态宜居、乡风文明的前提。建设美丽的乡村生态环境是推进乡村振兴的题中应有之义。加大生态产品的开发力度，促进生态产品价值的实现，可以激发市场活力和调动村民的积极性。当充分认识到生态资源是有价值、可变现的财富时，村民们便会主动对乡村生态功能进行修复，加强生态环境自治，自觉保护乡村自然资源和传统风貌，形成良好的村容村貌。

最后，生态产品价值实现有利于城乡关系的重构。我国农民享有丰富的生态资源但缺资金，市民拥有较高的经济水平却受到"城市病"的困扰。充分发掘乡村优质生态资源，设计如有机农产品交易、生态旅游、生态资源权益交易等生态产品价值实现模式，有利于实现人才、土地、资本等要素在城乡双向流动，促进城乡融合发展。

二、绿色金融助力生态产品价值实现的理论逻辑

（一）生态产品的内涵

在我国明确提出生态产品的概念之前，国内对生态文明建设的研究多采用国际学术界普遍认可的"生态系统服务"一词。Daily（1997）认为，生态系统服务是指通过生态系统与生态过程所形成的、维持人类生存的自然环境条件和作用。Costanza（1998）等学者指出，生态系统服务包括生态系统提供的产品和服务。2010年，国务院印发的《全国主体功能区规划》首次提出了生态产品的概念，国内学者对生态产品的研究也不断深入。白玮（2005）从价值哲学的角度界定自然资源的价值构成，认为其价值包括经济价值、社会价值和生态价值。黄如良等（2015）认为，生态产品这一概念是一个连续统一体，具有有益于人、多维价值、正外部性三大特点。张林波等（2019）将生态产品定义为：生态系统通过生物生产和人类生产共同作用，为人类福祉提供的最终产品或服务，是与农产品和工业产品并列的、满足人类美好生活需求的生活必需品。这一定义强调生态产品是能入市交易、被人类使用和消费的终端产品，并将生态产品划分为公共性生态产品和经营性生态产品两大类。高晓龙

（2020）从广义和狭义两个角度对生态产品进行阐述，认为狭义的生态产品等同于生态系统的调节服务，而广义的生态产品则是具有正外部性的生态系统服务，包括生态有机产品、调节服务、文化服务等。张雪溪（2020）认为，生态产品是一个流量概念，具有空间逃逸性，表现出公共物品属性，生态产品的使用价值来源于人类的具体劳动，体现在既能为人类生产提供实际的生产资料，又能为人类提供优质的生态要素。生态产品的价值来源于人的抽象劳动，包括自然资源地租、改造管护修复自然资源所付出的生产资料、雇用劳动力工资和利润四个部分。

因此，本文结合国家政策和学术界的研究，从广义角度来理解生态产品的内涵，认为生态产品是指自然生态系统产生的，可交易、可使用、可消费的，依靠生态系统的自然力并凝聚了人类劳动的、能满足人们对美好生活需求的产品或服务。生态产品具有不确定性、地域性、正外部性等特征，其价值包括社会价值、经济价值和生态价值。

（二）生态产品价值实现的模式

综合政界、学术界对生态产品价值实现的认识，在生态产品价值实现过程中主要存在四种角色。一是生态产品生产者，包括直接生产者（负责生态产品的建设和维护）和间接生产者（负责生态产品的经营和管理）。我国生态产品的直接生产者和间接生产者主体以农户和政府为主。二是生态产品消费者，他们产生对生态产品的需求，支付生态产品费用。我国生态产品消费者呈现出多元化主体的特征，包括政府、企业和公众等。三是生态产品监管者，他们从公平的角度，负责生态产品的认定、相关法律法规的制定等。其以政府为主，在价值核算环节会引入第三方机构。四是生态产品服务者，他们从效率的角度，维持生态产品市场有效运行。服务者主体主要有政府、银行、交易所等。不同角色可由一个或多个主体来扮演。比如，生态产品的生产者既可以是政府、村集体，也可以由政府、村集体和企业共同参与，主体之间通过分工协作来完成生态产品供给的过程。生态产品价值实现中各主体之间的关系如图1所示。

生态产品价值实现的模式主要有生态补偿、生态修复、生态资源产权交易、公益林开发权与收益权交易、污染排放权交易、资源配额交易、生态旅游、有机农产品交易等，主要模式如表1所示。可见，我国已经初步形成由政府主导、企业和社会各界参与、市场化运作、可持续的生态产品价值实现路径。

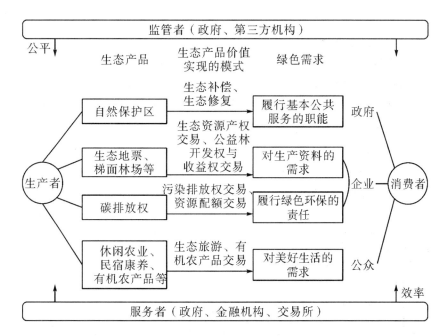

图 1　生态产品价值实现中各主体之间的关系

表 1　我国生态产品价值实现的模式

序号	主要模式	生产者		消费者	监管者	服务者	典型案例
		直接生产者	间接生产者				
1	生态补偿	农户	农户+政府	政府	政府	政府	青海三江源自然保护区
2	生态资源产权交易	农户	农户+政府	企业	政府	交易所/银行	重庆生态功能地票、浙江丽水生态贷
3	生态旅游、有机农产品交易	农户	企业	公众	政府+第三方机构	政府+银行	浙江丽水打造生态品牌
4	生态工业	农户	农户+政府	政府	政府	银行	苏州工业园区
5	资源配额交易	农户	农户+政府	企业	政府+第三方机构	交易所	广州花都碳排放权交易

（三）绿色金融助力生态产品价值实现的作用机制

绿色金融是指为支持环境改善、应对气候变化和资源节约高效利用的经济活动，即对环保、节能、清洁能源、绿色交通、绿色建筑等领域的项目投融资、项目运营、风险管理等所提供的金融服务。当前，我国已经构建起绿色金融体系框架，包括绿色金融监管和政策、绿色金融标准和评级评价、绿色金融产品、绿色金融机构、环境信息披露、绿色金融风险防范体系、绿色金融地方推动和国际合作等。随着我国绿色金融改革试点工作的推进，绿色金融在推进生态环境保护与治理、促进新兴生态产业发展、加快传统产业绿色转型三个方面助力生态产品价值实现。其逻辑关系如图 2 所示。

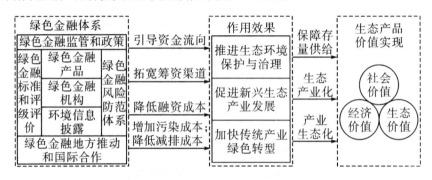

图 2　绿色金融助力生态产品价值实现的逻辑关系

1. 推进生态环境保护与治理

我国大部分生态资源处于不同的退化阶段，一些自然生态系统甚至遭到严重破坏，由此导致我国生态产品市场出现供给不足、质量低下等问题。有关部门必须从供给侧出发，通过生态系统修复、生态环境综合治理等措施，保障生态产品的存量供给，从而提升生态价值。

绿色金融可以在生态环境保护与治理的过程中，从资金引流与优化资源分配等方面出发，促进生态产品的生态价值向新的生态产品转移，从而更快完成其生态价值的实现。一方面，金融机构可利用信贷、债券、基金等金融工具为节能环保项目提供资金支持。金融机构可引导社会资金流向自然保护区建设与管理、山水林田湖草生态保护修复工程、生态环境综合治理等领域；为高污染、高排放、高耗能企业提供绿色保险服务，使其遭遇污染事故后具有修复环境的能力，同时增强企业的环境保护意识。另一方面，绿色信贷和绿色风投可抑制碳排放。金融机构可结合绿色金融标准和评级评价、环境信息披露等方式，促进政府财政补贴、排污权、碳排放权等权益与资源的合理分配，推进生态环境治理。

2. 促进新兴生态产业发展

生态产业化是生态产品价值的生产与实现过程。它通过确定生态资源产权的方式内化其外部不经济性，将生态资源转化为生态资产，通过评估、开发和投资等方式，将非经营性的生态资产转化为可增值的生态资本，再通过资本运营形成可交易的生态产品，最终实现其价值。目前，我国已经探索出包括林权流转、碳汇交易、非公有制林业、"生态+旅游""生态+房地产业"在内的生态产业化路径。

健全绿色金融体系可有效应对生态产业化面临的困境。首先，绿色金融可通过建立排污权交易市场、完善碳金融体系等途径，激发企业绿色创新活力。其次，绿色金融能有效提高绿色技术创新水平，推动绿色生态产业发展和产业结构优化升级。一是金融机构通过建立绿色银行，降低绿色投融资成本，为低污染、低排放、低耗能的绿色企业提供融资支持；二是金融机构通过增加企业环境污染成本，筛选淘汰高污染企业，并进行市场份额再配置。最后，完善绿色金融风险防范体系、把环境因素纳入信用评级、确定绿色发展指数等措施的实施能有效防范化解新兴生态产业发展中出现的叠加风险。

3. 加快传统产业绿色转型

产业生态化与生态产业化是我国生态产品价值实现的根本出路。产业生态化的实质是在传统产业与企业之间构建循环经济生态链，促进产业绿色转型发展，以达到资源节约、环境友好、生态保育的绿色低碳可持续发展。我国产业生态化的主要载体是生态工业园，以苏州市工业园区为典型，通过促进产业结构升级、强化政府间的竞争以及提高地区经济集聚水平，有效实现了生态产品的经济社会价值。

绿色金融在产业绿色化转型中起到激励约束作用。一方面，绿色金融可有效提高企业的全要素生产率。例如，金融机构通过发行绿色债券，为传统产业的绿色技术创新项目提供长周期、低成本的融资来源；为企业提供绿色金融政策支持，包括专项资金、行业补贴、信贷优惠等。另一方面，绿色金融能倒逼传统产业生态化发展。例如，金融机构通过绿色信贷增加传统重污染企业的融资成本，限制它们的投资。

三、绿色金融助力生态产品价值实现的实践逻辑

（一）国内经验

1. 生态资源发展权交易模式——以重庆生态地票为例

为保护土地原有生态功能，2018 年，重庆市政府在地票制度改革的基础之上，印发了《关于拓展地票生态功能促进生态修复的意见》（以下简称《意见》），提出将按照"生态优先、实事求是、农户自愿、因地制宜"的原则对土地进行复垦，拓展地票的生态功能，即宅基地无论复垦形成耕地或形成宜林宜草地，在验收合格后均可申请地票交易。

重庆生态地票以政府负责顶层设计和制定政策规则、农民通过复垦提供生态产品、用地企业付费购买的模式，实现了多方共赢。根据《意见》，首先，重庆市政府对已复垦产生的耕地、宜林宜草地的区域进行功能划分，完善了复垦验收管理规定。其次，农户按照其所在区域的功能划分，自愿复垦宅基地，验收合格后，可向重庆农村土地交易所申请获得地票。同时，用地企业在城市规划区内寻找可开发的地块，以地票代替征地指标进行转用；复垦土地在征收后作为国有建设用地进行招拍挂，地票持有企业与其他竞争者参与招拍挂竞争，最终取得土地使用权。成交后，政府对生态地票收益进行价款直拨，扣除复垦成本后，由农户和农村集体经济组织按照17∶3的比例分配。

重庆市生态地票试点工作成效显著。2018年年底，在巫溪、城口、酉阳、彭水、奉节、巫山6个县的试点已累计完成复垦为宜林宜草地的地票交易1 358亩，交易金额达2.53亿元，组织复垦形成宜林地并通过市级验收的项目3 561亩。2019年后，"拓展地票生态功能"的改革思路逐步推广到其他区县。根据2020年度地票市场运行分析报告，重庆市已完成复垦形成林地并交易地票4 121亩、7.68亿元，全年交易废弃矿山复垦指标为139亩、2 808万元。同时，在脱贫攻坚方面，优先交易精准扶贫类复垦项目和贫困区县产生的地票为1.86万亩，接近同期交易总量的7成；交易18个深度贫困乡镇地票2 424亩、4.87亿元，实现贫困区县申请交易地票全部成交。

2. 生态资源产权交易模式——以浙江丽水市为例

丽水市位于浙江省西南部，被誉为"中国生态第一市"。2019年1月，丽水成为全国首个生态产品价值实现机制试点市，率先探索试行与生态产品质量和价值相挂钩的财政奖补机制，建立地区生产总值和生态系统生产总值（GEP）双核算、双评估、双考核机制。2019年8月，全国首个市级生态产品价值核算技术办法——《丽水市生态产品价值核算技术办法（试行）》出台。2019年，全国首个村级GEP核算报告和乡镇GEP核算报告分别公布。随后，丽水市同步开展了市、县、乡（镇）、村四级GEP核算。

丽水市在开展生态系统生产总值核算的同时，进一步探索政府购买生态产品、生态产品市场交易等机制，形成"两山银行""两山公司"等交易主体，促进生态资源向资本资金的转化。丽水市成立"两山基金"支持生态产业等重大项目建设,在"生态贷""两山贷""河权贷""GEP 贷"等绿色金融产品上进行探索,实现 GEP 可质押、可变现、可融资。2020 年 10 月,青田县颁发了全国第一份生态产品产权证书,云和农商银行以 GEP 及未来收益权为质押物向"两山公司"发放了全国首笔"GEP 贷"500 万元。截至 2020 年年底,丽水市云和农商银行依托"两山银行"平台,累计发放贷款 120 余笔共计 3 900 余万元,为群众节省利息支出近 100 万元。丽水市云和农商银行推出"生态保险"产品,2020 年已实现保额 1.1 亿元。丽水市构建包括重点投资丽水市生态产业培育等重大项目建设五个维度的生态信用体系,建立生态信用行为正负面清单,实行"绿谷分"(信用积分)动态量化评分管理。目前,丽水市已完成全市 240 余万人的生态信用积分基础评定,为金融赋值提供了重要衡量标准。

丽水市在政府政策支持和金融机构的助推下,依托乡村丰富的自然资源,形成了一批区域公用品牌,如:全国首个含有地级市名的集体商标"丽水山耕",以政府所有、生态农业协会注册、国有农投公司运营的模式,建立起全产业链一体化的公共服务体系;"丽水山居"品牌推出民宿、农业观光、农事体验、民俗演艺精品节目等一系列旅游项目,打造出一条乡村休闲养生路线;"丽水山景"品牌推出全域旅游,目前已建成 5A 级景区 1 个、4A 级景区 23 个,建成瓯江绿道 3 022 千米。2020 年,丽水全市服务业增加值达 880.22 亿元,同比增长 5.4%,排名居全省第一。

3. 资源配额交易模式——以广东广州花都区为例

花都区位于广东省广州市北部,是广州市第三林业大区。2018 年,花都区梯面林场 3 万亩林地的碳普惠项目获得广东省发展改革委批准备案,成为广州首个依托碳普惠方法学开发的碳汇林。

通过委托中国质量认证中心广州分中心,梯面林场以《广东省森林保护碳普惠方法学》为依据,对权属范围内 1 800 多公顷生态公益林在 2011—2014 年产生的林业碳普惠核证减排量进行了第三方核算。经过省主管部门审核之后,碳减排量核算结果被发放至梯面林场的碳排放权登记账户,在广东碳市场可自由交易。根据《广东省碳普惠制核证减排量交易规则》,梯面林场通过委托广州碳排放权交易所对碳普惠减排量进行竞价交易,成交后林场将获得碳汇收益,而购买碳普惠减排量的控排企业则可抵消自身产生的碳排放。

同时,银行加大了绿色信贷的投放力度,推出环境权益抵质押融资、广东省碳排放配额抵押融资等业务,截至 2019 年 6 月底,帮助企业融资 4 832.49 万元。在绿色金融改革试验区"1+4"政策的激励下,绿色信贷、绿色债券、绿色保险等绿色金融产品不断释放活力。截至 2019 年 6 月底，广州银行成功发行了 50 亿元的绿色金融债券，发行利率为 3.65%，募集资金将主要投向花都区内绿色项目及全市的绿色基础设施建设项目。

截至 2020 年 12 月末，广东碳排放配额累计成交量达 1.72 亿吨，累计成交金额为 35.61 亿元，分别占全国碳交易试点的 37.86% 和 33.77%，位居全国第一，成为国内首个配额现货交易额突破 35 亿元大关的试点碳市场。碳普惠制度建成至今，控排企业已累计购买 150 多万吨的林业碳汇、分布式光伏类等碳普惠核证减排量。

4. 三种模式的比较

对比以上案例可以发现，生态资源发展权交易、生态资源产权交易和资源配额交易等生态产品价值实现途径存在共同点。一方面，这三种模式通过绿色金融解决了融资难题。无论是建立"生态地票市场"还是 GEP 贷款、碳排放权交易，其实质都是通过金融工具将生态产品的经济价值显化，即将资源转化为资产、资产变现为资金。在这些资金中，有一部分流向农户，增加了农户财产性收入；另一部分流向了政府和社会，明显改善了地区的生态环境，并促进了我国生态产业化和产业生态化发展。另一方面，绿色金融与政府政策的合力激发了生态产品市场供需两端的活力。在供给端，由于生态产品生产者的权益和资金来源得到了保障，他们参与绿色创新活动的积极性显著提升；在需求端，由于政策指导和法律约束，各主体对低碳环保、节能减排产品和服务的需求不断增长。

当然，这三种模式下的不同主体在这过程中扮演的角色也存在许多差异。具体差异见表 2。

表 2　三种模式的对比

角色	重庆生态地票	浙江丽水	广东花都
政府	区域划分、制定管理规定	构建 GEP 核算体系、财政支持绿色金融	制定法律法规、标准、监管、设置排放值；中国质量认证中心：核算
中介机构	土地交易所：地票发放、交易、竞价	银行：构建生态信用体系、建立健全生态产品市场机制	广州碳排放权交易所：竞价、交易
农户	复垦土地提供生态产品、获得收益	保护并修建生态系统	梯面林场建设生态系统、获益

表2(续)

角色	重庆生态地票	浙江丽水	广东花都
企业	购买地票,使用土地	品牌开发、生态产品供给	履约购买

（二）国外经验

1. 瑞士经验

根据国际货币基金组织发布的数据,2020年瑞士人均GDP为8.685万美元,位居全球第二。同时,瑞士在美国耶鲁大学等机构联合发布的《2020全球环境绩效指数》中位列前三。瑞士生态文明建设的经验对我国如何处理好经济发展与生态环境保护的关系,具有一定的借鉴意义。

（1）合理布局产业。瑞士的产业分布主要有化工制药产业、机电金属产业、钟表业、旅游业、金融业和农业,对生态环境的损害较小。从传统产业来看,瑞士不断把旅游支柱产业做精做细,同时强化农业的生态功能,以政府补贴支持生态农业的发展。从新兴产业来看,依托洁净水源、清洁空气、适宜气候等自然禀赋,瑞士发展数字经济、洁净医药、电子元器件等环境敏感型新兴产业,将生态优势转化为产业优势。

（2）开发可再生能源。通过提高可再生能源技术水平,瑞士在能源使用效率、资源可获得性、环境可持续性等方面名列世界前茅。瑞士联邦政府将开发利用可再生能源确定为基本国策,推出了"瑞士能源"新能源政策,出台了《新能源战略方案2050》。在法律、税收、财政等方面,瑞士采取资金扶持政策和人才保障措施,加大对可再生能源的研发投入力度,有针对性地支持可再生能源开发。例如,瑞士洛桑联邦理工学院（EPFL）和CSEM研究人员在国家基金的支持下,推出了高效优惠型太阳能存储方案,创造了太阳能电池和氢生产世界纪录。

（3）提供绿色保险服务。在创造经济价值的同时,瑞士再保险公司在自然资源保护方面发挥了积极作用。一方面,作为风险承担者和管理者,瑞士再保险公司为气候风险和自然灾害、节能减排项目、可持续农业和林业、环境污染责任提供保险服务,同时通过开展减少灾害风险、适应和缓减气候变化方面的研究、开发巨灾风险分析和模型、制定风险管理流程和承保指引等方式,以促进可持续发展。例如,瑞士再保险公司承保了一种太阳能光伏产品,用保险确保该太阳能光伏板的质量可提供稳定的电力,并能使用25年,若达不到则由瑞士再保险进行赔付。另一方面,瑞士再保险公司作为机构投资者,加大对气候和抗灾基础设施、可再生能源、环保建筑、零排放和低排放运输等领域的投资力度，为可持续发展提供资金支持。

2. 德国经验

德国作为最早探索绿色金融业务的国家之一，其成功经验值得学习和借鉴。德国绿色金融是以政府、市场和公众为主体，从供给和需求两端发力，通过政府提供贴息支持，营造一个公平、透明的制度环境和市场环境，调动金融机构、企业和个人参与的积极性。

例如，德国复兴信贷银行作为政策性银行，通过绿色债券、绿色信贷、绿色股权融资等多种方式，在支持能源革命和可持续发展中发挥了重要作用，为中小企业绿色融资、太阳能光伏发电、海上风电产业等可再生能源发展项目提供了强有力的资金支持。德国实施环境保护计划，为能源和环境保护项目提供量身定制的融资方案，包括新能源开发、废物处理和回收、废水预防和处理、淡水保护等绿色项目均可获得专项贷款，从而解决融资难的问题。绿色专项贷款的上限高、期限长，可为起步困难但前景良好的绿色公司提供创业支持。政府与储蓄银行、合作银行、商业银行合作，构建信用体系，有助于做出贷款决策，规避风险；贷款前后，由环保部门、银行和公众三方监督，保障资金正规使用。

德国发展银行已发行绿色债券 8 次，累计资金达 70 亿欧元，其资金主要投资于风能、太阳能项目，产生了极大的环境效益。在《环境责任法》和《环境责任保险条款》的强制性约束下，保险公司推出了绿色保险，以强化环境风险管理责任。

(三) 国内实践中面临的主要问题

1. 绿色金融产品的覆盖面有待扩大

目前，我国绿色金融产品主要面向大型企业、机构和政府部门，为其提供融资、信贷担保、证券化和碳汇商品等产品和服务，并取得了一定的成效。但是，我国产业结构绿色化转型的步伐明显加快，绿色产品需求端的经济主体随之多样化，出现了包括跨国公司、中小微企业、集体经济组织、家庭、个人等需求主体。为此，亟须开发针对性强、受众面广、特色鲜明的绿色金融产品。另外，各类绿色金融产品之间分布不均匀，绿色企业寻找项目贷款的成本较高，因此需要加强产品间的协同，更好满足多样化的金融服务需求。

2. 金融机构参与绿色金融的内生动力不足

实现生态产品的社会经济价值，不仅需要政府的力量，更需要发挥市场在资源配置中的作用。在绿色金融体系建立之初，政府的主导作用表现十分明显，主要通过财政补贴等方式降低绿色项目的融资成本或提高收益。然而，过多依靠政府力量，一方面不利于生态产品市场的可持续发展，另一方面也加重了政府的财政负担。金融机构之所以缺乏参与绿色金融的积极性，是因为绿色项目具有风险大、投资回报率低、投资周期和回报周期长、受时限影响等特点，开展绿色金融服务可能导致其运营成本增加、经营风险增大，无法获得经济效益。

3. 绿色金融配套基础设施建设有待完善

一是绿色金融标准不统一。目前，我国绿色金融标准的框架和组织架构已经基本建立，发布了相关规划和政策，如《金融业标准化体系建设发展规划（2016—2020 年）》。但是，我国尚未出台统一的绿色金融投资项目分类标准，导致金融机构在对绿色项目贷款时评估难、风险高。二是绿色金融信息不对称。环境信息披露是实现市场公平竞争、区域金融流动和市场扩张的基本前提，但是我国环境信息披露体制尚未完善，存在行业之间信息透明度低、积极性不高、信息平台效率较低等问题。三是绿色金融风险防范能力不足。绿色项目较之于传统项目，其技术风险、操作风险、市场风险、信用风险更突出，但我国有效识别环境风险与量化评估其影响的能力尚不成熟。

4. 在支持绿色技术创新方面，金融支持不足

绿色技术创新，可有效减少资源消耗，降低绿色产品和服务成本，加快产业结构转型升级。对比国外案例，发现我国传统行业产能严重过剩，但绿色金融支持绿色技术产业发展的实践经验明显不足，如我国的可再生能源、智能交通、新能源汽车、绿色建筑、节能减排技术、储能技术等低碳技术创新能力较弱，缺乏国际竞争力。其原因主要在于融资困难，且缺乏专业技术人员和创新环境。因此，我国需要培育经济发展新动能，通过金融支持和政策引导，推动以市场为导向的绿色技术创新。

四、绿色金融助力生态产品价值实现的路径思考

从重庆、丽水、广州三地和国外的生态产品价值实现模式来看，生态资源发展权交易、生态资源产权交易和资源配额交易三种助推模式，具有市场化、经济价值外显化和价值增值的优势，是解决生态产品"难度量、难抵押、难交易、难变现"等问题的重要抓手。为进一步发挥好绿色金融在生态产品价值实现中的作用，弥补当前的短板和不足，笔者认为，我国绿色金融发展应始终以推进生态环境保护与治理、促进新兴生态产业发展、加快传统产业绿色转型为发力点，重点关注绿色金融产品创新、激励与约束机制构建、市场环境培

育、资金流向引导四个方面的不足。在此过程中，应始终辩证处理好政府和市场的关系，形成合力，为绿色金融支持生态产品价值实现提供良好的外部环境助力。

（一）推动绿色金融产品创新，满足生态产品市场的多样化资金需求

一方面，金融机构须完善绿色信贷市场、证券市场、债券市场、保险市场的绿色金融功能，新建绿色项目市场、绿色权益市场如碳汇市场等，使绿色金融产品的辐射和覆盖范围更广泛；另一方面，金融机构须充分运用大数据、人工智能、生物识别、云计算等技术，搭建全国统一的绿色项目交易平台，通过绿色项目、绿色金融产品信息共享，降低企业融资成本、提高金融机构融资效率，加快资金供需对接。

（二）建立激励与约束机制，探索生态产品价值实现的市场化解决方案

在政府层面，将银行绿色金融的实施情况纳入考评框架，对绿色信贷实行差异化监管；通过财政奖励、建立绿色基金等途径，吸引社会各界参与。在金融机构层面，一方面，要完善公司治理体制，大力培养绿色金融人才，开展绿色金融精准营销，通过内部管理降低绿色金融运营成本；另一方面，将环境风险纳入风险管理体系，提高风险管理能力。

（三）培育市场运行环境，促进绿色金融可持续发展

一是要明确界定生态产品产权。这是建立环境权益交易市场的前提。二是要借鉴国际公认的绿色金融标准，出台一套国内统一的生态产品认定、评级标准，确保我国绿色金融市场能够与国际市场接轨。制定相关法律法规，为生态资源权益交易提供法律保障。三是要完善环境信息披露机制，以期解决信息不对称问题。一方面要披露项目资金的流向与用途，另一方面要披露环境效益和后期监督管理。四是要构建绿色金融风险监管体系。围绕技术风险、操作风险、市场风险、信用风险等，研究制定更加精细化的监管制度。

（四）加大绿色技术创新资金投入力度，促进生态产业转型升级

在政府层面，积极建立绿色科技孵化器、产业园，加强与高等院校、科研机构的互助合作，培育创新主体；为绿色技术创新企业提供担保和其他形式的风险补偿；推进依法行政，加强市场监管，加快技术市场的发展。在金融机构层面，银行、保险公司、投资公司、绿色产业园区之间可以通过合作发挥各自优势，从而降低项目的风险。例如，银行与投资公司合作，借助投资公司专业化的项目筛选能力，为合适的、风险可控的绿色技术提供资金支持，推动绿色技术创新，促进绿色生态产业发展。

参考文献：

[1] 罗琼."绿水青山"转化为"金山银山"的实践探索、制约瓶颈与突破路径研究 [J].理论学刊，2021（2）：90-98.

[2] 白玮，郝晋珉.自然资源价值探讨 [J].生态经济，2005（10）：5-7，12.

[3] 黄如良.生态产品价值评估问题探讨 [J].中国人口·资源与环境，2015，25（3）：26-33.

[4] 张林波，虞慧怡，李岱青，等.生态产品内涵与其价值实现途径 [J].农业机械学报，2019，50（6）：173-83.

[5] 高晓龙，林亦晴，徐卫华，等.生态产品价值实现研究进展 [J].生态学报，2020，40（1）：24-33.

[6] 张雪溪，董玮，秦国伟.生态资本、生态产品的形态转换与价值实现：基于马克思资本循环理论的扩展分析 [J].生态经济，2020，36（10）：213，8，27.

[7] 高吉喜，范小杉.生态资产概念、特点与研究趋向 [J].环境科学研究，2007（5）：137-43.

[8] 李建涛，梅德文.绿色金融市场体系：理论依据、现状和要素扩展 [J].金融论坛，2021，26（6）：17-26，38.

[9] 张新时.生态重建是生态文明建设的核心 [J].中国科学：生命科学，2014，44（3）：221-222.

[10] 孙博文，彭绪庶.生态产品价值实现模式、关键问题及制度保障体系 [J].生态经济，2021，37（6）：13-19.

[11] 杨培祥，马艳，刘诚洁.发展绿色金融与叠加风险防范的研究 [J].福建论坛（人文社会科学版），2018（5）：17-25.

[12] 邱兆祥，刘永元.以绿色金融推动生态文明建设 [J].理论探索，2020（6）：83-89.

[13] 刘鸿志，王志新，侯红，等.将环境污染责任保险引入环境风险管理：环境风险管理的无锡经验 [J].环境保护，2017（10）：25-38.

[14] 江红莉，王为东，王露，等.中国绿色金融发展的碳减排效果研究：以绿色信贷与绿色风投为例 [J].金融论坛，2020，25，299（11）：41-50，82.

[15] 黎元生.生态产业化经营与生态产品价值实现 [J].中国特色社会

主义研究, 2018, 142 (4)：86-92.

[16] 高吉喜, 范小杉, 李慧敏, 等. 生态资产资本化：要素构成·运营模式·政策需求 [J]. 环境科学研究, 2016 (3)：38-42.

[17] 张云, 赵一强. 环首都经济圈生态产业化的路径选择 [J]. 生态经济, 2012 (4)：116-119.

[18] 齐绍洲, 林屾, 崔静波. 环境权益交易市场能否诱发绿色创新？基于我国上市公司绿色专利数据的证据 [J]. 经济研究, 2018, 53 (12)：129-143.

[19] 赵娜. 绿色信贷是否促进了区域绿色技术创新？基于地区绿色专利数据 [J]. 经济问题, 2021 (6)：33-39.

[20] 王馨, 王营. 绿色信贷政策增进绿色创新研究 [J]. 管理世界, 2021, 37 (6)：173-188, 11.

[21] 曹廷求, 张翠燕, 杨雪. 绿色信贷政策的绿色效果及影响机制：基于中国上市公司绿色专利数据的证据 [J]. 金融论坛, 2021, 26 (5)：7-17.

[22] 陆菁, 鄢云, 王韬璇. 绿色信贷政策的微观效应研究：基于技术创新与资源再配置的视角 [J]. 中国工业经济, 2021 (1)：174-192.

[23] 谷树忠. 产业生态化和生态产业化的理论思考 [J]. 中国农业资源与区划, 2020, 41 (10)：8-14.

[24] 蒲龙, 丁建福, 刘冲. 生态工业园区促进城市经济增长了吗？基于双重差分法的经验证据 [J]. 产业经济研究, 2021 (1)：56-69.

[25] 张木林, 赵魁. 基于空间溢出效应的绿色金融与企业全要素生产率关系研究 [J]. 技术经济, 2021, 40 (5)：64-72.

[26] 徐佳, 崔静波. 低碳城市和企业绿色技术创新 [J]. 中国工业经济, 2020 (12)：178-196.

[27] 苏冬蔚, 连莉莉. 绿色信贷是否影响重污染企业的投融资行为？[J]. 金融研究, 2018 (12)：123-137.

[28] 沈洪涛, 游家兴, 刘江宏. 再融资环保核查、环境信息披露与权益资本成本 [J]. 金融研究, 2010 (12)：159-172.

[29] 陈军. 绿色小城镇如何发展生态产业？瑞士经验对我国山地地区（贵州）的启示 [J]. 贵州社会科学, 2020 (4)：136-142.

[30] 魏霞. 瑞士可再生能源开发及对贵州的启示和借鉴 [J]. 贵州社会科学, 2015 (10)：131-135.

[31] 诸宁. 证券化与再保险：我国巨灾风险管理对策的比较研究 [J]. 宏观经济研究, 2015 (5)：76-82.

［32］孙彦红.德国与英国政策性银行的绿色金融实践比较及其启示［J］.欧洲研究，2018，36（1）：26-40.

［33］谢岩.绿色债券的国际比较与借鉴［J］.上海金融，2017（3）：79-84.

［34］翁智雄，葛察忠，段显明，等.国内外绿色金融产品对比研究［J］.中国人口·资源与环境，2015，25（6）：17-22.

［35］詹小颖.我国绿色金融发展的实践与制度创新［J］.宏观经济管理，2018（1）：41-48.

［36］COSTANZA, ROBERT, DARGE, et al. The value of the world's ecosystem services and natural capital［J］. Nature, 1997（2）：33-35.

［37］MAZZUCATO M, PENNAC. The rise of mission-oriented state investment banks: the cases of Germany's KfW and Brazil's BNDES［J］. Spru Working Paper, 2015（3）：89-92.

金融科技对商业银行市场份额影响的实证研究

——基于城市商业银行的省级面板数据

刘方　王庆媛

（云南师范大学）

摘要：面对新兴技术的快速突破与应用，数字化转型已成为商业银行培育竞争与持续发展的驱动力。基于2011—2019年中国31个省（自治区、直辖市）的面板数据，本文考察了金融科技对城市商业银行市场份额的影响及其异质性。结果发现，金融科技能显著促进城市商业银行市场份额提高；使用工具变量、GMM估计缓解内生性后，结果依然稳健。异质性分析表明，金融科技覆盖广度对推动城市商业银行市场份额的影响比较显著，而且在东部地区，中等、较低市场份额地区表现更加明显。进一步研究发现，金融科技抑制大型国有商业银行市场份额，而对其他类型银行无明显影响；调节作用分析表明，市场化程度越高，金融科技对城市商业银行市场份额的促进作用越强。因此，在我国商业银行数字化转型的关键时期，应持续推进金融科技发展和市场化进程，运用现代技术为金融业务"赋能"，实现城市商业银行市场竞争力跃升。

关键词：金融科技；城市商业银行；市场份额

2022年1月，中国人民银行印发了《金融科技发展规划（2022—2025）》，提出"以加快金融机构数字化转型"的主线要求。区块链、大数据、人工智能等新技术的发展与应用，为商业银行数字化转型带来新的、重要的发展机遇，并且有可能重塑整个金融生态模式，加快商业银行之间的业务竞争。毫无疑问，科技基础将成为未来商业银行决胜的关键因素。

城市商业银行（以下简称"城商行"）在业务规模、资金实力、科技水平及人才储备等方面虽不及国有大型商业银行，但也有其自身的优点。它的决策链条相对较短，业务体量小且保持稳定。随着国有大型商业银行的业务下沉，中小商业银行的普惠金融业务空间被挤压，加之互联网金融企业跨界竞争，不断布局城市缴费、支付、公积金等本地化民生服务，也给区域性商业银行带来不小的竞争压力。

在追逐金融科技手段运用、加快数字化转型的关键时期，城市商业银行如何抓住金融科技赋能各项业务，创造新的利润增长点、提高市场竞争力成为摆在各家城市商业银行抉择的关键选项。理论上，金融科技通过改造和优化城市商业银行传统业务流程（王砚等，2018），降低了信贷成本及门槛，提升了普惠小微业务科技运用和整体效能，吸引了优质小微客户从而增加了其市场份额。城市商业银行与当地政府和企业联系密切，金融科技的运用放大了其在当地金融服务的先天优势，既完善了与当地政府和企业之间的数据交换网络，推动产业链金融和场景金融服务边界拓展递延，增强自身的盈利能力，又通过技术变革降低科创成本，构建新型风险管理体系，以更小投入获取更大回报，从而有助于其市场竞争力的不断提高。

因此，全面细致考察金融科技对城市商业银行市场份额的影响，具有重要的现实意义。

一、相关文献评述

在对金融科技对商业银行的影响研究方面，涌现出大量文献，涉及商业银行的风险承担、盈利能力、效率和竞争力等方面；对城市商业银行的研究则主要集中于其竞争力提高与经营绩效方面。

（一）金融科技与商业银行的相关研究

从风险方面看，金融科技与银行风险承担之间呈"U"形关系，且城市商业银行的反应更敏感（Wang et al.，2020；吴桐桐等，2021）。Zhang 等（2020）发现，金融科技能缓解贷款市场的信息不对称性，使中小银行软信息优势下降，大银行对中小银行在小微信贷市场上会产生挤出效应，推高中小银行的风险（金洪飞等，2020；Flögel et al.，2020）。Cheng 等（2020）认为，对于中小银行而言，金融科技及其子区域对信用风险的负面影响较大，且城市商业银行中间业务的发展具有显著为正的系统性风险溢出效应（史仕新，2019）。

刘向明等（2020）则认为，在经济下行周期中，城市商业银行更易获得同业负债，但也进一步积累了流动性风险。汪可等（2017）持不同观点，认为城市商业银行规模小，在地缘和客户黏性方面具有优势，这使其风险承担能力更为出色。金融科技发展的意义正在于提高其风险管理水平（李向前等，2021），短期内城市商业银行能够降低风险、扩大利润规模和增强资本实力（中国人民银行武汉分行团委青年课题组，2020）。孙旭然等（2020）通过研究金融科技对于中小银行分支机构扩张的影响，也得出金融科技能够降低银行风险的结论。

从盈利能力方面看，商业银行布局金融科技对自身有显著益处（Bömer et al.，2018），但金融科技对不同类型商业银行的盈利能力影响具有显著异质性（姚婷等，2020）。李运达等（2020）结合金融科技、生产率悖论和银行盈利能力，研究认为金融科技虽提高了银行总体盈利水平，但对城市商业银行和农商行净利润的影响最小。刘孟飞等（2020）指出，金融科技发展对小型银行盈利能力没有明显影响，但相较于大型商业银行，金融科技对城市商业银行带来的冲击和负面影响更大。

从效率方面看，Lee 等（2021）认为，金融科技可以提高银行的成本效率。基于大数据分析，Wang 等（2020）发现，通过采用金融科技，商业银行可以改善传统业务模式、降低运营成本、提高服务效率，且金融科技的发展对不同类型商业银行的影响不同。进一步地，刘孟飞等（2020）发现，金融科技与小型银行的成本无效率显著正相关。杨望等（2020）认为，金融科技对股份制银行和位于东部地区银行的全要素生产率影响更显著，原因是与金融科技结合程度深、业务创新能力强、决策层年轻化、跨区域经营程度高的银行更容易吸收和运用金融科技，有助于提升银行的全要素生产率。

从竞争方面看，李学峰等（2021）认为，金融科技加剧了银行业的"马太效应"，进而改变了银行的信贷结构和信贷期限。汪洋等（2020）发现，金融科技和银行竞争的交互作用会对企业成长产生积极影响。

（二）金融科技与城市商业银行的相关研究

在金融科技背景下城市商业银行如何提升自身竞争力，许旭明（2020）认为，要注重数字化、智慧化转型，强化顶层设计、推进 IT 转型是进行数字化转型的方向。宋博等（2020）认为，新时代城市商业银行要进一步强化金融服务功能，增强抵御金融风险的能力。特别地，城市商业银行要明确经营定位、立足现有优势资源，加强金融科技创新、走特色化和差异化发展道路（曹鸿英等，2020；周祥军，2020；杜尔玚等，2021）。候世英等（2019）认为，中小银行金融科技布局战略须遵循个性化、精准化、开放化、可操作化的原则。

在数字经济形势下，城市商业银行能够提高小微企业信贷获取能力和经营绩效（韩瑞栋，2020），且金融科技的发展进一步提高了这项能力，使城市商业银行更适合为中小企业服务（尹应凯等，2020），帮助小微企业提高就业吸纳能力，促进自身的转型升级，且能在竞争中取得先发优势。值得一提的是，城市商业银行市场份额的提升能够有效促进中国经济增长（范瑞等，2020）。

（三）文献述评

现有文献多从风险、盈利、效率和竞争等方面考察金融科技对商业银行的影响，值得认真学习和借鉴。但现有研究仍然不够充分，原因如下：一是作为各地区金融机构的主体，城市商业银行市场份额是否会受金融科技的影响，现有研究缺乏清晰一致的结论；二是城市商业银行不具有大型国有商业银行、股份制商业银行的竞争优势，如何借力金融科技赋能银行业务，推动城市商业银行竞争力跃升仍值得关注和思考。本文以城市商业银行为研究对象，考察金融科技的影响效应，以期为城市商业银行发展提供有价值的决策，丰富现有文献。

二、实证研究设计

（一）模型设计

为探寻金融科技对城市商业银行市场份额的影响，设定如下的基准回归模型：

$$share\_ bank_{it} = \alpha_0 + \alpha_1 \, fintech_{it} + \sum \alpha_2 X_{it}^{'} + \varepsilon_{it} \qquad (1)$$

式（1）中，i 代表省（自治区、直辖市）；t 代表时间；share_ bank 代表城市商业银行的市场份额；fintech 代表金融科技发展程度；X 代表一系列控制变量集合，它们分别为各地区经济增长（lnrgdp）、金融发展（fd）、贸易开放度（open）、政府干预程度（gov）；ε_{it} 表示随机误差项。

在式（1）中，我们预期若系数 α_1 显著大于零，则表明金融科技显著提升城市商业银行的市场份额，否则，认为金融科技对城市商业银行市场份额无明显影响或具有负面影响。

（二）变量选取

1. 被解释变量

被解释变量为城市商业银行的市场份额（share_bank）。本文借鉴冀志斌等（2013）、邢天才等（2019）的思路，收集各省（直辖市、自治区）历年金融运行报告中的银行业统计数据，以城市商业银行分别占本地银行业的机构个数、从业人数和资产的比重相加，来衡量城市商业银行的市场份额。数据显示，2011—2019 年全国城市商业银行市场份额不断上升，从 2011 年的平均

22%上升到2019年的35%。其中，机构个数份额、从业人数份额不到10%，资产份额上升幅度较大，2019年达到16%。

2. 解释变量

解释变量为金融科技（fintech）。关于金融科技的衡量，现有文献主要有三种方法：一是直接以北京大学数字金融研究中心编制的中国数字普惠金融指数（以下简称"金融指数"）作为其代理变量；二是基于百度搜索词条，或是使用网络爬虫技术并结合文本挖掘、因子分析法构建金融科技发展指数；三是基于银行层面计算商业银行的金融科技运用程度。

由于本文主要从区域层面开展研究，暂未考虑以银行微观个体进行研究，并且北京大学数字金融研究中心所编制的金融指数涵盖31个省（自治区、直辖市）的面板数据，分指数包括覆盖广度、使用深度和数字化程度，这些都包含金融科技的一般特征，也能够在一定程度上客观反映金融科技水平（孟娜娜等，2020），因此，本文采用该指数具有一定的合理性。实证时，本文将该指数除以100后纳入回归模型。数据显示，2011—2019年中国金融科技发展较为迅速，总指数从40攀升到324，其中数字化程度攀升幅度最大，从46跃升到396，而覆盖广度和使用深度也仅在309左右。

3. 控制变量

鉴于监管部门对城市商业银行的定位为服务本地，它的发展与所在地经济总量、对外贸易和金融发展密切相关，受当地政府政策干预的影响巨大，因此，必须控制影响城市商业银行市场份额的若干因素，包括各地区经济增长、金融发展、贸易开放和政府干预程度。其中，金融发展以各地贷款总额与各地地区生产总值之比衡量，政府干预程度以地方财政支出额与各地地区生产总值之比衡量，贸易开放度以进出口总额与名义地区生产总值之比衡量。表1是相关变量选取及定义说明。

表1 相关变量选取及定义说明

变量	变量含义	度量方式
share_bank	城市商业银行市场份额	城市商业银行机构个数/银行业机构个数+城市商业银行从业人数/银行业从业人数+城市商业银行资产总额/银行业资产总额
fintech	金融科技	数字普惠金融指数/100
fd	金融发展	金融机构各项贷款余额/地区生产总值
open	贸易开放度	进出口总额×年均汇率/地区生产总值

表1(续)

变量	变量含义	度量方式
lnrgdp	地区经济增长	人均地区生产总值取对数
gov	政府干预程度	地方财政支出额/地区生产总值

（三）数据来源

城市商业银行和银行业的机构网点数、从业人员数、资产总额来源于中国人民银行公布的历年中国区域金融运行报告。金融科技指数来源于北京大学数字普惠金融中心发布的第二期《数字普惠金融指数》。其余数据均来自历年中国统计年鉴以及各省（自治区、直辖市）的统计年鉴，其中部分缺失数据采用 SPSS 软件线性插值补齐。所有变量的时间跨度为 2011—2019 年，描述性统计结果见表 2。其中，城市商业银行市场份额（河南、西藏和新疆部分年份缺失）仅有 271 个样本。

表 2　主要变量的基本统计特征

变量	样本量	均值	标准差	最小值	最大值
share_bank	271	0.293	0.120	0.000	0.725
fintech	279	2.024	0.917	0.162	4.103
lnrgdp	279	10.746	0.443	9.691	12.009
fd	279	1.374	0.461	0.663	3.083
open	279	0.265	0.301	0.013	1.548
gov	279	0.283	0.212	0.110	1.379

为直观起见，图 1 描绘了金融科技和城市商业银行市场份额的二维散点图及拟合趋势线。从图 1 中不难发现，金融科技与城市商业银行市场份额之间存在正相关关系，但该结果仅是无任何控制变量条件下的拟合关系，需要控制更多变量后采用更准确的计量方法才能得出更一般的结论。

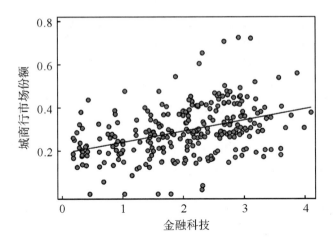

图 1　金融科技与城市商业银行市场份额

三、实证结果分析

（一）基准回归

在基准模型中，我们同时使用混合效应、固定效应和随机效应三种模型分别估计金融科技对城市商业银行市场份额的影响，结果如表 3 所示。经 Hausman 检验结果发现，chi（2）值等于 10.95，相应的 P 值为 0.052 4，Hausman 检验在 10% 的显著性水平上拒绝原假设，模型偏向于选择固定效应。

表 3　金融科技与城市商业银行市场份额

变量	（1）混合效应	（2）固定效应	（3）随机效应
fintech	0.025 1 ** (2.260 0)	0.036 3 ** (2.101 1)	0.044 4 *** (2.838 3)
lnrgdp	0.025 4 (0.832 5)	0.046 3 (0.651 7)	0.007 7 (0.127 3)
fd	0.098 3 *** (4.609 8)	0.039 9 (1.240 3)	0.044 2 (1.487 1)
open	−0.142 2 *** (−4.299 8)	0.073 9 ** (2.396 8)	0.048 6 * (1.696 6)
gov	−0.243 8 *** (−5.635 1)	−0.012 1 (−0.056 7)	−0.117 4 (−1.324 7)

表3(续)

变量	（1） 混合效应	（2） 固定效应	（3） 随机效应
_cons	−0.060 7 （−0.198 6）	−0.349 0 （−0.477 9）	0.075 5 （0.122 3）
样本量	271	271	271
R^2	0.250	0.701	

注：括号里为稳健 t 值，***、**、*分别表示在1%、5%和10%的水平上显著。

由表3可知，三种回归结果均显示金融科技正向影响城市商业银行的市场份额，估计系数分别为0.025 1、0.036 3、0.044 4，分别通过了5%、5%和1%的显著性检验。这表明，金融科技的发展对提升城市商业银行市场份额有重要作用。

其原因主要有：首先，城市商业银行运用金融科技手段，可以增强自身的获客能力，创造新的利润增长点，由此带来资产规模的扩大；其次，通过运用金融科技手段，城市商业银行可以再造业务流程，使其业务更精准，并且利于城市商业银行风险管控、提高整体运营效率，从而有助于市场份额的提升。

在控制变量中，地区经济增长、地区金融发展的估计系数为正，但不显著，表明地区经济增长和金融发展对城市商业银行市场份额的提高无明显正向影响。贸易开放的估计系数在5%的水平下显著为正，表明贸易开放有助于提升城市商业银行市场份额，这可能与城市商业银行服务地方中小微企业、进出口企业有关。政府干预程度的回归系数为负，但不显著，这意味着地方政府干预可能有损城市商业银行的市场占有率，幸好其作用尚未彰显。一方面，城市商业银行与地方政府具有紧密联系，而且积极配合与遵从当地政府对经济和社会发展的金融要求，这可能偏离了城市商业银行按市场化经营的目标，难以提高市场占有率。另一方面，城市商业银行服务地方中小微企业。与大型商业银行、股份制商业银行相比，其在本地区的业务也会受到挤压，同时需按地方政府的要求提供金融服务，多重压力叠加下其市场份额、服务广度和覆盖面自然有限。

（二）内生性处理

1. 工具变量法

金融科技发展既能影响城市商业银行的市场份额，又能在城市商业银行自身市场份额提高的基础上采用更多金融科技手段，以强化并巩固其拥有的市场地位，因而金融科技与城市商业银行市场份额之间存在反向因果关系。同时，影响城市商业银行市场份额的因素众多，难以避免遗漏变量的产生。为降低内生性问题对估计结果的影响，本文拟采用工具变量法缓解内生性问题。

一般而言，合格的工具变量需要满足两个条件：一是工具变量本身的外生性，二是与内生变量之间具有相关性。借鉴黄群慧等（2019）的思路，本文认为互联网技术是金融科技发展的重要一环，互联网的加快普及促进了金融科技发展，故而选取互联网普及率（internet）作为金融科技的工具变量满足相关性要求。互联网普及率与我国通信技术发展水平密切相关，对城市商业银行的市场份额无明显影响，即使当前各家城市商业银行都开展诸如手机银行、网络银行等业务，但若用户无法接入网络或对网上业务不熟悉，则难以有效提高城市商业银行的市场份额。

为增强估计结果的有效性，我们还选取金融科技的滞后一期作为工具变量，进行单一工具变量和多重工具变量的两阶段最小二乘法（2SLS）估计，结果报告在表 4 中①。

表 4 工具变量回归结果

变量	第一阶段			第二阶段		
	fintech			share_bank		
	（1）	（2）	（3）	（4）	（5）	（6）
internet	0.085 4 *** (10.18)		0.031 7 *** (4.07)			
L.fintech		0.596 2 *** (17.85)	0.486 2 *** (10.53)			
fintech				0.039 9 ** (2.521 0)	0.065 2 *** (4.222 9)	0.043 6 *** (3.17)
样本量	183	241	241	183	241	241
控制变量	控制	控制	控制	控制	控制	控制
地区固定效应	控制	控制	控制	控制	控制	控制
偏 R^2	0.451 5	0.642 6	0.713 9			
调整的 R^2				0.935	0.934	0.942
F 统计量	61.423 2 ***	179.411 ***	309.531 ***			

---

① 限于篇幅，后文不再报告和说明控制变量的估计结果。

表4(续)

变量	第一阶段			第二阶段		
	fintech			share_bank		
	（1）	（2）	（3）	（4）	（5）	（6）
最小特征值统计量	121.01	368.626	144.759			
DM test	3.502 5*	7.077 7***	9.691 2***			

注：括号里为稳健 t 值，***、**、*分别表示在1%、5%和10%的水平上显著。DM（Davidson-MacKinnon）统计量用于检验面板数据模型中是否存在内生性偏误，服从 F 分布。

表4的第一阶段回归第（1）、第（2）、第（3）列中，互联网普及率和滞后一期的金融科技变量对金融科技具有正向效应，且两者均在1%的水平上通过显著性检验。从偏 R^2 的结果来看，它们分别达到45%、64%和71%，说明工具变量对金融科技具有较高的解释度，F 统计量也显著大于60，最小特征统计量亦远大于沃德检验10%的临界值16.38，说明选择的工具变量符合标准。

在第二阶段回归中，由第（4）、第（5）、第（6）列可知，金融科技对城市商业银行市场份额具有明显的正向影响，估计系数分别为0.039 9、0.065 2和0.043 6，说明金融科技受外生变量影响后，能够显著影响地区城市商业银行的市场份额，其中金融科技的惯性影响较大。这意味着，城市商业银行越早开展金融科技运用，越有助于提高自身的市场份额。因此，对城市商业银行来说，布局金融科技及运用金融科技手段是其提高市场竞争的有效途径之一。

2. GMM 动态面板分析

城市商业银行市场份额具有一定的持久性，即序列相关。为解决这一问题，参考刘方（2020）的做法，在基准模型中加入因变量的滞后一期。动态面板模型如下：

$$share\_bank_{it} = \beta_0 + \beta_1 share\_bank_{it-1} + \beta_2 fintech_{it} + \sum \beta_3 X_{it}^{'} + \varepsilon_{it} \quad （2）$$

式（2）中，$share\_bank_{it-1}$ 是滞后一期的城市商业银行市场份额。动态面板数据模型的估计方法主要是差分 GMM 和系统 GMM 两种方法，但系统 GMM 比差分 GMM 具有更高的估计效率，其可以估计不随时间变化变量的系数，但其使用前提是随机误差项 ε_{it} 不存在自相关。

为避免估计结果受所选择估计方法的影响，我们同时使用系统 GMM 和差分 GMM 回归来检验前文结论的一致可靠性。表5中列示的检验统计量显示，AR（1）、AR（2）的结果表明不存在一阶、二阶自相关，Sargan 检验结果亦说明不存在过度识别问题，工具变量有效，满足使用 GMM 估计的条件。

表5　GMM 估计结果

变量	（1） sys-GMM	（2） dif-GMM
L. share_bank	0.808 *** （38.850）	0.561 *** （14.597）
fintech	0.009 * （1.841）	0.027 *** （10.953）
样本量	237	204
控制变量	控制	控制
AR（1）	−1.39	−1.33
AR（2）	1.21	1.32
Sargan	24.78	26.10

注：括号里为稳健 z 统计值，***、**、* 分别表示在 1%、5% 和 10% 的水平上显著。Sargan 过度识别检验的原假设是所有工具变量都是外生的。若接受原假设，则说明工具变量是外生的，与扰动项不相关。AR（1）和 AR（2）检验的原假设是模型不存在一阶和二阶自相关。

估计结果发现，无论是使用系统 GMM（sys-GMM）还是使用差分 GMM（dif-GMM）估计方法，金融科技（fintech）的系数在两组回归中分别在 10% 和 1% 的显著水平上都为正，表明在考虑城市商业银行市场份额序列相关这一特性之后，金融科技对城市商业银行市场份额的促进作用依然存在，前文估计结果可靠。

（三）稳健性检验

为保证研究结论的可靠程度，本文做如下稳健性检验：

1. 替换解释变量

一个地区的金融科技发展，不仅与该地区的互联网普及程度有关，而且与该地区人才密度相关。参考金洪飞等（2020）、宋敏等（2021）的做法，使用省级数字普惠金融总指数除以省级人均地区生产总值作为地区金融科技的代理指标（fintech_G）进行固定效应回归，结果见表6中的列（1）。由此可以看出，更换测度指标后，金融科技与城市商业银行市场份额之间仍呈正向关系，表明估计结果的稳健性。

表 6　稳健性检验

变量	（1）（更换变量）	（2）（剔除直辖市）	（3）（缩尾处理）	（4）（变换估计方法）
fintech_G	6. 904 6*(1. 744 5)			
fintech		0. 043 5**(2. 204 7)	0. 035 9**(2. 109 5)	0. 036 3***(4. 363 6)
样本量	271	235	271	271
组内 R^2	0.691	0.722	0.702	0.701
控制变量	控制	控制	控制	控制
地区固定效应	控制	控制	控制	控制

注：括号里为稳健 t 值，*** 、** 、* 分别表示在 1%、5% 和 10% 的水平上显著。

2. 剔除特殊样本

鉴于我国各地区金融科技发展、银行业格局差异显著，使用全样本回归可能抹平了这种地区间的差异性，从而造成估计结果的不一致性。北京、天津、上海和重庆作为我国直辖市，无论是金融科技还是金融机构发展都相对较好，由此导致的反向因果问题可能更为严重。

故参考罗煜等（2016）的做法，本文进一步剔除四个直辖市的样本，重新进行固定效应回归，结果见表 6 的第（2）列。该结果表明，在剔除特定样本后，金融科技的系数依然显著为正，金融科技确实能推动城市商业银行市场份额的增长。

3. 对关键变量进行缩尾处理

异常值的存在将严重影响估计结果的稳定性。为考察模型结果对变量取值的敏感性，避免样本异常值对估计结果造成的严重影响，本文进一步将关键变量——金融科技、城市商业银行市场份额进行 1% 和 99% 的缩尾处理，再进行固定效应估计，结果见表 6 的第（3）列。该结果表明，在排除异常值的不利影响后，金融科技对城市商业银行市场份额仍存在正向促进效应，前文结论依然成立。

4. 更换估计方法

鉴于样本据具有 "N 大 T 小"（$N=31$，$T=9$）的短面板特点，该类数据极可能出现异方差、截面相关和序列自相关等问题，导致估计结果有偏。结合 Hausman 检验要求，采用固定效应模型的结果，本文进一步采用 Driscoll 和

Kraay（1998）的方法克服面板数据的异方差问题①。

该方法将误差结构设定为异方差和特定阶数的自回归，当时间维度逐步增大时，标准误对一般形式的截面相关性和时间相关性具有稳健性。由于该方法采用非参数技术估计标准误，对截面数量并未进行限制，即使截面数 N 远大于时期数 T，估计结果也不会受较大影响。

估计结果如表6的第（4）列所示，金融科技的系数仍然显著为正，而且与表3中的固定效应结果一致。这说明，自克服短面板数据特点并且更换估计方法后，与使用固定效应得出的结果是一致的，证实该结论的稳健性。

四、异质性分析

（一）维度异质性

鉴于金融科技指标由覆盖广度、使用深度和数字化程度三个维度合成，城市商业银行市场份额也由机构个数、从业人数、资产总额三个维度的份额构成。因此，为了辨识金融科技的各维度对城市商业银行市场份额及其三个维度的综合影响差异，我们按不同维度分别进行固定效应回归，结果报告在表7中。

表7　分维度回归结果

变量	（1） share_ bank	（2） share_ bank	（3） share_ bank	（4） sharejg	（5） sharecy	（6） sharezc
fintech_cov	0.055 9 *** （3.285 2）					
fintech_use		0.012 2 （1.128 3）				
fintech_digit			0.007 8 （1.674 8）			
fintech				0.008 8 ** （2.277 8）	0.005 7 （1.631 7）	0.022 9 * （1.749 9）
样本量	271	271	271	273	271	274

---

① 长面板数据中使用的面板校准标准误（PSCE）在短面板中进行估计时，其效果将会受到影响。同时，其与可行广义最小二乘法适用于随机效应模型，而"OLS+稳健标准误""Driscoll 和 Kraay 标准误"则适用于固定效应模型。

表7(续)

变量	（1）	（2）	（3）	（4）	（5）	（6）
	share_bank	share_bank	share_bank	sharejg	sharecy	sharezc
组内 R^2	0.705	0.686	0.689	0.638	0.567	0.612
地区固定效应	控制	控制	控制	控制	控制	控制
控制变量	控制	控制	控制	控制	控制	控制

注：括号里为稳健 t 值，***、**、*分别表示在1%、5%和10%的水平上显著。

首先，表7中的第（1）列的结果显示，金融科技的覆盖广度（fintech_cov）显著正向影响城市商业银行市场份额，其系数表明在控制其他因素不变时，金融科技的覆盖广度每提高100个单位，城市商业银行市场份额提高0.06个单位，意味着伴随金融科技使用以及由此带来服务范围的扩大，地区内享受金融科技服务的人群增加。为了维持和抢占客户资源，银行之间会加剧市场竞争，从而助力具有"本土黏性"或"本土优势"的城市商业银行份额提高（袁鲲等，2021）。

表7中的第（4）列的结果显示，金融科技显著影响城市商业银行的机构份额（sharejg），说明城市商业银行运用金融科技在一定程度上能有效推动城市商业银行增加分支机构布局，扩大地区影响力，进而提高自身的市场份额。而第（6）列的结果显示，金融科技显著影响城市商业银行的资产份额，说明金融科技能够助推城市商业银行资产份额的增加。

其次，表7中的第（2）列和的第（3）列的结果说明，金融科技的使用程度（fintech_use）、数字化程度（fintech_digit）对城市商业银行市场份额具有正向影响，但不具有统计意义上的显著性。其原因可能与城市商业银行金融科技人才缺乏、数字化建设落后有关①，难以有效运用科技赋能金融业务，造成业务创新与多样化金融服务受限。

最后，表7中的第（5）列的结果表明，金融科技对城市商业银行从业人数份额（sharecy）不具有显著的正向效应，原因可能在于城市商业银行对科技类求职人才，特别是对金融科技人才的吸引力不足。

① 《2020年中小银行金融科技报告》显示，45%的中小银行（包括城市商业银行）金融科技人员占比不足3%，IT建设投入绝对规模小，2019年仅有1亿~2亿元，远低于股份制银行和国有大型商业银行，详细参考华创证券研究报告：《场景拓宽、分布式架构成强劲引擎，银行IT建设破浪前行》，2020年7月27日。

（二）区域异质性

鉴于我国幅员辽阔，地区间的金融科技、银行业发展水平存在不平衡、不充分的情况，各地差异显著。这种差异性的存在可能导致金融科技对城市商业银行市场份额的不同影响。为此，我们按照行政区划，将我国大陆地区分为东部①和中西部两个子样本②，同时，参考张金清等（2022）、张羽等（2021）的做法，按每年排序是否位于前1/3、中1/3和后1/3，划分为低市场份额（Low）、中市场份额（Median）和高市场份额（High），代表3组不同地区样本，再进行面板固定效应估计，如表8所示。

表8 不同区域（组别）的估计结果

变量	（1）东部	（2）中西部	（3）Low	（4）Median	（5）High
fintech	0.064 9** (2.985 1)	0.011 8 (0.780 2)	0.032 5* (2.039 7)	0.038 9* (1.971 2)	0.045 6 (1.743 4)
样本量	96	175	94	90	87
组内 R^2	0.655	0.785	0.832	0.869	0.829
控制变量	控制	控制	控制	控制	控制
地区固定效应	控制	控制	控制	控制	控制

注：括号里为稳健 t 值，***、**、*分别表示在1%、5%和10%的水平上显著。

表8中的第（1）列和第（2）列为东中西部两个子样本的回归结果，显示金融科技对东部地区城市商业银行市场份额的推动作用最强，而对中西部地区没有产生显著的影响，这与中西部地区互联网发展较为滞后、金融科技投入少、金融科技在商业银行中的应用有限等因素有关，该结果与袁鲲等（2021）的"地区中性论"相悖。尽管中西部地区与东部地区的金融科技发展差距逐步缩小，但在金融基础设施、人才资源、制度环境等与金融科技作用发挥配备的各种体制、机制等方面仍不成熟（聂秀华等，2021），以至其对城市商业银行市场份额的影响效应还未彰显。

表8中的第（3）列和第（4）列的结果显示，金融科技对中、低城市商业银行市场份额地区的影响比较显著，而且在中等城市商业银行市场份额的地区，受金融科技的影响更为突出，作用更大。这说明，较低市场份额、中等市

---

① 东部样本省（直辖市）包括北京、天津、河北、辽宁、上海、江苏、浙江、福建、山东、广东、海南，其余省（自治区、直辖市）为中西部。

② 划分为东、中、西部三个子样本的回归结果也并无明显变化。

场份额地区的城市商业银行可以借助金融科技的投入与使用提高自身的市场份额。

（三）银行异质性

我国金融体系一直以银行为"中心"，银行起着配置国家经济资源的作用。改革开放以后逐渐形成了以国有大型商业银行为主导，股份制商业银行、城市商业银行、农村金融机构等多主体在内的银行格局。以资产份额为例，大型国有商业银行的资产份额①超过40%，股份制商业银行和城市商业银行的资产份额仅有17.86%和12.85%（刘方等，2021），而农村金融机构的资产份额则相对较低。

鉴于此，为探究金融科技影响的差异性，我们使用金融科技分别对大型国有商业银行、股份制商业银行、农村金融机构的市场份额进行固定效应回归，并与前文城市商业银行市场份额的估计结果进行对比。由表9可知，金融科技对大型国有商业银行市场份额、股份制商业银行市场份额均产生负向影响，且前者在5%的水平上显著，这与表3城市商业银行的估计结果显著为正形成鲜明对比，而金融科技对农村金融机构市场份额并未显著产生积极影响。这意味着，受金融科技的冲击，国有大型商业银行与城市商业银行的市场份额将会两极分化，国有大型商业银行市场份额明显下降，城市商业银行市场份额则明显提高，银行业的市场竞争格局得以重塑。

表9　不同类型商业银行的回归结果

变量	（1） 大型国有商业银行	（2） 股份制商业银行	（3） 农村金融机构
fintech	-0.0342^{**} （-2.7319）	-0.0101 （-0.6397）	0.0127 （0.8484）
样本量	272	272	272
组内 R^2	0.754	0.118	0.069
控制变量	控制	控制	控制
地区固定效应	控制	控制	控制

注：括号里为稳健 t 值，***、**、*分别表示在1%、5%和10%的水平上显著。

我们认为，形成这一差异性的原因可能是大型国有商业银行、股份制商业银行在金融科技投入与运用方面较为领先，且其自身市场份额略高于城市商业

---

① 其市场份额为资产总额占银行业金融机构总资产之比。

银行、农村金融机构，导致金融科技的影响反而较小或无明显影响。而农村金融机构受限于自身规模较小，在金融科技投入、科技人才等方面存在不足，这也制约了其运用金融科技以达到提高市场份额的目的。因此，由这一估计结果的比较可知，金融科技的运用将更加有助于提升城市商业银行的市场份额。

五、进一步分析：地区市场化的调节作用

随着我国市场化进程的推进，地方政府在信贷市场的角色可能会发生变化（马文涛等，2021），对金融资源的干预能力相应下降，以至于各地区城市商业银行根据市场化的商业原则，采取有利于自身的利润最大化行为。金融科技手段的布局与运用也从根本上改变了城市商业银行的经营行为，促使其低成本实现高维数据的处理，全方位掌握用户信息，开展各类服务弥补传统金融服务空白、不断扩大金融服务覆盖面，提高各类用户体验和差异化产品设计，进而有助于提升其市场份额。

为发挥地区市场化水平对金融科技与城市商业银行市场份额的调节作用，各地区市场化程度取自王小鲁等（2019）编制的省级市场化指数，参考孔东民等（2021）的做法，按市场化指数是否大于中位数分为两组，分组检验金融科技对城市商业银行市场份额的影响。

表 10 给出了控制协变量的估计结果，可以发现在市场化程度较高的地区，金融科技水平提高使得城市商业银行份额提升超过 5%，而在市场化程度较低的地区，并不存在这种效应，这可从两组回归系数的经验 P 值显著加以证实。这充分说明，市场化程度越高，提高金融科技水平对城市商业银行市场份额的促进作用越强，即市场化促进了金融科技对城市商业银行市场份额的提升作用，市场化机制作用得以发挥。

表 10　地区市场化的调节作用

变量	（1） 市场化水平高	（2） 市场化水平低
fintech	0.057 3 ** （2.645 8）	0.005 5 （0.287 8）
样本量	179	92
组内 R^2	0.643	0.732
控制变量	控制	控制
地区固定效应	控制	控制

表10(续)

变量	（1） 市场化水平高	（2） 市场化水平低
经验 P 值	0.069*	

注：括号里为稳健 t 值，***、**、*分别表示在1%、5%和10%的水平上显著。经验 P 值用于检验组间 fintech 系数差异的显著性，通过自体抽样（bootstrap）1 000 次得到。

六、研究结论与政策启示

金融科技的蓬勃发展推动了银行业的数字化转型，数字化技术升级原有的产品和服务模式，冲击了银行业的竞争格局。对城市商业银行来说，加快金融科技布局与应用，是增强自身市场竞争力和保持较高市场份额的关键所在。基于此，本文从地区层面的宏观视角，使用2011—2019 年中国31 个省（自治区、直辖市）的面板数据，研究金融科技对城市商业银行市场份额的影响，得出如下结论及政策启示：

（一）研究结论

（1）金融科技是影响城市商业银行市场份额提升的关键。实证结果表明，在混合回归、固定效应回归以及随机效应回归中，金融科技均显著正向影响城市商业银行的市场份额，且经多种稳健性检验结果亦成立。在考虑金融科技的内生性后，使用工具变量估计、GMM 估计均发现，金融科技显著正向影响城市商业银行的市场份额，由此认为金融科技确实能促进城市商业银行的市场份额提升。

（2）金融科技的覆盖广度是提升城市商业银行市场份额的重要方面。实证结果发现，金融科技的覆盖广度显著提升城市商业银行的市场份额，金融科技显著提升城市商业银行的机构份额和资产份额，而金融科技的使用深度、数字化程度与城市商业银行市场份额及金融科技与城市商业银行从业人数份额等都不具有显著的正向关系。

（3）金融科技将会分化不同银行、地区间城市商业银行的市场份额。异质性估计结果表明，金融科技显著降低大型国有商业市场份额，且对东部地区、低市场份额和中等市场份额地区的影响较为突出。金融科技引致的商业银行数字化转型冲击加剧了银行间的竞争，而地区市场化程度的提高则进一步强化了金融科技的推动作用。

（二）政策启示

（1）面对金融科技带来的机遇与挑战，城市商业银行应加大对金融科技建设的投入力度，提供有竞争力的薪酬，吸引更多金融科技人才加盟；不断加强与科技公司合作，积极进行数字化转型，提升科技与核心业务和创新业务的融合度，提高数据搜集、处理和应用能力，重塑具有自身特色的数字化核心竞争力。

（2）城市商业银行应充分利用5G、物联网、大数据等科技手段，重点推动银行产品创新和业务模式变革。一方面，城市商业银行应开发更灵活、更具针对性和实操性的银行产品，为银行业务的智能化、场景化构建稳定敏捷的技术架构，提高金融科技的数字化程度；另一方面，城市商业银行应积极拓展并抓住"长尾客户"群，从客户需求角度，推动银行移动端的精细化、智能化运营能力，从根本上拓展金融科技的使用深度。

（3）城市商业银行应立足特有禀赋优势，充分挖掘和利用本地资源，确立优势业务和应用场景，进行差异化经营，服务好区域经济高质量发展。同时，城市商业银行应积极响应国家政策，将自身发展方向与国家政策相结合，将实体经济、新基建、数字经济发展与银行业务模式相结合，将国家优化区域经济布局与银行布局本地业务相结合，抓住国家政策带来的发展机遇。

参考文献：

［1］吴桐桐，王仁曾. 数字金融、银行竞争与银行风险承担：基于149家中小商业银行的研究［J］. 财经论丛，2021（3）：38-48.

［2］金洪飞，李弘基，刘音露. 金融科技、银行风险与市场挤出效应［J］. 财经研究，2020，46（5）：52-65.

［3］史仕新. 商业银行中间业务的系统性风险溢出效应［J］. 财经科学，2019（3）：16-27.

［4］刘向明，邓翔欧，藏波. 市场模式、政府模式与城商行流动性风险化解：一个三期博弈的分析框架［J］. 金融研究，2020（4）：131-146.

［5］汪可，吴青，李计. 金融科技与商业银行风险承担：基于中国银行业的实证分析［J］. 管理现代化，2017，37（6）：100-104.

［6］李向前，贺卓异. 金融科技发展对商业银行影响研究［J］. 现代经济探讨，2021（2）：50-57.

［7］中国人民银行武汉分行团委青年课题组. 产出缺口、区位特征与城商行异化行为［J］. 武汉金融，2020（4）：19-29+36.

［8］孙旭然，王康仕，王凤荣. 金融科技、分支机构扩张与中小银行风险：

来自中国城市商业银行的经验性证据？[J].当代经济管理，2021（1）：1-13.

[9] 姚婷，宋良荣.金融科技对商业银行风险的影响及异质性研究[J].云南财经大学学报，2020，36（12）：53-63.

[10] 李运达，陈伟，周华东.金融科技、生产率悖论与银行盈利能力[J].财经科学，2020（11）：1-16.

[11] 刘孟飞，蒋维.金融科技促进还是阻碍了商业银行效率？基于中国银行业的实证研究[J].当代经济科学，2020，42（3）：56-68.

[12] 杨望，徐慧琳，谭小芬，等.金融科技与商业银行效率：基于DEA-Malmquist模型的实证研究[J].国际金融研究，2020（7）：56-65.

[13] 李学峰，杨盼盼.金融科技、市场势力与银行风险[J].当代经济科学，2021，43（1）：45-57.

[14] 孟娜娜，粟勤，雷海波.金融科技如何影响银行业竞争[J].财贸经济，2020，41（3）：66-79.

[15] 封思贤，郭仁静.数字金融、银行竞争与银行效率[J].改革，2019（11）：75-89.

[16] 汪洋，何红渠，常春华.金融科技、银行竞争与企业成长[J].财经理论与实践，2020，41（5）：20-27.

[17] 许旭明，陆岷峰.中小商业银行：发展特点、存在问题与治理对策研究：基于城商行2016年至2019年会计年报分析[J].金融理论与实践，2020（6）：36-46.

[18] 韩刚，李敏.中小银行数字化转型路径研究[J].新金融，2020（12）：28-32.

[19] 宋博，董静，王宁.新时代中国城市商业银行改革与转型研究[J].经济体制改革，2020（3）：123-129.

[20] 曹鸿英，荣凤芝.中小商业银行高质量发展的策略探讨[J].理论探讨，2020（4）：120-125.

[21] 周祥军.我国中小银行风险生成机理及稳健发展路径研究[J].理论探讨，2020（3）：110-115.

[22] 杜尔玏，吉猛，袁蓓.我国中小银行以数字化转型促进高质量发展研究[J].西北大学学报（哲学社会科学版），2021，51（1）：109-116.

[23] 侯世英，宋良荣.金融科技背景下中小银行转型研究：背景、战略布局与建议[J].当代经济管理，2019，41（5）：85-91.

[24] 韩瑞栋.城市商业银行与地方就业：来自准自然实验的证据[J].

金融论坛，2020，25（2）：68-80.

［25］尹应凯，艾敏. 金融科技、银行业结构与中小企业融资：基于新结构经济学的视角［J］. 上海大学学报（社会科学版），2020，37（2）：19-32.

［26］范瑞，王书华. 银行业市场结构如何影响经济增长？基于科技创新的中介效应检验［J］. 经济问题，2020（11）：41-49，94.

［27］冀志斌，周先平，董迪. 银行集中度与银行业稳定性：基于中国省际面板数据的分析［J］. 宏观经济研究，2013（11）：37-45.

［28］邢天才，黄阳洋. 银行业集中度与间接融资比率对FDI经济溢出效应的影响研究［J］. 宏观经济研究，2019（8）：28-38.

［29］郭峰，王靖一，王芳，等. 测度中国数字普惠金融发展：指数编制与空间特征［J］. 经济学（季刊），2020，19（4）：1401-1418.

［30］黄群慧，余泳泽，张松林. 互联网发展与制造业生产率提升：内在机制与中国经验［J］. 中国工业经济，2019（8）：5-23.

［31］刘方. 我国省级区域金融发展对经常项目的影响研究：基于货物贸易视角的分析［J］. 新疆财经，2020（1）：27-38.

［32］宋敏，周鹏，司海涛. 金融科技与企业全要素生产率："赋能"和信贷配给的视角［J］. 中国工业经济，2021（4）：138-155.

［33］罗煜，何青，薛畅. 地区执法水平对中国区域金融发展的影响［J］. 经济研究，2016，51（7）：118-131.

［34］袁鲲，曾德涛. 数字金融发展与区际银行竞争：基于我国地级以上城市的实证检验［J］. 金融监管研究，2021（3）：64-79.

［35］张金清，李柯乐，张剑宇. 银行金融科技如何影响企业结构性去杠杆？［J］. 财经研究，2022，48（1）：64-77.

［36］张羽，王文倩. 金融科技能够缓解收入不平等吗？基于跨国面板数据的研究［J］. 上海金融，2021（6）：59-71.

［37］聂秀华，江萍，郑晓佳，等. 数字金融与区域技术创新水平研究［J］. 金融研究，2021（3）：132-150.

［38］刘方，杨永华，黄歆怡. 银行集中度、信贷扩张与对外贸易失衡：基于中国省际面板数据的实证分析［J］. 哈尔滨商业大学学报（社会科学版），2021（3）：92-106.

［39］马文涛，张朋. 政府隐性担保、市场化进程与信贷配置效率［J］. 财政研究，2021（8）：91-106.

［40］孔东民，李海洋，杨薇. 定向降准、贷款可得性与小微企业商业信

用：基于断点回归的经验证据 [J]. 金融研究, 2021 (3): 77-94.

[41] WANG R, LIU J, LUO H. R. Fintech development and bank risk taking in China [J]. European Journal of Finance, 2020 (2): 1-22.

[42] ZHANG A, WANG S, LIU B, et al. The double-edged sword effect of diversified operation on pre- and post-loan risk in the government-led chinese commercial banks [J]. The North American Journal of Economics and Finance, 2020, 54: 101246.

[43] FLöGEL F, BECKAMP M. Will fintech make regional banks superfluous for small firm finance? observations from soft information-based lending in Germany [J]. Economic Notes, 2020, 49 (2): 12159.

[44] CHENG M, QU Y. Does bank fintech reduce credit risk? evidence from China [J]. Pacific-Basin Finance Journal, 2020, 63: 101398.

[45] BÖMERM, MAXIN H. Why fintech's cooperate with banks—evidence from Germany [R]. Hannover Economic Papers (HEP), 2018.

[46] LEE C-C, LI X, YU C-H, et al. Does fintech innovation improve bank efficiency? evidence from China's banking industry [J]. International Review of Economics & Finance, 2021 (74): 468-483.

[47] WANG Y, XIUPING S, ZHANG Q. Can fintech improve the efficiency of commercial banks? —an analysis based on big data [J]. Research in International Business and Finance, 2021, 55: 101338.

[48] DRISCOLL J C, KRAAY A C. Consistent covariance matrix estimation with spatially dependent panel data [J]. Review of Economics & Statistics, 1998, 80 (4): 549-560.

新冠肺炎疫情冲击下小微企业融资更难了吗？[①]

——基于西藏小微企业的调研分析

李威　宋爽

（西藏民族大学）

摘要： 小微企业是西藏民营经济的重要组成部分，对西藏长治久安和高质量发展具有重要意义。小微企业融资难问题由来已久，2020年新冠肺炎疫情是否加剧了这一困境？本文使用新冠肺炎疫情前后的季度调研数据分析了西藏民营小微企业的融资环境变化，并剖析了此变化背后的主导因素。研究发现，疫情期间小微企业融资难度下降，但疫情前后小微企业仍存在企业制度不健全、融资渠道单一、担保体系不完善、融资成本高等所导致的小微企业融资难的问题。最后，针对以上问题，本文从政策措施和企业自身方面提出建议。

关键词： 融资约束；西藏；小微企业；融资环境

随着市场经济的发展，我国企业发展进入一个新的阶段，并且取得了前所未有的成绩。小微企业在现代经济社会中展现出不可或缺的重要性，为经济发展不断注入新的动力。2020年新冠肺炎疫情冲击全球经济，全国物流、人流因此受到严格限制，经济出现系统性停滞，各地企业特别是中小微企业受到冲击。然而，新冠肺炎疫情期间，小微企业对稳定社会经济大局的贡献已得到实践的充分证明。但是，企业的健康发展离不开资金的供应和融通。长期以来，小微企业所发挥的重要作用很难与其在资金融通方面获得的支持相匹配。置身于现行经济条件下，小微企业面临资金短缺、融资难等问题，小微企业无报

---

① 基金项目：国家社科基金一般项目"西藏精准脱贫有效衔接乡村振兴的金融创新研究"（项目编号：20BMZ111）。

表、无信评、无抵押的"三无",导致了高成本、高风险、高利率的"三高",其"融资难、融资贵"成为普遍性难题,这已成为阻碍小微企业健康发展的最大障碍。

截至 2020 年年末,西藏自治区民营经济主体有 35.41 万户,占市场主体的总量为 97.1%,其中小微企业在民营企业中占比超七成。随着西藏自治区经济转向高质量发展,小微企业在产业升级、乡村振兴战略中发挥着至关重要的作用。

当前,西藏小微企业迫切需要多措并举改善小微企业的融资环境,切实缓解小微企业融资贵、融资难的问题。本文基于西藏小微企业的调研,分析疫情冲击下小微企业融资难的问题,对于西藏民营经济的恢复以及小微企业发展壮大具有重大意义。

一、文献综述

小微企业融资难和融资贵的问题,首先是由于小微企业受到融资约束的影响。李桂兰(2017)认为,由于市场信息不对称等原因,小微企业融资行为面临着严重的融资约束。刘满凤(2019)认为,融资约束是长期束缚我国小微企业发展的难题,信息不对称引起的道德风险和逆向选择是造成小微企业融资难的深层次原因。

同一金融体系下,不同规模及性质的企业在融资渠道上会有明显的区别。小微企业相较于大企业而言,更偏向于内源融资,企业规模的大小影响着代理成本的高低,进而影响企业融资行为。小企业因其信息不透明的特征很难向外界传递出有效的质量信息。另外,为保持对企业的控制权,小企业更愿意进行债务融资、资本更依赖于内部融资。伍伶俐(2017)认为,金融机构难以获得小微企业真实可靠的财务报表、实际经营状况信息。为了保证资金安全性和可营利性,金融机构往往会提高融资贷款利率和抵押担保条件,导致小微企业融资贷款总额的减少,小微企业融资约束问题越发严重。由于资质不足以及银行贷款困难等问题,小微企业为了缓解困境会向民间信贷进行贷款。但雷新途(2015)指出,民间借贷并未真正缓解中小微企业融资约束。

对于如何缓解小微企业融资约束、解决小微企业融资难的问题,国内学者又有不同看法。斯那曲追(2019)指出,税收优惠是西藏小微企业生存和发展的重要保障。梁琦(2020)指出,小微企业使用数字金融能够缓解融资约束,进而降低杠杆率,数字金融发挥了一举两得的作用。姚耀军和董钢锋(2015)指出,加快发展中小型银行,提高其信息处理能力,是缓解小微企业融资约束的根本途径。段越博和罗荷花（2016）指出，普惠金融缓解小微企业融资约束难题具有独特的理念优势、信息优势和成本优势。

疫情对小微企业的影响巨大，廖理、等（2020）指出，截至 2020 年 3 月 31 日，新冠肺炎疫情冲击在整体水平上会使得中小微企业收入降低 69.5%。小微企业融资难的问题本就已经困扰多年，疫情更是使得缓解小微企业融资难迫在眉睫。由于小微企业普遍存在信息不对称、信用等级低、代理成本高、抵押担保不足的问题，融资渠道不畅通，融资行为受到多种约束。近年来，国内外学者开始关注一些其他视角，如普惠金融、数字金融等对融资约束的影响。探索融资约束下的企业融资可以从实践上优化城市小微企业融资环境，提高经济效益，促进小微企业可持续发展。

随着疫情的缓解，经济活动慢慢恢复，研究疫情对西藏小微企业融资的具体影响，既具有学术意义，即新冠肺炎疫情如何影响小微企业融资以及小微企业如何应对，又具有现实意义，为当前的西藏小微企业融资扶持政策提供参考，助力西藏长治久安及高质量发展。

二、西藏小微企业发展的基本状况

（一）样本数据来源

本文中的数据来源于《西藏自治区金融运行形势分析 2020》《2020 年西藏统计年鉴》《2020 年西藏自治区国民经济和社会发展统计公报》和中国人民银行拉萨中心支行的季度小微企业调查问卷。该问卷的调研时间为 2019 年 6 月—2020 年 12 月。

（二）西藏小微企业状况

1. 小微企业信贷基础逐渐改善

2019 年 6 月—2020 年 12 月，西藏小微企业授信户数逐渐增长。如表 1 所示，小微企业授信户数在 2019 年 6 月—2020 年 12 月由 2 780 户迅速增长至 4 827 户。受疫情的影响，2019 年 12 月—2020 年 3 月，小微企业授信户数仅增加了 48 户。总体而言，西藏小微企业授信户数的迅速增加，为西藏小微企业融资环境的优化奠定了优良基础。

表 1　西藏小微企业授信户数

时间	2019 年 6 月	2019 年 9 月	2019 年 12 月	2020 年 3 月	2020 年 6 月	2020 年 9 月	2020 年 12 月
小微企业授信户数/户	2 780	3 169	3 641	3 689	4 195	4 814	4 827

贷款资质满足率是指满足小微企业贷款资质的小微企业户数相对于西藏整体小微企业户数的比例。

小微企业贷款资质满足比例逐年上升。如表2所示，2019年6月小微企业贷款资质满足率为84%。2020年12月，西藏小微企业贷款资质满足率达到了96%，几乎西藏所有小微企业满足银行贷款的条件。这种陡增发生在疫情期间，或许是银行放低了贷款的门槛，使得大部分企业满足了贷款资质。总之，2019年6月—2020年12月底，西藏小微企业贷款资质满足率整体呈现上升趋势。这表明，西藏小微企业基本满足贷款条件，拥有了进行贷款的资质。

表2　西藏小微企业贷款资质满足率

时间	2019年6月	2019年9月	2019年12月	2020年3月	2020年6月	2020年9月	2020年12月
贷款资质满足率/%	84	93	86	95	95	94	96

2. 小微企业发展良好，新冠肺疫情期间经济贡献突出

本文选取了资产负债率以及利息保障倍数来评价西藏小微企业经营状况。小微企业资产负债率以及利息保障倍数总体呈现倒"U"形趋势。西藏小微企业资产负债在2020年3月猛增至4.26，说明受到新冠肺炎疫情的影响，小微企业纷纷进行融资，增加负债以渡过难关。而小微企业利息保障倍数在2020年3月同样猛增至161.71，说明小微企业在新冠肺炎疫情时期，对经济的发展起到了不可或缺的作用，见表3。

表3　西藏小微企业基本经营状况

时间	2019年6月	2019年9月	2019年12月	2020年3月	2020年6月	2020年9月	2020年12月
资产负债率	2.84	2.03	2.69	4.26	4.26	3.46	3.19
利息保障倍数	35.08	54.56	60.81	161.71	161.71	22.98	44.90

3. 银行贷款态度趋势向好，小微企业贷款服务满意率增高

贷款服务满意率，即对贷款服务满意的小微企业户数占全部贷款的小微企业户数的比重。如表4所示，2019年6月西藏小微企业贷款服务满足率仅为0.78。截至2020年12月，西藏小微企业贷款服务满意率达到了0.96。这表明，西藏金融服务得到了巨大提升。金融服务作为优化小微企业融资环境的重要一环，提升金融服务亦是重中之重。

表 4　西藏小微企业贷款服务满意率

时间	2019 年 6 月	2019 年 9 月	2019 年 12 月	2020 年 3 月	2020 年 6 月	2020 年 9 月	2020 年 12 月
贷款服务满意率	0.78	0.74	0.76	0.73	0.73	0.94	0.96

4. 西藏小微企业信贷状态

贷款需求满足率，即成功申请到贷款的小微企业户数占所有有需求贷款的小微企业户数的比重。优惠政策享受率，即享受优惠政策的小微企业户数占所有小微企业户数的比重。

贷款综合成本，即小微企业为取得贷款所付出的一系列成本，包括小微企业支付的利息费用以及资质审查费用等。

如图 1 所示，西藏小微企业贷款需求满足率呈倒"U"形趋势，在新冠疫肺炎情期间，贷款满足率为 100%。新冠肺炎疫情期间贷款满足率为 100%，可能是政府为了维持西藏经济稳定所采取的特别政策。除去 2020 年 3 月和 2020 年 6 月外，其余贷款需求满足率在 90% 左右。

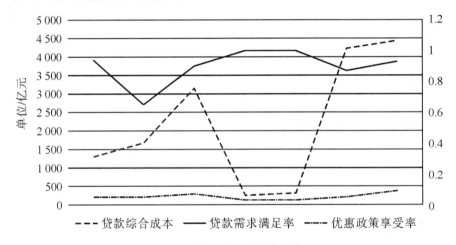

图 1　西藏小微企业信贷状态

如表 5 所示，小微企业优惠政策享受率在疫情期间陡跌至 3%，直至 2020 年 12 月增长至 9%。就西藏小微企业贷款综合成本而言，2019 年 6 月—2020 年 12 月，西藏小微企业实际贷款成本不断增加。但显而易见的是，疫情期间的小微企业贷款综合成本较低。

表 5　西藏小微企业信贷状态

时间	2019 年 6 月	2019 年 9 月	2019 年 12 月	2020 年 3 月	2020 年 6 月	2020 年 9 月	2020 年 12 月
贷款需求满足率	0.94	0.65	0.90	1.00	1.00	0.87	0.93
优惠政策享受率	0.05	0.05	0.07	0.03	0.03	0.05	0.09
贷款综合成本/亿元	1 299.75	1 674.04	3 149.4	249.45	311.81	4 225.68	4 436.22

总体来说，新冠肺炎疫情对西藏小微企业有很大的影响。但就目前已掌握的数据来看，新冠肺炎疫情期间，小微企业贷款难度明显下降，贷款需求几乎全部满足，贷款综合成本相对较低。但是，西藏小微企业规模小，具体表现为员工人数少、资产总额小、销售规模小等；信贷基础有待提高，主要体现在小微企业授信户数以及信贷资质有待提高；受新冠肺炎疫情的影响，负债水平较高；贷款实际成本逐渐增高；管理者水平较低。以上因素会不同程度地约束企业融资。

三、小微企业融资难的表现

（一）资金状况普遍紧张，实际融资成本高

受新冠肺炎疫情和中美贸易摩擦的影响，广大小微企业受到用工成本大幅上升、原材料成本明显上涨、订单量减少以及资金链紧张等困扰。相较于大中型企业以及国有企业来说，小微企业流动资金匮乏，极大地抑制了其活力和前进的步伐。

我们对企业的融资综合成本进行了调查统计，2019 年 6 月—2020 年 12 月，小微企业贷款成本足足增长了近 4 倍。主要依靠内源融资和银行贷款的这些小微企业所能接受的融资成本不高，而小微企业的实际投资收益率低且融资成本并不低于一些大中型企业的现状造成了它们的融资越来越困难。

（二）小微企业融资渠道、方式相对集中

在对融资渠道的调查中，西藏小微企业的融资渠道较为单一。西藏小微企业大多数通过商业银行进行融资，其他融资方式较少。数据显示，2020 年年末小微企业贷款余额为 1 044.74 亿元，而与同期比较，小微企业其他规模融资仅有 22.11 亿元。这表明，小微企业大多数选择了向银行融资，少有选择自行筹资或是向亲戚朋友和小额贷款公司借款。

（三）规模普遍偏小，抵押品不足，融资担保少

西藏小微企业规模一般较小，固定资产价值较低，难以足额提供有效资产

抵押、担保品以及可靠的财务报表来满足商业银行的信贷要求。另外，小微企业结构单一，经济抵押物较少，多为不动产抵押物。目前，不动产抵押的程序复杂、费用较高，并且对抵押物进行评估时其价值与市场差异较大。因此，小微企业贷款普遍面临困难。

小微企业主要还是依靠个人资产和企业的非现金资产作为抵押品来获取银行及其他金融机构的贷款。但由于市场信息的不对称以及对小微企业内部情况不了解等因素，很少有其他公司进行担保或凭借企业信誉获得贷款。这说明，小微企业贷款担保体系还有待完善。

总之，民营小微企业融资难、融资贵仍然是制约这些企业可持续发展及转型升级的重要瓶颈。

四、小微企业融资难的原因分析

（一）融资渠道单一

西藏长期实行优惠贷款利率政策，能有效降低企业融资成本，对小微企业有较大的吸引力，致使小微企业高度依赖间接融资。调查显示，大部分小微企业选择银行贷款的融资方式，仅有极少部分小微企业选择通过债券、股权等直接融资方式进行融资。

（二）市场信息不对称

小微企业融资难的深层次原因是信息不对称以及由信息不对称形成的"信贷配给"现象。银行等金融机构由于追求自身利益最大化及风险控制等原因，在小微企业贷款中设立条件进行限制，不满足要求的小微企业则不能向银行进行贷款，即所谓的信贷约束。西藏小微企业的商业信息透明度低以及没有可靠的财务报表，导致商业银行等金融机构难以把握小微企业的财务状况，无法对其融资后是否能按期偿还做出准确判断。因此，银行只能增加一些约束性条款，致使小微企业在贷款时被约束性条款限制，或是只能缩减融资期限，导致企业长期融资不足等问题。

（三）高融资成本的抑制

根据交易成本理论，融资成本是企业筹措和使用资金所付出的代价，是企业选择资金来源、进行融资的重要依据。对大多数小微企业来说，存在着交易成本过高、规模不经济的问题，融资效率低下，并且在资金市场上的挂牌费用、信息披露、中介费用、审计费用等都是固定的，这些费用并不会因为企业规模小或其他原因而相应减少。融资约束主要是因为资本市场不完善、信息不对称性以及交易成本较高，这使得外部融资成本高于内部资本成本。银行放款主要看企业的贷款资质，而贷款要抵押、抵押要评估、评估要收费，这就间接增加了融资成本。

（四）企业规模小，成立时间短，实力弱

目前，西藏小微企业大多数处于初创期，企业规模较小，盈利能力弱，抵押物缺乏，市场竞争力明显不足。公司治理结构不规范是当前全国民营企业发展存在的共性问题。西藏小微企业同样也存在治理结构不规范的问题，如缺乏健全的财务制度、完善的公司治理结构和科学的内部管理。在经营者素质方面，企业主学历水平较低、年龄较小，管理水平受到限制，也体现了企业的自身实力不强。因此，这导致了小微企业贷款风险偏高的现象。

（五）融资担保体系不完善

西藏融资担保体系不完善，信贷保证方式较单一。融资担保能有效缓解民营企业融资难特别是小微企业融资难的问题。西藏小微企业的融资担保主要是传统的抵质押担保，缺乏以存货、仓单、知识产权、厂房租赁合同等作为担保产品进行担保融资的灵活多样的担保形式，降低了小微企业贷款的可获得性。调查显示，目前西藏担保机构数量少、分布集中、业务品种单一，且没有再担保机构，担保机构的在保余额远远不能满足民营企业的融资担保需求。

五、化解小微企业融资约束、优化融资环境的建议

（一）在政策措施方面

1. 加强对小微企业发展的引导和培育

一是加大力度宣传、引导小微企业合法经营，珍惜商业信誉和信用记录。对于商业信誉和信用记录优良的企业给予一定的政策奖励，引导整个区内的小微企业形成一股诚信经营的良好风尚。二是加强正向引导，激发小微企业家创新创业的活力。建立小微企业创新激励机制，鼓励小微企业持续推进自身技术创新、产品创新和管理创新。培育科技领军企业，对领军企业给予一定的财政政策补助。三是对小微企业融资提供辅导，帮助其了解信贷流程以及进行风险管理。

2. 简化审批手续，切实降低小微企业的融资成本

将小微企业具体融资优惠政策落到实处，就是要切实降低小微企业的融资成本。一是要降低小微企业融资的审批成本。引导在藏银行等金融机构积极运用金融科技支持风险评估与信贷决策，提高授信审批效率。积极开展线上审批操作，进一步提高审批效率。探索建立小微企业信贷快速通道，整合业务办理环节，推进"一次调查、一次审查、一次审批"，缩短审贷时间，提升信贷审

查审批效率。落实降低小微企业融资成本需要继续贯彻落实现有的贷款优惠政策，对小额贷款实行税收优惠。减免税款之外还要完善小微企业的不良资产核销及税前列支等政策。二是银行等金融机构需要采取措施化解企业的短债短融、取消审批等。要求金融机构进一步下放审批权限、缩短审批时间以及减少不必要的审批材料。

3. 借鉴国外经验来发展多元化金融市场主体

发展地方性小额信贷机构，扩大多种形式的金融市场主体。借鉴美国社区银行、英国零售银行、德国储蓄银行及日本地方银行的经验，提高资源配置效率，鼓励发展各种地方性资本市场。

4. 加快信用体系建设，完善融资担保制度

市场信息不透明、流动性差是市场不完善的表现，而市场主体之间的交易需要在一个互信互利的环境中才能有序地进行。融资担保能够有效缓解小微企业融资难的问题。当前，亟须增加西藏自治区担保机构数量、扩大分布范围、丰富业务品种并引导设立再担保机构，才能切实有效缓解小微企业融资难的问题。此外，亟须加快信用体系建设。企业要认识到与银行进行信息沟通的重要性。目前，银行与企业信息不对称，信息沟通不畅，因此，银行获取企业信息，只能通过到企业实地考察、人民银行征信系统和金融服务平台查询。这使得银行不能准确地掌握企业信用信息。亟须国家采取措施对市场融资体制进行规范，逐步完善小微企业的信用担保制度，如对担保机构进行税收减免、补助补贴等，降低担保费率。

（二）在企业自身方面

1. 建立现代企业制度

企业信息披露的规范性是取得贷款融资的前提，因此小微企业必须更加注重自身财务制度建设，通过规范的账务反映实际经营情况，避免信息不对称。小微企业要不断完善自身公司治理结构，加快建立现代企业制度，进一步规范公司治理结构和自身财务管理制度，严格按照会计准则的要求提供完整、有效的财务信息，使自身成为合规的信贷主体，满足银行审贷要求，增强融资能力。

2. 积极拓宽自身融资渠道

小微企业要在短期计划之外制定中长期发展战略，综合多种融资渠道，以尽可能规避市场风险。在企业发展的中后期，要合理调整融资顺序，适度调整融资结构，灵活地进行融资，把握好内源和外源的关系，构建多元化的小微企业融资体系。在融资的过程中，要拓宽创新融资渠道，不要被资金链束缚，积极寻求途径改善资金状况。

参考文献：

［1］李桂兰，周胥丞.融资约束下的小微企业融资行为研究［J］.山西农业大学学报（社会科学版），2017，16（3）：32-38.

［2］刘满凤，赵珑.互联网金融视角下小微企业融资约束问题的破解［J］.管理评论，2019，31（3）：39-49.

［3］伍伶俐，罗荷花.普惠金融缓解小微企业融资约束的运行机理研究［J］.商业经济，2017（1）：103-105.

［4］雷新途，林素燕，祝锡萍.民间借贷缓解了中小微企业融资约束吗？来自温州的证据［J］.审计与经济研究，2015，30（6）：97-105.

［5］斯那曲追.西藏税收优惠政策对小微企业的影响［J］.营销界，2019（39）：19-20.

［6］梁琦，林爱杰.数字金融对小微企业融资约束与杠杆率的影响研究［J］.中山大学学报（社会科学版），2020，60（6）：191-202.

［7］姚耀军，董钢锋.中小企业融资约束缓解：金融发展水平重要抑或金融结构重要？来自中小企业板上市公司的经验证据［J］.金融研究，2015（4）：148-161.

［8］段越博，罗荷花.普惠金融缓解小微企业融资约束问题的独特优势［J］.现代经济信息，2016（21）：58-59.

［9］廖理，李鹏飞，袁伟，等.疫情下的中小微经济恢复状况：基于百万量级中小微企业经营数据的分析［J］.清华金融评论，2020（5）：105-112.

四川省农业保险支农效率评价研究

李进兵　韩磊

（西南科技大学）

摘要： 对农业保险支农效率进行评价，有利于提升农业保险的支农效率。本文运用数据包络分析方法（DEA）对四川省农业保险支农效率进行了两阶段评价。评价结果表明，各市州农业保险支农效率差异较大，提升农业保险的支农效率要结合各个市州的实际情况因地制宜，既要全面统筹，又要有所侧重；因此，可以从第一阶段调整冗余资源投入和第二阶段发展高附加值农业来实现整体效率的提升。

关键词： 农业保险；支农效率；效率评价

一、引言

2020 年 10 月，四川省财政厅等六部门联合印发了《四川省加快农业保险高质量发展的实施方案》，明确提出稳步扩大农业保险覆盖面，提高农业保险保障程度的发展目标，尤其是要确保 2030 年农业保险与全国同步形成补贴有效率、产业有保障、农民得实惠、机构可持续的多赢格局。四川农业保险收入一直保持较高的增长率，农业保险赔付也跟随着农业保险收入同步增长。但自 2011 年以来，农业保险赔付增长率明显快于农业保险收入的增长率，进而致使农业保险赔付率逐年上升（见图 1）。

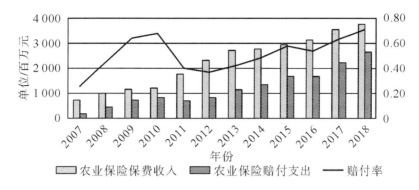

图1 四川省2007—2018年农业保险收入赔付情况

数据来源：四川省财政厅官网（http://czt.sc.gov.cn/scczt/index.shtml）。

不同于一般的商业保险，农业保险具有准公共产品的特殊性质，且存在市场失灵的现象，纠正市场失灵而采取对农业保险保费进行财政补贴也成为各国政府保护、促进农业发展的政策。图2列示了2012—2019年中央和省级财政对四川省农业保险保费的财政补贴情况，其中省级财政保费补贴平均负担率高达36%。为此，需要对四川省农业保险支农效率进行评价，并提出相应的调整政策建议。

图2 四川省2012—2019年农业保险财政保费补贴情况

数据来源：四川省财政厅官网（http://czt.sc.gov.cn/scczt/index.shtml）。

二、相关研究文献

（一）农业保险功能与作用的研究

农业保险作为农业生产经营的"风险控制器"、农村经济发展的"助推器"和社会安定的"稳定器"，其功能与作用得到了学者的关注。庹国柱等（2014）认为，农业保险的直接效应体现在农业保险通过分散风险和补偿损失，对稳定我国农业发展和安定农民生活起到了关键作用，其间接效应体现在农业保险与农业信贷相结合银保互动机制，以农业保险作为抵押物的贷款方式，可以有效分散农业风险，减少贷款机构的顾虑，促进农村信贷发展。任乐等（2017）进一步研究了农业保险的抵押品替代功能，指出这一功能能够有效增加农户资信并获得贷款，进而改善农村金融服务供给。还有研究者探讨了农业保险与维护国家粮食安全战略间的关系。庹国柱（2002）认为，农业保险分散了农户生产风险，农户愿意采取更先进的生产技术并使得农作物产量增加。李劲夫（2013）认为，农业保险对粮食安全起到了"稳定阀"和"推动器"的作用。一些研究还讨论了农业保险在促进农民增收方面所起的作用，如谭毅等（2013）采用面板数据进行了实证研究，发现农业保险的发展显著促进了农民收入的增加；卢飞等（2017）认为，农业保险通过引导农户行为推动产业兴旺，进而增加农户收入。

（二）农业保险支农效率的研究

农业保险具有较强的公共产品特点，政府对之进行了补贴。有关农业保险支农的效率成为研究的热点之一。李勇斌（2018）运用了四阶段 DEA 模型，对中国 31 个省（自治区、直辖市）农业保险支农效率进行评估，发现我国农业保险支农效率总体比较高，但还有很大的提升空间，并且地区差异明显。邓美君等（2020）运用了超效率（SE-DEA）模型，对我国农业保险支农效率进行综合测度，发现我国农业保险整体支农效率较低，且各省（自治区、直辖市）差异显著。也有研究从一个时间段来研究特定省域的农业保险支农业效率，如冷晨昕等（2015）运用了 DEA 视窗理论和对比分析的方法，得出湖北农业保险投入冗余量较大，运行效率仍需提升，农业保险对农业生产有显著正效应的结论。

综上相关研究，农业保险在促进我国农业高质量发展、保障国家粮食安全和增加农业收入等方面发挥着重要的作用，农业保险支农效率得到了研究的关注。但大多关于农业保险支农效率的评价方法采用的是传统的 DEA-BCC，不可否认的是数据包络分析方法在研究多投入多产出效率评价的主流地位。但农业保险支农过程并不是一个简单的投入-产出过程，而且存在一定的时滞性，因而将之分为两个阶段。其中，第一阶段是农业保险支农投入影响农业产出，第二阶段是农业产出影响农村发展和农民增收。为此，下文拟应用动态两阶段 DEA 模型分别对四川省 21 个市州农业保险支农两个阶段的效率进行评估，分析影响阶段效率的原因，并提出相应的政策建议。

三、研究设计

（一）研究方法

数据包络分析方法是 Charnes 和 Cooper 等著名运筹学家以"相对效率"为基本思想，提出的一种效率评价方法，适用于多指标投入和多指标产出对相同性质的决策单元（DUM）进行相对有效性测算。该方法是一种非参数前沿效率分析方法，相对于一般参数法有其独特的优点：一是在多个决策单元间进行相对有效性评价时，不必事先考虑指标的权重和确定投入产出指标间可能存在的函数关系，直接通过投入产出判断决策单元是否处于生产前沿面，排除了许多主观因素，增强了评价结果的客观性；二是 DEA 模型既可对各决策单元进行评价及排序，又可指明非 DEA 有效的决策单元与最佳决策单元相比，在哪些投入产出项目上有冗余或不足，进而为决策者提供提升效率的最优途径。其基本模型有如下两种：一种是 DEA-CCR 分析法，用来分析规模报酬收益不变的情况；另一种是 DEA-BCC 分析法，用来分析规模报酬收益可变的情况。由于本文分析的是农业保险对农业效益的产出变化情况，是规模报酬收益可变的情况，所以采用的是产出导向的 DEA-BCC 分析法，从产出的角度对决策单元进行效率程度的评价，让其在现有的投入水平下进一步扩大产出。评价指标为产出/投入比率，其最优值为这一指标的最大值。

$$\max E = \frac{\sum_{k=1}^{p} u_k y_{jk} - \beta}{\sum_{d=1}^{n} g_d z_{jd}}$$

$$\text{s. t.} \begin{cases} \dfrac{\sum_{k=1}^{p} u_k y_{\partial} - \beta}{\sum_{d=1}^{n} g_d z_{jd}} \leqslant 1(j = 1, 2, \cdots, r) \quad t = \dfrac{1}{\sum_{d-1}^{n} g_d z_{jd}}; \ t u_k = \mu_k; \ t g_d = \lambda_d; \ t\beta = \eta \\ u_k \geqslant 0, \ g_d \geqslant 0, \ \beta \in R \end{cases}$$

$$(1)$$

根据依据 Charnes-Cooper 变换对式（1）进行转换，可以得到评价模型的线性表达式（2）。

$$\max E = \sum_{k=1}^{p} \mu_k y_{jk} - \eta$$

$$\text{s. t.} \begin{cases} \displaystyle\sum_{k=1}^{p} \mu_k y_{jk} - \sum_{d=1}^{n} \lambda_d z_{id} + \eta \leqslant 0 (j = 1, \ 2, \ \cdots, \ r) \\ \displaystyle\sum_{d=1}^{n} \lambda_d z_{jd} = 1 \end{cases} \quad (2)$$

式中，λ_d 是投入变量的权重系数；μ_k 是产出变量的权重系数；η 为不受约束的实时变量，反映表达式中第 j 个 DMU 的规模报酬状态特征。

（二）评价指标选取

根据农业保险支农的特点，参考近年来相关文献关于类似指标的选取，再结合数据的可获得性、科学性等评价指标构建原则，分别构建了两阶段的投入产出评价指标体系。第一阶段为农业保险作用在农业产业上，投入指标从人力、财力、技术、土地四个层面来选取。人力投入用农业从业人员表示，财力投入用农业保险保费补贴表示，技术投入用农业机械拥有量来表示，土地投入用实际可耕地的面积表示。产出指标为农业产业的生产链，开始端为农作物播种面积，中间段为农作物的产量，结束端为农林牧渔业增加值。第二阶段为农业产业作用于农村农户上，投入指标为第一阶段的产出指标，即农作物播种面积、农作物产量以及农林牧渔业增加值。而产出指标为农村农民生活水平。人均可支配收入与人均消费支出是比较直观的表现。基本生产生活条件得到满足以后，改善生活质量的关键将是提高居住水平。金海燕等（2010）通过实证研究认为，人均住房面积与恩格尔系数之间具有反向变动关系，即恩格尔系数不断降低，人均住房面积不断增加，其所代表的人民的生活水平也不断提升，所以，借助农村人均住房面积可衡量农民的富裕程度。二阶段 DEA 模型如图 3 所示。

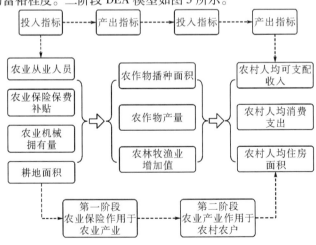

图 3　二阶段 DEA 模型

四、效率评价分析

(一) 数据来源

研究选取四川省 21 个市州作为研究对象。考虑到第一阶段农业保险投入的农业产出具有时滞性，且第二阶段农业产出到农户也具有一定的时滞性，再加上保险经营是以年为单位，因此，第一阶段的投入指标选取 2014—2017 年的数据、产出指标选取 2015—2018 年的数据，第二阶段的投入即第一阶段的产出数据、产出数据选取 2016—2019 年的数据。此外，本文采用了前后相近年份的平均值，数据来源于相应年份的四川省统计年鉴和中国保险年鉴。

(二) 第一阶段评价分析

首先，本文利用 DEAP2.1 软件，将每一年的投入产出数据整理好，放入配置为可变规模报酬的产出导向模型的 DEAP2.1 软件中；其次，本文对 2014—2017 年的综合效率值进行平均处理得到平均值，使其能客观反映出农业保险支农的效率；最后，本文根据效率进行分类，效率值为 1 则为效率有效，效率值小于 1 且大于 0.8 则为相对有效，效率值小于 0.8 则为非有效。第一阶段的综合效率结果如表 1 所示。

表 1　2014—2017 年四川省 21 个市州第一阶段综合效率结果

市州	2013—2014 年	2014—2015 年	2015—2016 年	2016—2017 年	平均值	状态	排名
成都	0.858	1.000	1.000	1.000	0.965	相对有效	6
自贡	0.912	0.924	1.000	1.000	0.959	相对有效	7
攀枝花	0.667	0.640	0.672	0.654	0.658	非有效	20
泸州	0.899	0.899	0.892	0.928	0.905	相对有效	13
德阳	1.000	1.000	1.000	1.000	1.000	有效	1
绵阳	0.825	0.814	1.000	1.000	0.910	相对有效	11
广元	0.831	0.837	0.829	0.870	0.842	相对有效	16
遂宁	1.000	1.000	1.000	1.000	1.000	有效	1
内江	0.967	1.000	1.000	1.000	0.992	相对有效	3
乐山	0.784	0.821	0.707	0.662	0.744	非有效	17
南充	1.000	1.000	1.000	0.938	0.985	相对有效	4
眉山	0.933	0.925	0.960	0.777	0.899	相对有效	14

表1(续)

市州	2013—2014 年	2014—2015 年	2015—2016 年	2016—2017 年	平均值	状态	排名
宜宾	0.867	0.859	1.000	1.000	0.932	相对有效	9
广安	0.993	1.000	0.884	0.743	0.905	相对有效	12
达州	1.000	0.989	1.000	0.895	0.971	相对有效	5
雅安	1.000	1.000	0.823	0.829	0.913	相对有效	10
巴中	1.000	1.000	0.931	0.893	0.956	相对有效	8
资阳	0.987	0.923	0.798	0.853	0.890	相对有效	15
阿坝	1.000	0.589	0.460	0.588	0.659	非有效	19
甘孜	0.537	0.510	0.496	0.612	0.539	非有效	21
凉山	0.844	0.659	0.676	0.707	0.722	非有效	18
平均	0.900	0.876	0.863	0.855	0.873	相对有效	—

由表1可知，四川省21个市州第一阶段农业保险作用于农业产业上整体是相对有效的，只有德阳、遂宁效率为 DEA 有效，而内江、南充、达州、成都、自贡、巴中、宜宾、雅安、绵阳、广安、泸州、眉山、资阳、广元为 DEA相对有效，其余市州为非有效。全省效率高低差异极大。本文将四川省分为五大经济区进行分别分析。

（1）成都平原经济区，包括成都、德阳、绵阳、乐山、眉山、资阳、遂宁和雅安 8 个市。其中，vrste 为纯技术效率值，scale 为规模效率值，crste 为综合效率值。综合效率值＝纯技术效率值×规模效率值。如图 4 所示，成都平原经济区中的成都、德阳、遂宁综合效率值明显要好于其他地方。而乐山、眉山、资阳、绵阳 DEA 非有效均是纯技术效率不高造成的。这说明，这些地区对实际资源的使用不够充分合理，在管理、技术创新层面存在问题。结合第一阶段是农业保险作用于农业产业上，由此可以认为农业保险保费补贴对于农业产业的激励还不够高，农户保险意识不够强。

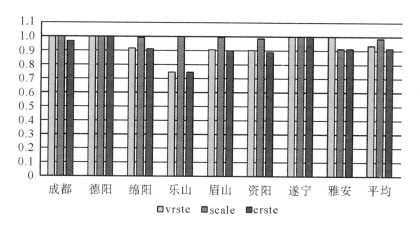

图4 成都平原经济区第一阶段效率值

（2）川南经济区，包括自贡、泸州、内江和宜宾4个市。如图5所示，内江第一阶段效率要好于该地区的其他市州，自贡第一阶段综合效率非有效是规模效率不高造成的。这表明，自贡在农业产业方面的农业保险投入还未形成规模报酬递增效应。而泸州、宜宾第一阶段综合效率非有效是纯技术效率不佳导致的，这同样也说明泸州农业保险对农村产业支持过程中管理非有效，效率损失严重，未能充分将已有的人力、财力、技术投入转换成对农业农村产业的支持。

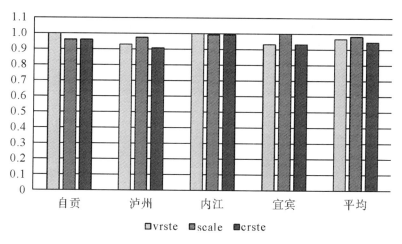

图5 川南经济区第一阶段效率值

（3）川东北经济区，包括广元、南充、广安、达州和巴中5个市。如图6所示，南充与巴中均相对有效，广元非有效的原因是纯技术效率不高，加上规模效率的非均衡有效，最后综合效率不高。而广安第一阶段综合效率非有效是纯技术效率与规模效率共同作用的结果，要提升其综合效率需从两方面同时着手。

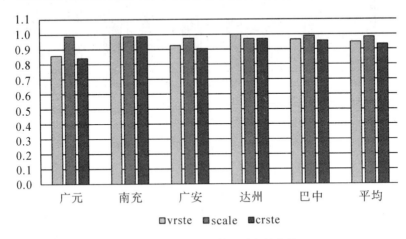

图6　川东北经济区第一阶段效率值

（4）攀西经济区包括攀枝花市和凉山彝族自治州。川西北生态经济区包括甘孜藏族自治州和阿坝藏族羌族自治州。由图7可知，攀西与川西北先天自然条件较差，发展传统农业受限。除凉山彝族自治州之外，其余地市规模效率都不高。与之形成鲜明对比的是，攀西与川西北经济区纯技术效率都相对较高。这表明，这些地方对保险的重视程度高，农业保险对农业生产投入合适，管理有效。

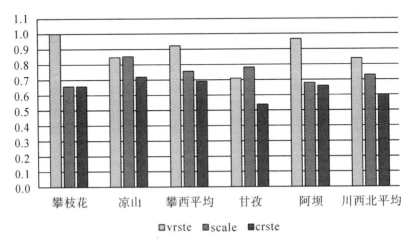

图7　攀西/川西北经济区第一阶段效率值

（二）第二阶段评价分析

由表2可知，第二阶段从农业产业到农村农户的过程中，攀枝花与阿坝效率状态为相对DEA有效，其余市州效率状态均为非有效。第二阶段，为了更好地分析非有效市州的效率变化情况，研究各个市州在不同时期的效率变化情况，借助数据包络中的Malmquist指数值来研究动态的全要素生产率的变化情况。首先计算2015—2018年每一年各个市州的Malmquist指数值（全要素生产率），如表3所示。由于测度的结果值都是相对于上一年的变化结果，并不是一个绝对值，而是一个相对值，所以第一年没有结果。若Malmquist指数值大于1，则表示决策单元的效率在提高；反之，若Malmquist指数值小于1，则表示效率在下降。

表2　2015—2018年四川省21个市州第二阶段综合效率结果

市州	2014—2015年	2015—2016年	2016—2017年	2017—2018年	平均值	状态	排名
成都	0.135	0.136	1.000	0.137	0.352	非有效	18
自贡	0.516	0.260	1.000	0.425	0.550	非有效	6
攀枝花	1.000	1.000	0.672	1.000	0.918	相对有效	1
泸州	0.253	0.194	0.892	0.254	0.398	非有效	11
德阳	0.171	0.155	1.000	0.189	0.379	非有效	14
绵阳	0.133	0.130	1.000	0.159	0.356	非有效	17
广元	0.258	0.338	0.829	0.412	0.459	非有效	8
遂宁	0.255	0.261	1.000	0.335	0.463	非有效	7
内江	0.202	0.177	1.000	0.205	0.396	非有效	12
乐山	0.264	0.230	0.707	0.304	0.376	非有效	15
南充	0.105	0.101	1.000	0.141	0.337	非有效	19
眉山	0.240	0.207	0.960	0.286	0.423	非有效	9
宜宾	0.167	0.152	1.000	0.207	0.382	非有效	13
广安	0.278	0.201	0.884	0.311	0.419	非有效	10
达州	0.106	0.099	1.000	0.140	0.336	非有效	20
雅安	0.498	0.448	0.823	0.709	0.620	非有效	3
巴中	0.438	0.405	0.931	0.511	0.571	非有效	5

市州	2014—2015 年	2015—2016 年	2016—2017 年	2017—2018 年	平均值	状态	排名
资阳	0.197	0.152	0.798	0.303	0.363	非有效	16
阿坝	1.000	1.000	0.460	1.000	0.865	相对有效	2
甘孜	0.654	0.624	0.496	0.674	0.612	非有效	4
凉山	0.078	0.087	0.676	0.098	0.235	非有效	21
平均	0.331	0.303	0.863	0.371	0.467	非有效	—

在测度的年份中，2015—2016 年 Malmquist 指数值大于 1 有 4 个市州，2016—2017 年 Malmquist 指数值大于 1 也有 6 个市州，而 2017—2018 年 Malmquist 指数值大于 1 就有了 10 个市州。这说明，虽然四川省整体第二阶段农业产业到农业农村的效率不理想，但每年效率不断提高的市州越来越多。

表3　2015—2018 年四川省 21 个市州 Malmquist 指数值

市州	2015—2016 年	2016—2017 年	2017—2018 年	平均	排名
成都	1.031	0.842	1.268	1.047	3
自贡	0.466	0.954	1.172	0.864	20
攀枝花	0.988	0.999	0.901	0.963	8
泸州	0.675	0.960	0.936	0.857	21
德阳	0.878	1.009	0.977	0.955	9
绵阳	0.885	0.932	0.926	0.914	15
广元	1.153	0.999	0.837	0.996	7
遂宁	0.899	0.935	0.939	0.924	13
内江	0.822	0.933	0.885	0.880	19
乐山	0.799	0.930	0.973	0.901	16
南充	0.839	0.928	1.035	0.934	11
眉山	0.775	0.981	1.065	0.940	10
宜宾	0.827	0.913	1.026	0.922	14
广安	0.636	1.013	1.045	0.898	17
达州	0.817	0.945	1.029	0.930	12

市州	2015—2016 年	2016—2017 年	2017—2018 年	平均	排名
雅安	0.889	0.959	1.349	1.066	1
巴中	0.812	0.909	0.952	0.891	18
资阳	0.680	1.572	0.868	1.040	5
阿坝	1.073	1.059	1.058	1.063	2
甘孜	0.982	1.005	1.149	1.045	4
凉山	1.116	1.030	0.955	1.034	6
M>1	4	6	10	6	—

（四）两个阶段的对比分析

本文将两个阶段的效率情况放在一起进行对比分析：第一阶段农业保险作用于农业产业的效率要明显好于第二阶段农业产业作用于农户的效率（如表4所示）。

表 4　四川省 21 个市州两阶段效率值比较

市州	第一阶段			第二阶段			综合评价
	平均值	状态	排名	平均值	状态	排名	状态
成都	0.965	相对有效	6	0.352	非有效	18	非有效
自贡	0.959	相对有效	7	0.550	非有效	6	非有效
攀枝花	0.658	非有效	20	0.918	相对有效	1	非有效
泸州	0.905	相对有效	13	0.398	非有效	11	非有效
德阳	1.000	有效	1	0.379	非有效	14	非有效
绵阳	0.910	相对有效	11	0.356	非有效	17	非有效
广元	0.842	相对有效	16	0.459	非有效	8	非有效
遂宁	1.000	有效	1	0.463	非有效	7	非有效
内江	0.992	相对有效	3	0.396	非有效	12	非有效
乐山	0.744	非有效	17	0.376	非有效	15	非有效
南充	0.985	相对有效	4	0.337	非有效	19	非有效
眉山	0.899	相对有效	14	0.423	非有效	9	非有效
宜宾	0.932	相对有效	9	0.382	非有效	13	非有效

表4(续)

市州	第一阶段			第二阶段			综合评价
	平均值	状态	排名	平均值	状态	排名	状态
广安	0.905	相对有效	12	0.419	非有效	10	非有效
达州	0.971	相对有效	5	0.336	非有效	20	非有效
雅安	0.913	相对有效	10	0.620	非有效	3	非有效
巴中	0.956	相对有效	8	0.571	非有效	5	非有效
资阳	0.890	相对有效	15	0.363	非有效	16	非有效
阿坝	0.659	非有效	19	0.865	相对有效	2	非有效
甘孜	0.539	非有效	21	0.612	非有效	4	非有效
凉山	0.722	非有效	18	0.235	非有效	21	非有效
平均	0.873	相对有效	—	0.467	非有效	—	非有效

由表4可知，第一阶段 DEA 效率状态相对有效以上的有 16 个市州，第二阶段 DEA 效率状态相对有效的有 2 市州。这说明，农业保险支农效率在起始投入环节要高于最后的环节。农业保险支农效率在中途损失较多。当然，从理论上看，第一阶段的农业保险作用到农业产业上是直接的，是比较容易出成效的；第二阶段的农业产业作用到农户上是相对间接的，是不太容易产生效果的，其影响的因素更为复杂多变。综合评价两个阶段的效率，将两个阶段 DEA 状态相对有效以上视为整体相对有效，否则为非有效。这样，最终只有成都与德阳的效率相对有效。况且，从平均值来看，四川省的整体情况也是不理想的。

（五）效率提升分析

根据前面的效率评价，四川省无论是整体上还是各市州的农业保险支农效率，都有较大的提升空间。为进一步分析影响农业保险支农两阶段效率的原因，优化提升农业保险整体支农效率，本文对评价模型进行了松弛变量计算，结果分别如表5、表6所示。

表 5　四川省 21 个市州第一阶段效率优化分析

市州	投入冗余				产出不足		
	农业从业人员	农业保险保费补贴	农业机械拥有量	耕地面积	农作物播种面积	农作物产量	农林牧渔业增加值
成都	0.307	2 118.999	20.374	0	30.921	8.110	0
自贡	0	0	0	0	0	0	0
攀枝花	0	0	0	0	0	0	0
泸州	4.832	156.401	1.016	32.918	59.898	0	44.246
德阳	0	0	0	0	0	0	0
绵阳	0.118	175.590	24.239	0	17.218	10.359	0
广元	0.230	0	63.536	3.885	0	11.657	63.050
遂宁	0	0	0	0	0	0	0
内江	0	0	0	0	0	0	0
乐山	7.043	158.565	34.818	0	0	20.971	9.990
南充	0	0	0	0	0	0	0
眉山	8.769	1 964.755	35.663	0	15.177	9.227	11.824
宜宾	20.869	492.220	1.848	0	39.189	0	0.907
广安	13.534	79.425	14.876	0	17.167	0.698	26.560
达州	13.495	358.345	0	6.570	2.743	0	3.845
雅安	0	0	0	0	0	0	0
巴中	0	0	0	13.505	0.715	0	65.715
资阳	4.530	275.602	3.549	9.741	0	26.897	41.317
阿坝	3.981	2 722.844	0	1.151	11.065	12.676	0
甘孜	14.867	3 349.080	0	1.191	38.084	19.019	0
凉山	41.474	2 730.026	37.411	38.680	0	19.283	2.137
平均	6.383	694.374	11.301	5.126	11.056	6.614	12.838

表 6 四川省 21 个市州第二阶段效率优化分析

市州	投入冗余			产出不足		
	农作物播种面积	农作物产量	农林牧渔业增加值	人均可支配收入	人均消费支出	人均住房面积
成都	0	0	0	0	0	0
自贡	1.047	13.259	0	284.903	0	0
攀枝花	0	0	0	0	0	0
泸州	87.403	63.449	0	73.861	72.342	0
德阳	46.968	50.813	0	492.038	0	0
绵阳	84.643	30.173	0	1 032.996	0	0
广元	75.760	16.196	0	995.899	677.225	0
遂宁	7.950	7.751	0	277.713	0	0
内江	37.904	16.063	12.554	180.909	166.694	0
乐山	27.109	2.538	7.265	769.786	0	0
南充	291.323	112.324	120.913	947.743	0	0
眉山	53.526	33.813	1.562	824.387	0	0
宜宾	63.974	62.663	0.348	532.735	0	0
广安	73.694	46.345	0	33.026	160.598	0
达州	181.327	85.666	16.027	0	502.724	0
雅安	15.753	0	10.028	1 038.435	449.621	0
巴中	136.011	55.964	0	1 118.445	522.579	0
资阳	43.717	10.622	0	0	52.025	0
阿坝	0	0	0	0	0	0
甘孜	7.875	0.204	15.250	527.353	1 205.457	0
凉山	194.314	50.633	9.973	714.846	0	1.999
平均	68.109	31.356	9.234	468.813	181.393	0.095

由表 5 可知,在第一阶段投入指标方面,农业从业人员所代表的人力资本投入上,全省整体人力资本投入轻微冗余,这可能是农业从业人员相关激励制度不够完善、管理水平不够高以及绩效评价方式不合理等原因导致从业人员无

法充分发挥其潜力。从各市州来看，乐山、眉山、宜宾、广安、达州、甘孜、凉山人员投入冗余情况较全省平均来看较为严重。从农业保险保费补贴所代表的财政补贴来看，全省整体财政保费补贴投入冗余严重。这说明这笔保费补贴资金没有充分得到利用，资金在农业保险支农第一阶段未能进行有效配置，资金浪费严重，尤其是成都、眉山、阿坝、甘孜、凉山资金投入冗余严重。在农业机械拥有量所代表的技术水平投入上，全省整体技术投入较为有效，21个市州中只有广元、眉山、乐山、凉山存在轻微投入冗余的情况。而在耕地面积所代表的土地资本投入上，全省21个市州基本上不存在严重的耕地面积投入冗余的情况。这也与四川省的省情相符合。第二次全国土地调查数据显示，四川省人均耕地面积低于全国人均水平，只有世界人均耕地面积的1/3。在产出指标方面，成都、泸州、宜宾、甘孜农作物播种面积不足，种粮的积极性不高。全省大部分市州面临农作物产量、农林牧渔业增加值产出不足的现象。这里面有自然灾害多、农作物品种不好、农产品产值低等原因。

由表6可知，在第二阶段投入指标上，全省除了成都、攀枝花、阿坝外，其余市州农作物播种面积投入冗余，同时农作物产量冗余的市州与农作物播种面积投入冗余的市州相一致，农林牧渔业增加值投入冗余在内江、南充、达州、雅安、甘孜地区严重。在产出指标方面，从农民人均可支配收入、人均消费支出、人均住房面积所代表的农民富裕程度情况来看，农民未能在其中获得最大收益。其影响因素是多种多样的，需要从多方面着手提高农民生活水平。

五、主要结论与对策建议

（一）主要结论

前文通过对四川省农业保险效率的评价发现，虽然全省的支农效率非有效，但其效率在不断提升。农业保险整体支农的效用得到了一定的体现，且经济发展水平较高与农业较强的市州支农效率要普遍高一些，但也存在效率优化提升的空间。各市州支农效率差异较大。提升农业保险的支农效率要结合各个市州的实际情况因地制宜，既要全面统筹，又要有所侧重。具体来看，对于成都平原地区而言，纯技术效率普遍要比规模效率低，可以加强对农业保险参与农业生产的管理，提高其技术水平。川南地区内部差异比较大，内部的地市可以相互借鉴好的经验与做法。川东北地区整体第一阶段效率较好，但未能将这些优势转变到农户收益与农村发展上。攀西与川西北地区受限于先天自然环境劣势与人口密度稀疏，规模报酬效率不高。这两个地区可转变发展思维，发展特色农业。

（二）对策建议

政府应提升农业保险支农效率。在第一阶段的农业保险到农业产业上，针对人力资本投入冗余，政府应该对农业从业人员创新激励机制，采取以奖代补、补奖结合的激励机制；针对财政补贴资金投入冗余，政府应该灵活调整农业保险补贴政策，对不需补贴的农产品品种减小补贴力度，对需要补贴的农产品品种加大补贴力度。政府应差异化农业保险补贴政策，充分发挥其资金补贴的效率。政府要加大对以农业机械拥有量为代表的先进农业生产技术的投入力度，提高种粮的效率与收益。对于耕地面积要坚守红线，遏制耕地非农化与非粮化，推进高标准农田建设。针对农作物播种面积、农作物产量、农林牧渔业增加值不足，最为关键的就是解决好种子和耕地问题，完善种粮农民补贴政策，调动农民种粮的积极性，增加农作物播种面积。种子是农业的"芯片"，培育优质高产的好种子是农业丰产增收的关键，选好种子才能种出好粮来提高农林牧渔业增加值。在第二阶段的农业产业到农村农户上，从根本上需要大力发展高附加值的现代农业，为农民增收提供持久保障，最终实现保险的高效支农。

参考文献：

［1］庹国柱，朱俊生. 完善我国农业保险制度需要解决的几个重要问题［J］. 保险研究，2014（2）：44-53.

［2］任乐，王性玉，赵辉. 农户信贷可得性和最优贷款额度的理论分析与实证检验：基于农业保险抵押品替代视角［J］. 管理评论，2017，29（6）：32-42.

［3］庹国柱. 中国保险业需要垄断吗？［J］. 上海保险，2002（7）：4-7.

［4］李劲夫. 农业保险发展进入新阶段［J］. 中国金融，2013（4）：41-43.

［5］卢飞，张建清，刘明辉. 政策性农业保险的农民增收效应研究［J］. 保险研究，2017（12）：67-78.

［6］谭毅，袁缘. 农业保险缩小城乡收入差距的作用分析：基于动态面板模型的 GMM 估计［J］. 吉林金融研究，2013（11）：26-34，60.

［7］李勇斌. 精准扶贫视角下我国农业保险支农效率及其影响因素研究：基于四阶段 DEA 及 Tobit 模型［J］. 西部金融，2018（12）：24-30.

［8］邓美君，张祖荣. 我国农业保险支农效率的区域差异：测度与分解［J］. 华东经济管理，2020，34（4）：92-99.

［9］冷晨昕，祝仲坤. 农业保险运行效率及对农业生产的影响分析：来自

湖北的数据及 DEA 理论的应用 [J]. 新疆农垦经济, 2015 (10): 6-11.

[10] 余丽霞, 郑洁. 基于 DEA 模型的科技金融结合效率研究: 以四川省为例 [J]. 会计之友, 2019 (4): 32-37.

[11] 王辉, 陈敏. 基于两阶段 DEA 模型的高校科技创新对区域创新绩效影响 [J]. 经济地理, 2020, 40 (8): 27-35, 42.

[12] 韩兵, 苏屹, 李彤, 等. 基于两阶段 DEA 的高技术企业技术创新绩效研究 [J]. 科研管理, 2018, 39 (3): 11-19.

[13] 金海燕, 任宏. 人均住房面积与恩格尔系数关系研究 [J]. 建筑经济, 2010 (11): 97-100.